福地仁风

中国历史上的常熟籍清官廉吏

中共常熟市纪律检查委员会
常熟市地方志编纂委员会办公室
常熟市虞山街道 编

广陵书社

图书在版编目（CIP）数据

福地仁风 ： 中国历史上的常熟籍清官廉吏 / 中共常熟市纪律检查委员会，常熟市地方志编纂委员会办公室，常熟市虞山街道编. -- 扬州 ： 广陵书社，2024.10
ISBN 978-7-5554-1996-9

Ⅰ. ①福… Ⅱ. ①中… ②常… ③常… Ⅲ. ①历史人物－生平事迹－常熟－古代②廉政建设－史料－常熟－古代 Ⅳ. ①K820.853.4②D691.49

中国国家版本馆CIP数据核字(2023)第195077号

书　　名　福地仁风——中国历史上的常熟籍清官廉吏
编　　者　中共常熟市纪律检查委员会
常熟市地方志编纂委员会办公室
常熟市虞山街道
责任编辑　邹镇明

出版发行　广陵书社
扬州市四望亭路 2–4 号　　邮编　225001
（0514）85228081（总编办）　85228088（发行部）
http://www.yzglpub.com　　E–mail:yzglss@163.com
印　　刷　常熟市人民印刷有限公司

开　　本　710 毫米 ×1000 毫米　1/16
印　　张　21
字　　数　315 千字
版　　次　2024 年 10 月第 1 版
印　　次　2024 年 10 月第 1 次印刷
标准书号　ISBN 978–7–5554–1996–9
定　　价　85.00 元

编纂委员会

序　言 ………… 薛　啸

2022年1月18日，习近平总书记在十九届中纪委六次全体会议上指出:“领导干部特别是高级干部一定要重视家教家风，以身作则管好配偶、子女，本分做人、干净做事。”他还强调“要加固中央八项规定的堤坝，锲而不舍纠‘四风’树新风。形式主义、官僚主义是党和国家事业发展的大敌。要从领导干部特别是主要领导干部抓起，树立正确政绩观，尊重客观实际和群众需求，强化系统思维和科学谋划，多做为民造福的实事好事，杜绝装样子、搞花架子、盲目铺摊子”。习近平总书记的重要指示，对于我们党员干部从政为官，确立正确的人生观、价值观、政绩观，具有重要的现实指导意义。

常熟是国家历史文化名城，在数千年的历史长河中，从常熟走出去的从政为官者数不胜数，可谓是群贤荟萃、人才济济。他们从政为官的主要特点，可以概括为以下五点。

一是忠贞报国。忠贞报国，是指坚定不移地报效国家。历史上，常熟从政为官者不管是起于官宦之家，还是发于平民百姓，一旦从政，都能为国家竭尽忠诚，哪怕牺牲自己的一切。据南宋范成大《吴郡志》记载:“陆徽之，字彦猷，县人，高才博学，邑中推为乡先生。建中靖国初，有诏求直言。徽之进对，与雍孝闻等力陈时政阙失。唱第日皆驳放。大观末，彗星见，复收拾孝闻等，徽之已卒。”驳放，谓科举时代否定已发榜公布的中式者而贬黜之。陆徽之等因为敢于直言，考试中榜后又落榜。后来皇帝想重新启用他时，人已经过世了。明代嘉靖年间，倭寇屡屡进犯东南沿海，百姓深受其害。时为大中丞兼浙江佥事的徐栻，慷慨上书朝廷，修武备战，加筑钱塘江堤，得到朝廷的重视。一日倭寇来犯，杭州军民严阵以待，加上坚固的防御工事，倭寇全部被击溃，帆船被烧毁。从此，倭寇再也不敢进犯杭州湾、钱塘江。

二是自强不息。《周易》卦辞云："天行健，君子以自强不息；地势坤，君子以厚德载物。"大自然的运行刚强劲健，君子应刚毅坚卓，奋发图强；大地的气势厚实和顺，君子应以自己的言行和美德，容载万物。尽管常熟地处江南腹地，山清水秀，但悠久的历史和文化造就了常熟人自强不息、奋发进取的性格，其为官亦如斯。明嘉靖二十三年（1544），朱木授昌乐（今属山东省）知县。昌乐民间百姓素有"健讼"（即好打官司）的风气，凡鸡毛蒜皮的一丁点纠纷，都要打官司。朱木到任后起初身陷在民事诉讼案件中，疲于奔命，但他锐意进取，不畏艰难，夙夜公勤，席不暇暖，忙于政务。朱木在昌乐倡导孔孟之道，实行勤耕缓征和慎刑恤狱，还在县衙门口专辟了一间百姓来访接待室用来处理民间纠纷，使社会风气从根本上得到好转。通过朱木的一番励精图治，开创了昌乐县"无讼之治"新时代，成为千古美谈。

三是关心民瘼。常熟籍官员每到一地任职，必访贫问苦，体察民情，始终以天下为己任。常熟历代从政为官者中勤政爱民、善政不绝、秉公办案者不胜枚举，他们因高尚的人格和卓有成效的工作，赢得当地百姓的爱戴。清代嘉庆年间，周礁任职甘肃高台知县。当时，当地是苦寒贫瘠之地，人民生活极其艰难。于是他亲自购吐鲁番木棉，自制纺具，将妻子由江南接到当地传授百姓纺纱织布之技，一年之内，百姓收入大增。因感周礁德政，百姓将当地所织的布匹称作"周公布"。徐福礼（？—1906），字菊轩，清代常熟董浜人，恩贡生。先世以医术著称，光绪二十四年（1898）选授甘肃阶州（今甘肃省陇南市武都区一带）白马关州判。考虑到那里土地贫瘠，百姓生活艰难，徐福礼赴任时带去南瓜子，鼓励民间种植，补救粮食不足，民感其德，故谓之"徐瓜"。徐福礼在任悉心吏治，惩办奸邪，兴利除弊，又发帑赈灾，兴修水利，树桑植麻，甚有德政。在任8年，积劳成疾，卒于任所。其灵柩用马车运还乡时，当地百姓焚香哭祭，一直送到郊外。徐福礼葬于永安村黄牛墩，至今董浜一带有民谚“死在白马，葬在黄牛”，即指此事。

四是注重教化。常熟是言子故里，历来崇文重教。历代常熟籍从政者大多是发奋读书而取得功名者，他们从小耳濡目染，都十分清楚教化和教育的巨大作用。他们为政以德，每到一地，竭力兴学校、办书院，推动当地教育事业由衰至兴。这些教育机构的修建，大大改善了当地尤其是民间教育资源不足的状况。他们还编修地方志，修建名人堂，表彰优秀人物，以教化的力量推进社会风气的好转。南宋绍兴十一年（1141），常熟人富元衡出任江阴军知军。翌年朝廷下令各地修缮儒学，富元衡接到命令后独自出资50万缗，组织百姓修缮，仅用一个多月就修缮一新。明代万历年间，嘉兴府嘉善县由于在嘉靖间深受倭寇之侵害，“方策旧章、遗编故牒，悉付之灰烬……致使考核无凭”，故风气民情为之大变。时任知县章士雅聘请著名学者袁黄主笔，于万历二十四年（1596）纂修成《嘉善县志》12卷。全志创绘全县20区详图，且资料翔实，内容丰富，为现存嘉善县志之佳作。清代台湾知府蒋元枢在台湾任职的三年多时间里，倡导“崇文重教”的教育理念，同时带头捐出俸禄，引鹊入台、兴修胜迹、著书立说等，影响深远。

五是清正刚直。从南宋到元末，常熟方志典籍散佚甚多，许多人物传记材料未能流传下来。到了明代以后，常熟的方志典籍保存下来的较多，从中可以看到不少刚正不阿、注重名节、清正廉洁者的事迹，如张洪、卫浩、吴讷、鱼侃、章珪、钱昕、陶元淳、庞大奎、沈鹏……他们既耿直刚正，又修德养性；他们不但不取钱财，更是捐俸救急；许多人卒于任上，有的归里清贫而卒。明代刘珏授刑部主事，迁山西按察司佥事，时有浙江莆田县丞督赋侵吞渔税被告发，以黄金200两委托亲戚向刘珏行贿，担任主审的他严正拒绝了，并以之为突破口查明真相。无锡有个贪官因受贿事发，托人送来500两银子，求他向办案人说情。刘珏严拒，并对来人说：“不亟去，当讯之于官！”章美中（1516—1569）嘉靖二十六年（1547）中进士后出任江西佥事，分管豫章（今江西省南昌市一带）地方司法。时朝中权奸严嵩为江西人，其老家事委一戚姓家奴管理。其人狐假虎威，终日横行乡里，多有不法行为。章美中按大明法律

对其严厉惩治，并对隐匿在藩王家的不法之徒依法严处。章美中前后共13次被推荐，但终因得罪严嵩而一直得不到升迁。他致仕归里竟身无立锥之地，因为无财力购置家产，只得借住在客栈里。但他笃信“君子爱财，取之有道”理念，始终以俭养德。至于明代蒋钦三次冒死上疏，为国除害；清代蒋伊亲绘十二图进呈朝廷，康熙为之“动容嗟叹”的故事，更是家喻户晓，人人皆知。

水流千里总有其源，树高百尺必有其根。常熟籍从政为官者之所以有如此优秀的品德，如上所述，是与常熟地域深厚的文化底蕴、发达的经济社会，以及常熟人良好的人文素养分不开的。“以铜为镜，可以正衣冠；以史为镜，可以知兴替；以人为镜，可以明得失。”今年，我们在前四部“风”系列丛书的基础上，再出版《福地仁风——中国历史上的常熟籍清官廉吏》一书，书中遴选了5个家族、17位个人，比较详细地记述了他们从政为官经历和个性素养，旨在充分发掘优秀地方历史文化，从中汲取常熟智慧和力量，努力为指导现实服务，永葆人民公仆的本色，为建设更高品质的“江南福地”提供坚强保障。

（作者系中共常熟市委常委、市纪委书记、市监委主任）

CONTENTS
目　录

翟汝文

疾恶如仇 护民忠臣

翟汝文（1076—1141），字公巽，宋代常熟人。原籍丹阳，北宋元符三年（1100）进士及第，宋徽宗时任秘书郎、著作郎、起居郎、中书舍人。后又召为吏部侍郎，出知庐州、密州。钦宗即位，召为翰林学士，改显谟阁学士，知越州，兼浙东安抚使。南宋高宗绍兴元年（1131），任参知政事。翟汝文为人刚正，不畏强豪，徽宗时知密州任上，曾直言对蔡京屡变盐法之不满；高宗时在参知政事任上，曾因请整治堂吏受赂，招致秦桧面劾，他不为所屈，对案相诟，斥桧为"浊气"，遂罢官回乡。绍兴二年，迁居常熟。翟汝文与叶梦得、汪藻、孙觌等以文名，外制典雅，一时为称。工于书法，米芾赞为"非唐贤所及"，其绘画及刻塑均精绝，为世所宝。绍兴十一年八月二十九日，薨于平江府常熟私宅[1]。门人私谥"忠惠"，归葬九灵山。翟氏后人撰有《翟氏公巽埋铭》,《宋史》卷三百七十二列传第一百三十一有《翟汝文传》。

翟姓是中华民族古老的姓氏之一，发展到今天，"翟"存在两个读音：zhái和dí。据唐元和七年（812）成书的《元和姓纂》（唐宪宗时宰相李吉甫命林宝修撰）记载，在上古时期就出现了一个翟族，他们是黄帝的子孙，后来在北方建立了翟国，一直传承到春秋时期，翟国才被晋国所灭，翟国人就归顺了晋国，后来晋国又被韩、赵、魏三家瓜分，翟国人因为长期处于战乱而到处迁徙。最终，部分族人开始以故国为姓，形成了翟姓一脉。除此之外，还有源自赤狄族（古“狄”通“翟”）和部分少数民族改姓而成为的翟姓。

先秦时期，翟姓主要活动在河南、陕西、山西、河北、山东一带。进入秦汉以后，翟姓发展很快，开始向北进入东北，向南驻足江苏、安徽。进入唐代，翟姓过长江向南和向东部发展，很快进入湘、赣、浙地区。至宋代，全国翟姓大约有10万人，约占全国人口的0.13%，排第292位。河南为宋代翟姓第一大省，约占翟姓总人口的18%。宋代翟姓主要分布于河南、山东、广东、江苏，这4个省大约占翟姓总人口的65%；其次分布于安徽、陕西、河北、湖北。全国形成了以豫鲁为中心向东、南、北三个方向散射的翟姓分布区。目前，全国范围内翟姓总人口约180万人。

体察民情　为官在民

翟汝文出生于北宋一个官宦之家，祖籍河南开封。五世祖又从浔阳（今属江西省）迁润州丹阳（今属江苏省）。始迁祖翟显，为越州山阴宰。高祖翟玭，汝州太守。曾祖翟涛任长洲（今属苏州市）知县，专于“《春秋》三传”、礼乐之学，一时硕儒好礼者均推重他。祖父翟从，任扬州通判。父翟思（？—1102），字子久，北宋神宗熙宁三年（1070）进士，自洪州教授除太学博士，元丰七年（1084）由监察御史擢殿中侍御史、起居郎（宋代负责记录皇帝言行的职官），改国子司业。元丰八年，出知南康军。哲宗元祐三年（1088），复为殿中侍御史。元祐四年，通判宣州（今属安徽省）。元祐五年，知兖州（今属山东省）。元祐六年，再为国子司业。绍圣四年（1097），以直龙图阁知越州。元符二年（1099），移应天府。徽宗建中靖国元年（1101），再知越州，除秘书少监。崇宁元年（1102）卒。

翟氏宗祠匾额

翟汝文自幼聪慧好学，随父习诵汉、宋儒学。少年时代，翟汝文就能挥翰写一手锦绣文章和龙凤好字，以“风度翘楚，好古博雅”而远近闻名。北宋元符三年（1100），年方25岁的翟汝文告别父母，离开故乡，千里迢迢赶赴京城应试，一举考中进士。翟汝文为人至孝，因双亲年迈，他以“亲老”为由，在丹阳侍奉双亲而不愿调职达整整10个春秋。崇宁元年（1102），父亲去世，翟汝文守丧3年。

北宋末年，国家处于危难之际，朝廷急需济世之才。崇宁四年（1105），翟汝文任议礼局编修官。宋徽宗久闻翟汝文才华卓荦，“召对”后觉得他果然才华超群，嘉勉一番后便授予他秘书郎之职。不久，广文、大学、律学三馆官员建议皇帝到泰山举行封禅大典，翟汝文提出：“治国之道贵在不烦扰。现在不启导皇上采取三代以礼乐治国之法，却效仿秦、汉的夸耀自大之心，这不是我所希望的。”于是翟汝文受责，外任监管宿州赋税。大观元年（1107），翟汝文任著作郎。大观二年，翟汝文任左史，迁起居郎，为时为皇太子的赵桓（后为宋钦宗）劝讲，又任中书舍人。后来，因为谏官说翟汝文曾从学于苏轼、黄庭坚，不能承担赞书（意思是帮助帝王起草诏书）的职责。于是，翟汝文被外放襄州等地。大观三年至四年，翟汝文降直龙图阁，知齐州，又知唐州（今河南省泌阳、桐柏、社旗、方城、唐河，以及湖北省枣阳、随州一带），罢郡，为祠禄官。

北宋政和二年（1112），翟汝文又任陈州（今河南省周口市淮阳县一带）知州。政和三年，翟汝文回中书省，以中书舍人任礼制局详议官、给事中。政和五年，翟汝文为合肥郡守，后又移守密州（驻地今潍坊市诸城）。靖康二年（1127），除显谟阁学士，守会稽。翟汝文在基层各地工作时，都视百姓为父母，为官清正，经常微服私访，体察民情。对受灾地区，则常常奏请朝廷减赋，因此，深受地方老百姓的敬重和爱戴。

翟汝文任密州知州时，当时密州沿海历来为重要的产盐区。宋朝建立食盐专卖制度，北宋徽宗政和三年（1113），蔡京实施盐法改革，从中央集权角度扩大运营市场，整顿营商环境，增加收入项目，消除北宋开国以来官卖法存在的经营成本高、食盐价高质次问题和通商法存在的官府盐税收入少的弊端，最大限度增加了盐利。同时，蔡京盐法改革通过贴纳、对带、循环等变换盐钞的方法，将原属地方重要财政来源的食盐收入和商人的利润收归中央，实现食盐领域的中央财政集权，这在一定程度上为北宋中央包括军费在内的巨额财政支出提供了保障。但是，由

翟汝文画像

于蔡京多次改变有关盐务的法令制度，乱变政策坑害百姓，所以当地非法贩卖私盐的人很多，而官吏彻底查办同党之人，一旦发现有人贩卖私盐，不但处理过重，还株连亲戚朋友，伤害了很多人。翟汝文到任后，提出："太祖、太宗定下法律制度，抓到贩运私货的商人，不追究私货的由来，目的是安定百姓。现在却把私商囚禁起来，加以残害，情形将要变本加厉了！"于是，翟汝文把私商全都释放了。

密州还是牛黄的重要产地，牛黄可入药，东汉时期的《神农本草经》将牛黄列为可以让人延年益寿的"上品"。唐代的《新修本草》对于牛黄有更详细的记载："牛黄，今出莱州、密州、淄州、青州、嶲州、戎州。牛有黄者，必多吼唤。喝迫而得之，谓之生黄，最佳。黄有三种：散黄，粒如麻豆；慢黄，若鸡卵中黄糊，在肝胆；圆黄，为块形，有大小，并在肝胆中。"不仅记载了密州等牛黄的重要产地，而且还记载了天然牛黄的几种类型。当时，密州每年都要上贡朝廷牛黄。很多耕牛被取了牛黄之后死去，而且偷牛的人也很多。而当时牛是重要的生产工具，是农民最看重的动物。翟汝文发现问题后，立即上书建议废除进贡牛黄，说："牛失掉牛黄就会死，这不是优惠农民的办法，朝廷应该拿出钱财向天下采购牛黄，这样就不会让密州单独受害了。"宋徽宗采纳了翟汝文的建议。

宋钦宗赵桓即位，征拜翟汝文为翰林学士，改任显谟阁学士、越州知州兼浙东安抚使。越州有公墓漏泽园，在城南郊外，系北宋后期所设。两宋之际虽经战乱，但仍得到较好的维护，而且随着城市人口的增加，其规模也不断扩大。建炎年间，翟汝文命山阴县收集四郊无主尸骸入园，所葬者数以千计。同时，赈济并收养乞丐和流浪人员，逐步成为一项措施。南宋绍兴元年（1131），越州府奉旨对在城内乞丐和流浪人员进行大规模收养，并制定了相应的奖惩措施。《宋会要辑稿·食货六八》载绍兴元年十二月十四日绍兴府通判朱璞奏言："绍兴府街市乞丐稍多，被旨，令依去年例日下赈济。今乞委都监抄札五厢界应管无依倚、流移、病患之人，发入养济院，仍差本府医官二员看治，童行二名煎煮汤药，照管粥食。将病患人拘籍，累及一千人已上，至来年三月一日，死不及二分，给度牒一道；及五百人已上，死不及二分，支钱五十贯；二百人已上，死不及二分，支钱二十贯。并令童行分给。所有医官医治过病患人痊愈分数，比类支给。若满一千人，死不及一分，特与推恩。如有死亡之人，欲依去年例，委会稽、山阴县尉各于城外踏逐空闲官民地埋葬，仍委逐官点检，无令暴露。”

减免财赋　被斥罢官

翟汝文于北宋靖康元年（1126）十月，以显谟阁学士中奉大夫知越州兼浙东安抚使，至南宋建炎三年（1129）正月，叶焕替换翟汝文知越州。

此前，越州经历时局动荡，百姓生灵涂炭。宋高宗赵构时期，李邺任越州安抚使，金兵搜山检海抓赵构的时候到了越州，而李邺未经抵抗举城投降。金兵将越州作行都，越州百姓均被征用。据《续资治通鉴》卷第一百六记载，北宋建炎三年（1129）十月，献降的越州知州李邺“被旨造明举甲，每副工料之费凡八千缗有奇”。越州共造铠甲三千副，而一副就要费工一百二十。金兵攻越，在会稽县的东关打了个大仗，“破宋兵三千，遂渡曹娥江”（《金史·宗弼传》）。金兵占领越州的时间长，烧杀抢掠几乎遍布治下八县。王之道《代何希渊谢越守陈汝锡启》：“圣主之东巡，适金人之南渡，干戈云扰，士庶星奔。号寒啼饥者，往往衣冠；携幼扶老者，纷纷原野。”《嘉泰会稽志》“旌忠庙”条载：“大驾之行，诏百司分半扈从。”一半随高宗东逃，一半人员留越。越州百姓除了直面金兵，还要掩护留下的官员。待宋高宗赵构转回越州驻跸，越州府衙全部作为高宗的行宫，越州府搬至大

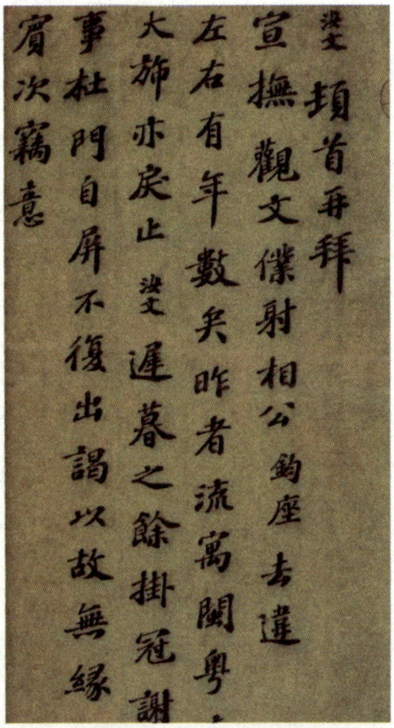

翟汝文书札手迹

善寺。子城范围内基本清空，“百司分驻”。城内所有的寺庙、道观全部被征用，用于安顿大小官员及其家属。以西北兵为主的卫戍兵除城外筑营，大部分安扎于城内街坊。一时越州城人满为患，物价飞涨。建炎四年十月癸未，高宗谓辅臣曰：“闻城中百物贵踊……一兔至直五六千，鹌鹑亦三四百。”（《建炎以来系年要录》卷三十八）越州城瘟疫时有传染，火灾不断发生，原越州城居生活艰难。《夷坚志》载：“绍兴元年，车驾在会稽，时庶事草创，有旨禁私屠牛甚严，而卫卒往往犯禁。有水牛，顶臿刃，由禹庙侧突入城，见者辟易。厢卒虑其蹂躏，欲阑执之，为所触，几死。时府治寓大善寺，牛迤逦入三门。”军队扰民之甚，连牛都反抗！

当时，越州财赋最重。高宗初至越州，贡赋主要依靠越州。建炎三年（1129）十一月三日，高宗在越州诏：“惟八世祖宗之泽，岂汝能忘？”陆游回忆道：“臣幼年亲见民诵斯诏，至于感泣。虽倾赀以助军兴，而不敢爱。”当时有一项赋税曰“和预买绢”，《朱子语类》即云“今日惟绍兴最重”。越州财赋至重，百姓不堪负担。翟汝文奏请减免财赋，《续资治通鉴》卷第九十八载，建炎元年显谟阁学士翟汝文奏：“祖宗上供，悉有常数，后为献利之臣所增者，当议裁损。如浙东郡预买绢岁九十七万六千匹，而越乃二十万五百匹，以一路计之，当十之三。矧经方寇焚劫，户口凋耗，今乞将户三等以上减半，四等以下权罢。及身丁钱盐旧有定制，其后折米而已，今悉为帛，臣以为宜纳见直。”《宋史·食货志上》也载：“建炎元年，知越州翟汝文奏：‘浙东和预买绢岁九十七万六千匹，而越乃六十万五百匹，以一路计之，当十之三。望将三等以上户减半，四等以下户权罢。’”翟汝文因擅自减了部分财赋，被宋高宗赵构严肃处分，翟汝文降职为显谟阁直学士，并辞去越州知州一职。宋高宗赵构称翟汝文为越州知州时减收钱帛之事是“不恤国计，而专欲盗名”。（《建炎以来系年要录》卷一百六十九）

倡导节俭　为官不屈

翟汝文素奉俭约，深恶侈靡宴乐之风。宋朝时，羊肉为官廷宴席的主角。皇帝只在祭祀天地时使用牛、羊、豕三牲全备的“太牢”，其余的祭祀活动“当用牛者代以羊、豕”。元祐八年（1093）正月，辅臣吕大防对宋哲宗讲述“祖宗家法”时说：“饮食不贵异品，御厨止用羊肉，此皆祖宗家法所以致太平者。”由于皇家习惯，宋代大臣们对羊肉有着无与伦比的爱好。绍兴初年，翟汝文身居参知政事高位，而一直奉养如贫士，特别讨厌侈靡豪华的腐败风气。每次请客时，他都在饭前对客人说：“德大于天子者，可以食牛；德大于诸侯者，可以食羊。”客人们都知道自己的身份和德行，估计不会有什么美味佳肴，待饭菜上来一看，果然俱为平常食品，令那些饕餮之徒大感失望。

还在北宋徽宗时，宦官梁师成阴贼险鸷，专横跋扈，强占百姓墓田增辟为自己的园圃，都城里的人都称他为“隐相”。翟汝文对梁师成深恶痛绝，多次弹劾梁师成，但是梁师成唆使宰相，将翟汝文贬黜至宣州。然而，这件事并未改变翟汝文刚正不阿的性格，反而更加激发起他对专权误国者的极端蔑视和愤恨。

他在密州时，提出蔡京“屡变盐法”和“岁贡牛黄”不合“祖法”，“牛失黄辄死”，因此奏罢，被朝廷采纳。

北宋徽宗政和五年（1115）翟汝文任密州知州时，秦桧担任州中文学一职，因翟汝文向朝廷推荐秦桧有才他才被用。但是，秦桧到朝廷之后，培植党羽，结党营私，翟汝文性情刚直，很看不惯秦桧。南宋绍兴二年（1132）六月，秦桧与翟汝文同堂议事，在谈到用人问题时，两人发生了争执，秦桧竟拍案怒斥翟汝文为“狂生”。翟汝文性情刚直，不为秦桧所屈，当即回应说：“浊气！”因此得罪秦桧。秦桧上奏高宗赵构进谗言，说翟汝文“擅以私意治吏事，伤国体，不可施行”。翟汝文毫不示弱，力陈其故，并直言秦桧“私植党羽，谗害善良”，“乞治堂吏受赂者”。秦桧为此大怒，弹劾翟汝文“专擅”。右

翟汝文（右）怒斥秦桧图

司谏方孟卿奏翟汝文“与长官立异，岂能共济国事”，不久，翟汝文告老回乡。可见，翟汝文是一位疾恶如仇、风骨凛然的良臣！翟汝文在上皇帝致仕表中坦然表述：“爵禄非事君之本，心所怀，经世去就，乃人臣之大节，安敢辱身，使臣得辞宠，利于圣朝，是亦能识廉耻。而为国既归，谢宾客，以道释书自娱。”（《忠惠集》附录《孙繁重刊翟氏公巽埋铭》）翟汝文心怀大节，不为爵禄，决不辱身，但识廉耻。

翟汝文不信鬼神，而能使鬼神知畏，非常难能。《孙繁重刊翟氏公巽埋铭》记：“富民诸葛氏，即居为楼，临通衢，岁久，为鬼物所据，白昼显出，夜明炬，如墟野间，人莫敢登，因塑像其上，往来或不致严，即祟苦之。公命辟楼为酒肆，名曰‘和旨’，取课入以资军储，徙像丛祠中，神无闻焉。”翟汝文把所谓的鬼据楼辟楼为酒肆，收入供军储。

乐于助人　文采照人

张耒（1054—1114）是北宋后期与秦观、黄庭坚、晁补之并称为“苏门四学士”的重要作家之一，被列为元祐党人，不断地受打击迫害，颠沛流离。张耒在绍圣元年（1094）知润州时，与翟汝文相识。北宋政和三年（1113），时已60岁的张耒困居陈州。当时，翟汝文在陈州知州任上，知张耒困窘，欲购公田相赠，以利他种植豆粟蔬菜等，贴补家用，由于张耒敬谢婉拒而没有实现，而两人知己感情更深。当此年翟汝文赴京履任中书舍人时，张耒相送赋诗《送翟公巽赴中书舍人》（《张耒集》卷十五），字里行间情切殷殷，充满着人性间的宽容与温暖，也凸现出一种物我两忘的达观：

韩筋柳骨世不闻，翟公笔力回千钧。
十年声名满四海，淮阳邂逅双朱轮。
老翁空疏亦何有，察公于我意甚真。
高谈亹亹云汉上，一扫阘茸如灰尘。
夜光明月不计数，坐使衰弊生精神。
恨无金玉相报答，还家三叹嗟我贫。

青灯论文夜未分，晓闻门外送使君。
问君舍此去安往，紫皇诏归侍玉宸。
锋铓发硎断犀象，好为明主裁丝纶。
论思献纳乃其职，况公之意常在民。
追还三代旧风采，主以事实致此文。
圣君贤相有美意，笔端与物为阳春。

张耒相信翟汝文会如历史上的清官廉史一样，“意常在民”。他还有一首《赠翟公巽》，表达了两人之间的深厚友谊：

我昔出守来丹阳，江流五月如探汤。
使君之居在山腹，绕舍树石何青苍。
千年药根蟠井底，灵液浸灌通寒浆。
人言枸杞精变狗，夜吠往往闻空廊。
金山荡潏浪花里，一舸遥去随渔郎。
最奇岩斋人迹少，乳水时滴白石床。
翠鼋坡陁负日色，白鷳掀舞占风祥。
我泊金山凡十日，穷探力取无遗忘。
南风吹我渡江去，已厌淮南尘土黄。
二十年间多少事，身如疲马起复僵。
淮南穷栖众人后，朝食不充藜苋肠。
公来衰颜得一笑，侧听高论惊寻常。
穷阎过我坐至暮，满怀珠玉无秕糠。
乃知世间有清议，未可尽以己意量。
精金白璧天所宝，理无破碎委道旁。
半年耳冷不闻此，遇公矍然神激昂。
论文自顾已老丑，从事理绝随飞翔。
斯文有属不但尔，因公作诗我涕滂。

慕容彦逢（1067—1117），字淑遇，一作叔遇，宜兴人，北宋诗人、文学家。哲宗元祐三年（1088）中进士，调铜陵主簿，知鄂州崇阳。后又擢中书舍人、尚书兵部侍郎，颇受知徽宗。为蔡京排挤，出知汝州，官至刑部尚书。慕容彦逢性嗜学，博通经史诸子，辞章雅丽简古，挥笔立就，有《摛文堂集》。慕容彦逢和翟汝文相友善，两人多有唱酬，兹录慕容彦逢诗歌三首：

月夜偶成示翟公巽二首

其一

一杯谁与细论文，对影成三更此君。
却忆当年少陵客，空吟春木与江云。

其二

非关色相与声闻，此意如何举似君。
真马不须鞭影露，本来谁道有迷云。

次韵答翟公巽见戏

鞘中长铗鸣，将军出天山。
前驱七萃士，铁衣照朱颜。
万马饮瀚海，丸泥封玉关。
何必学孙吴，功成谈笑间。
西顾净无尘，仰视太白闲。
归来佐天子，坐使淳风还。

翟汝文自幼聪慧好学，随父习儒学。少年时代，翟汝文就能挥翰写一手锦绣文章和龙凤好字，以“风度翘楚，好古博雅”而远近闻名。任中书舍人时，他所撰写的诰命十分典雅，当时受到普遍赞誉。这里录一首他的诗作《北固山》，可见其作品的大气磅礴：

山形郁长虬，掉尾趋平川。回峰耸赑屃，广殿凌云巅。
登临望八极，天盖垂空元。鸿濛一气乱，鬼物半涂颠。
天风河汉响，户牖斗柄悬。黄图昔散漫，赤伏竟沮迁。
凄凉霸气歇，徙倚平台骞。山川宛如昔，独为骚人妍。
江声战九地，幽愤为谁湔。晴雷殷列缺，电火搜蜿蜒。

裔皇故代物，猛炽随飞烟。僧繇六花佛，生面行差肩。
铢衣类帝网，肉髻浮青莲。巍峨开元帝，玉座犹高悬。
奋迅陆子画，青猊戏芝田。萧梁遗巨镬，仿佛像奸镌。
赞皇艺两柏，郁屈蛟龙缠。空焚荡灰劫，涕视悲人天。
铿铿斧斤初，千柱欻修椽。苍头封草树，佳气封云泉。
孤标危塔涌，迥佛层阴坚。溟翻塔影倒，天转磨蚁旋。
咨嗟一弹指，悲悟三生缘。有生甚脆弱，膏火消烦煎。
喟彼昔夸夺，修罗搆戈鋋。吾将声洪钟，须弥叫金仙。

翟汝文与苏轼、黄庭坚是好友，其书法在一定程度上受苏、黄的影响，形成了自己沉着、苍劲、豪放的艺术风格。翟汝文存世书法作品有行楷《书札》《宣抚帖》等，其中《宣抚帖》收录于乾隆十二年（1747）时摹勒刻石的《三希堂石渠宝笈法帖》中的第三十六册内，共计14行106字。此帖中，翟汝文学苏轼笔意，酷似苏字，通篇“妩媚中藏刚劲，古拙里显灵秀”，充分表现出苏字“绵里裹铁，藏巧于拙”的艺术特色。

另外，历史上有名的《三酸图》，传由翟汝文首绘，以后历代名家很多人都画过。金山寺住持佛印，有三才，学守戒行，同苏门苏东坡、黄鲁直交善。一日三人共聚，佛印曰：“吾得桃华醋，甚美。”取而共尝，皆皱其眉，时人称为“三酸”。如今通常而言的《三酸图》，已经最终定格为苏轼、佛印、黄庭坚三人。元代著名的书画家赵孟頫画作《三酸图》上的题词为：“僧与二俗士共围一瓮染指尝之之像，是宋佛印禅师、东坡、山谷两居士共尝桃华醋。赵子昂图之。”

翟汝文作《三酸图》

翟汝文一生著作颇丰，后人称他的文章“有熙宁、元祐遗风”。他还谙熟先秦史、两汉史，以及夏、商、周三代礼器、礼仪。北宋政和三年（1113），他曾“奏乞编集新体，改正《三礼图》，以示后世”，但却没有实现。他的著作《祭仪》十卷，叶梦得《避暑录话》称："援证皆有据。"另一部重要著作是《东汉通史》五十卷，据宋王应麟《困学纪闻》载，翟汝文鉴于范晔《后汉书》"语近词冗，事多注见"的实际，"乃删取精要，总合传注，作《东汉通史》五十卷。"另有《人物志》五卷、《圃学》五卷、《广闻》三卷、《翟忠惠集》三十卷［《直斋书录解题》,《宋史·艺文志》《文渊阁书目》《国史·经籍志》《菉竹堂书目》《内阁藏书目录》《绛云楼书目补遗》《遂初堂书目》作《翟公巽集》。《四库全书》本自《永乐大典》辑录，编为十卷，附录一卷。《静惕堂书目》《恬裕斋书目》即传钞阁本。《善本书室藏书志》《皕宋楼藏书志》同有附录一卷。(2)《四库全书总目提要》卷一百五十六载："集乃其子耆年所编，见于《宋史·艺文志》者三十卷，明以来久不复传。今从《永乐大典》各韵中掇拾排比，编为十卷。"］。

翟汝文在《忠惠集》卷二《直秘阁京西运使王瓙除集贤殿修撰知平江府制》中，强调先王为政之道，应依先王之道理民："昔先王处民瘠土，惟民劳乃好义，罔有佚欲。肆于东南，浮于震泽，惟吴会厥壤丰殖，厥赋倍蓰，民从骄奢，狃于旧俗。""其胥训小民，式从尔政，治无康好，旧习惟良显哉。"(《忠惠集》卷二）翟汝文《忠惠集》卷十所载一篇《觐坟祭文》、七篇家庙祭文、两篇儿女嫁娶昭告家庙文，及集后附录《孙繁重刊翟氏公巽埋铭》反映了崔汝文重视规训家族子弟。

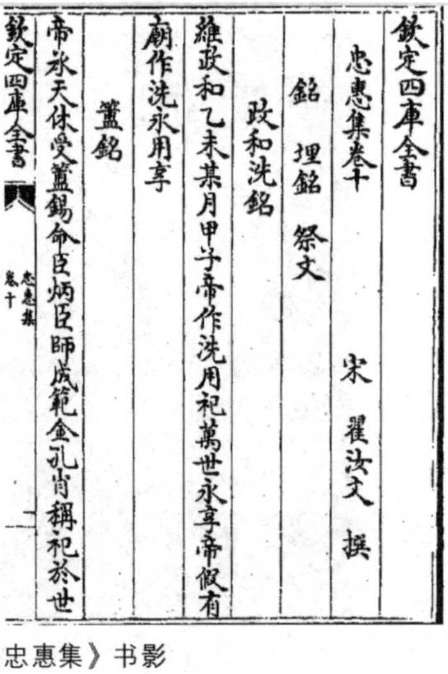
欽定四庫全書
忠惠集卷十　　宋　翟汝文　撰
銘　埋銘　祭文
政和洗銘
維政和乙未某月甲子帝作洗用祀萬世永享帝假有
廟作洗永用享
簠銘
帝永天休受簠錫命臣炳臣師成範金孔肖稱祀於世
欽定四庫全書　忠惠集 卷十

《忠惠集》书影

翟汝文先娶邢氏，再娶王氏（封魏国夫人，为赵郡太守王纯之女），生有三子耆年（邢氏生）、铉、绂（王氏生）。

翟汝文长子翟耆年，字伯寿，自号黄鹤山人。以父荫入官，性孤介，不苟合，认为自己为官会因刚直被罢免，于是辞官回家。人称他和汉末张温一样"清浊太明，善恶太分"，"不能取容当世"。翟耆年撰有《籀史》二卷，其中采录金石遗文，各附论说，括其梗概，以籀为最古，故以名书。王士禛《居易录》称佚下卷。黄廷鉴《虞乡续记》述上卷凡十九目，皆有叙。《宋史·艺文志》《直斋书录解题》《遂初堂书目》《国史·经籍志》《文渊阁书目》《竹垞行笈书目》《金石学录》《祠堂书目》《稽瑞楼书目》《仪顾堂题跋》《竹崦庵传钞书目》俱作一卷。翟耆年还有《翟忠惠家谱》1卷（一作《翟忠惠家传》1卷），述其父汝文事实。翟耆年撰《翟氏公巽埋铭》，附《永乐大典》辑录本《忠惠集》十卷之后。翟汝文孙翟畋，改葬翟汝文时重刻《翟氏公巽埋铭》。

翟汝文三子翟绂，号云岫主人，以能诗出名。去世后，由凌景夏（约1097—1176，字季文，余杭人，南宋吏部尚书）为他撰写墓志铭。

翟汝文有孙子10人，已知有：翟畋，右奉议郎，监登闻鼓院，赐绯鱼袋；翟略，右从仕郎，淮南东路提举常平司干办公事；翟畯，右承事郎，监建康府榷货务都茶场门；翟畯，右承奉郎，两浙路转运司干办公事；翟畤，右承事郎，福建提举茶盐司干办公事；翟盱，承奉郎；翟疄，承务郎；翟畷，承务郎。

翟汝文玄孙翟繁，曾任淮东总领所（驻镇江）粮科院某官（1209年三月以朝散郎任）、繁昌知县（1228年任）、洪州（今南昌市）通判（任内代理过知州），曾重新刊印出版高祖父之《忠惠集》。

附录：《宋史》卷三百七十二列传第一百三十一《翟汝文传》

翟汝文，字公巽，润州丹阳人。登进士第，以亲老不调者十年。擢议礼局编修官，召对，徽宗嘉之，除秘书郎。三馆士建议东封，汝文曰："治道贵清净。今不启上述三代礼乐，而师秦、汉之侈心，非所愿也。"责监宿州税。久之，召除著作郎，迁起居郎。皇太子就傅，命汝文劝讲，除中书舍人。言者谓汝文从苏轼、黄庭坚游，不可当赞书之任，出知襄州，移知济州，复知唐州，以谢章自辨罢。未几，起知陈州。召拜中书舍人，外制典雅，一时称之。命同修《哲宗国史》，迁给事中。高丽使入贡，诏班侍从之上，汝文言："《春秋》之法，王人虽微，序诸侯上。不可卑近列而尊陪臣。"上遂命如旧制。内侍梁师成强市百姓墓田，广其园圃。汝文言于上，师成讽宰相黜汝文，出守宣州。召为吏部侍郎，出知庐州，徙密州。密负海产盐，蔡京屡变盐法，盗贩者众，有司穷治党与。汝文曰："祖宗法度，获私商不诘所由，欲靖民也。今系而虐之，将为厉矣。"悉纵之。密岁贡牛黄，汝文曰："牛失黄辄死，非所以惠农，宜输财市之，则其害不私于密。"上从之。钦宗即位，召为翰林学士，改显谟阁学士、知越州兼浙东安抚使。建炎改元，上疏言："陛下即位赦书，上供常数，后为献利之臣所增者，当议裁损。如浙东和预买绢岁九十七万六千匹，而越州乃二十万五百匹，以一路计之，当十之三。如杭州岁起之额盖与越州等，杭州去年已减十二万匹，独越州尚如旧，今乞视户等第减罢。"杨应诚请使高丽，图迎二帝，汝文奏："应诚欺罔君父，若高丽辞以大国假道以至燕云，金人却请问津以窥吴越，将何辞以对？"后高丽果如汝文言。上将幸武昌，汝文疏请幸荆南，不从。绍兴元年，召为翰林学士兼侍讲，除参知政事、同提举修政局。时秦桧相，四方奏请填委未决，吏缘为奸。汝文语桧，宜责都司程考吏牍，稽违者惩之。汝文尝受辞牒，书字用印，直送省部；入对，乞治堂吏受赂者。桧怒，面劾汝文专擅。右司谏方孟卿因奏汝文与长官立异，岂能共济国事？罢去以卒。先是，汝文在密，桧为郡文学，汝文荐其才，故桧引用之。然汝文性刚不为桧屈，对案相诟，至目桧为"浊气"。汝文风度翘楚，好古博雅，精于篆籀，有文集行于世。

（曹培根）

注释：

（1）《琴川志注草》引《翟氏公巽埋铭》载，绍兴十一年八月晦日，翟汝文薨于常熟寓舍。见常熟市地方志编纂委员会办公室标校：《重修常昭合志》，上海社会科学院出版社2002年5月版，第601页。

（2）常熟市地方志编纂委员会办公室标校：《重修常昭合志》，上海：上海社会科学院出版社2002年5月版，第695–696页。《忠惠集》的《永乐大典》10卷本重出误收作者不可考者文2篇、王安石文2篇、綦崇礼文2篇、陈傅良文1篇、刘安上文1篇、孙觌文1篇，重出沈与求文15篇。史广超：《〈全宋文·翟汝文文〉重出误收文考》，《古籍整理研究学刊》2015年2期。

主要参考文献：

1.（北宋）翟汝文.忠惠集［M］.《四库全书》文渊阁本第1129册.上海：上海古籍出版社，1989.

2. 常熟市地方志编纂委员会办公室标校.重修常昭合志［M］.上海：上海社会科学院出版社，2002.

3. 常熟市地方志编纂委员会办公室.常熟人物选［M］.上海：上海文艺出版社，2012.

4. 江苏省常熟市地方志编纂委员会.常熟市志［M］.北京：方志出版社，2016.

5.（南宋）刘宰.京口耆旧传［M］.清《四库全书》本.

6.（南宋）卢宪.镇江志［M］.清宣统刻本.

7.（清）黄廷鉴.虞乡续记［M］.

许光国

为官尽责　为人尽孝

许光国（1107—1151），字利用，常熟梅李人，南宋绍兴十二年（1142）进士，历任衢州西安县主簿、江山县县丞，政绩颇著。许光国12岁时父亡，随兄许光远奉母以居，生活清贫，在兄辅导下刻苦学习。出仕后为官清正，敢于同恶势力做坚决斗争。他工作兢兢业业，和同事和睦相处。在宋室南渡后首次大规模整顿田亩经界时，他负责实地丈量工作。他深入基层，不畏劳苦，拒绝贿赂，深得上司器重。他心地善良，尊老爱幼，常常急人之所急，深得世人好评。

出身贫民　发奋学习

许姓是中国大姓之一，在《百家姓》中排列第20位，是一个多民族、多源流的姓氏。

2020年，中国许姓人口900万左右，在全国姓氏中排列第26位。许姓分布比较广，全国各地几乎都有许姓的足迹，全国主要形成了以粤闽台、豫鲁冀、皖苏浙、云川为中心的四个许姓聚集地区，且以广东、福建、浙江、四川、河北、湖北、湖南、广西、江西等省为最多，从大陆迁往台湾的许姓人口也近60万，在台湾姓氏中排名第11位。许姓源出较多，主要有五：一是出自姬姓，可追溯至颛顼后裔吴回。吴回生陆终，陆终生子六人，长子曰樊，封于昆吾，为昆吾氏。尧舜时期其首领许由，后人多尊他为许氏始祖。二是出自姜姓，以国为氏，是炎帝神农氏的后裔。许氏与齐氏同祖，为上古四岳伯夷之后。“四岳”（尧舜时四方部落首领）是由姜姓发展出来的四支胞族，他们和姬姓部落结成联盟，跟“子姓”商族平行发展。西周成王时，大规模地分封诸侯，其中商的旧地也分封了一些姬姓诸侯国和姜姓诸侯国，许国正是被周分封的姜姓诸侯国之一，其始祖为文叔，也称为许文叔。春秋时，许国为楚国的附庸，战国初期被楚所灭。许国亡国后，子孙以国为氏，称许氏，史称许姓正宗。该支许氏族人以高阳（今河北高阳旧城）为郡望。三是源于观天象定姓。四是源于满族，属于汉化改姓为氏。五是源于其他各少数民族，属于汉化改姓为氏。其来源大多是在唐、宋、元、明、清时期中央政府推行的羁縻政策及改土归流运动中，流改为汉姓许氏。

许姓人物中，最早、最为著名的当为尧舜时期昆吾氏首领许由。许由，字武仲，为尧舜时期的高士贤人，尧帝敬重他的德行和才能，曾有意把帝位禅让给他，他固辞不受，隐居箕山，农耕而食。后尧帝又请他作九州长官，他跑到颍水边洗耳，表示不愿听到这些话，且这些话污染了他的耳朵。许由为大贤人物，为历代所推崇，他去世后葬于箕山之巅，尧帝封他为“箕山公神”，使他得以配食五岳，后世都祭祀他。后人也称箕山为许由山，许氏人士多以他作始祖。

苏州许姓人物中，东汉有吴中人许懋，好炼丹术。三国吴时有许升，年轻时好赌博，不求上进。其妻吕荣，勤俭持家。许升为此感动，发奋求学，为苏州刺史征召任职，走到寿春时不幸被盗贼所害。吕氏强忍悲痛，矢志不嫁，赡养公公和婆婆尽心尽力。其他较著名的还有学者许洞。许洞（约976—约1017），字洞天，北宋吴县（今江苏省苏州市）人，《四库全书总目提要》载为吴兴（今浙江湖州）人。其父许仲容，官太子洗马，为大科学家沈括的二舅。许洞擅长武术，精

许由画像

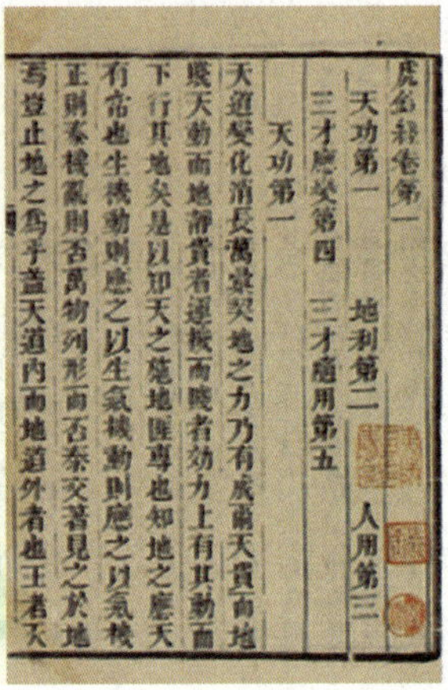
虎鈐經卷第一
天功第一 地利第二 人用第三
三才應變第四 三才隨用第五
天功第一
天道變化消長萬彙契地之力乃有成爾天貴而地賤天動而地靜貴者逸[illegible]而賤者勞力上有其動而下行其地矣是以知天之施地匯尊也知地之應天有常也生殺動則應之以生氣殺動則應之以氣殺正則泰殺亂則否萬物列形而否泰交著見之於地焉豈止地之為乎蓋天道內而地道外者也王者天

许洞画像和《虎铃经》书影

于兵学，而且文才也很好，尤精《左传》。许洞于咸平三年（1000）中陈尧咨榜进士，一生未受重用，只做过雄武军推官、均州参军、乌江县主簿等小官。景德二年（1005），许洞著《虎钤经》一书，此书为中国古代著名兵书。南宋苏州昆山人龚明之《中吴纪闻》载："洞平生以文章自负，所著诗篇甚多，欧阳修尝称为俊逸之士者是也。"《宋史》卷四四一有其传。

许姓家训众多，这里择要摘取8条：

遵祖训。祖训以良谋教导百世，劝孝劝忠，劝读劝耕。
重宗祠。宗祠乃祖宗神灵之所聚，每年四时祭祀，不忘祖宗。
辑谱系。明白本支上下脉络，做到居住分散而心一致。
勤生理。承室守业，托业谋生。勤者兴，惰者败。
好读书。读书要趁早，勤读需不辍。明理益智，子孙铭记。
孝父母。孝为百行之首。应尽诚尽礼，养老送终。不孝为人伦首恶。
教子孙。子孙贤，家庭兴。童蒙时，朝朝教诲，教会做人为本。
崇节俭。治家产业，得之不易，爱惜物力。

许光国的曾祖父叫许君明，"有隐德"。所谓隐德，指施德于人而不为人所知。《晋书·王湛传》："初有隐德，人莫能知，兄弟宗族皆以为痴，其父昶独异焉。"元无名氏《醉写赤壁赋》第二折："祖讳德新，父讳古，皆隐德不仕。"许君明世代居住在苏州北门，至许光国祖父许昌期时才搬到常熟之梅里（今常熟梅李）。当时江南一带许多人家信仰佛教，但许昌期不信佛，特别喜欢延揽名儒教育自己的儿子。所以许昌期的儿子，也就是许光国的父亲许寔于书无所不读，经书无所不通。

许寔，字德成，史载其“该博有驯行，诸老先生皆推先之”。所谓“该博”，是指知识渊博，且能贯通古今。《晋书·索靖传》：“唯靖该博经史，兼通内纬。”宋王安石《送李宣叔倅漳州》：“君能喜节行，文艺又该博。”鲁迅《中国小说史略》第八篇：“大历中，有沈既济，苏州吴人，经学该博。”所谓“驯行”，是指善良的行为。《汉书·石奋传》：“奋长子建，次甲，次乙，次庆，皆以驯行孝谨，官至二千石。”明宋濂《〈田氏哀慕诗集〉序》：“同郡田君奂笃，美有驯行。”所谓“推先”，意思为推尊。《晋书·阮咸传》：“太原郭奕高爽有识量，知名于时，少所推先，见咸心醉，不觉叹焉。”唐韦应物《酬豆卢仓曹题库壁见示》：“莫嗟年鬓改，郎署定推先。”

许寔品德优良，学识渊博，由此多次被乡里德高望重的老者推荐为官。但由于种种原因，许寔最终以平民百姓的身份郁郁而终。

北宋政和七年（1117），许寔因病去世。当时许光国才12岁，于是他随兄许光远居家侍奉母亲。此后，许光远将全部精力用在继承、振兴家业上，而让许光国把主要精力用在学习上。许光国牢记父兄嘱托，奋力拼搏，刻苦学习，以博取功名告慰父亲。

在此前，宋徽宗为解决财政困难，于政和元年（1111）设立“西城括田所”，专事搜刮民财。梁山泊的农民和渔民交不起沉重的赋税，只有武装抗租抗税，至宣和元年（1119）正式宣布起义。第二年十月，方腊率众在今安徽歙县七贤村起义，建立了包括江苏、浙江、安徽、江西的6州52县在内的农民政权，在当时影响很大，严重打击了宋朝的统治。

许光国画像

至宣和七年（1125），辽国被金国所灭。金即乘胜侵犯北宋。靖康二年（1127）正月，金军先后把宋徽宗、宋钦宗拘留在金营，宋朝皇室的宝玺、舆服、法物、礼器、浑天仪等也被搜罗一空。这就是历史上的“靖康之变”，北宋由此灭亡。

在这天下大乱的情势下，南方的学士、儒生早已四处逃难或躲藏。青少年要想得到一个好的老师，更是难上加难。但许光国背了书箱到处请教有学问的人，竭尽全力，始终不中断自己的求学之路。不久，许光国母亲又因病去世。想起母亲的遗言和对自己的关心和爱护，许光国思绪万千，十分哀痛，以至于形销骨立。

学有所成　金榜题名

在中国历史上，绍兴十二年（1142）是一个不平常的年份。这一年前后，有几件大事值得记载。

一是宋金和议，岳飞被害。在此之前，宋军在反击金的入侵中取得一定的胜利，但宋高宗赵构与宰相秦桧软弱无能，他们唯恐有碍对金议和，遂解除了韩世忠、张俊、岳飞三大将的兵权，甚至制造岳飞冤狱，使主战派对投降议和活动无法进行反对。绍兴十一年（1141），双方达成和约：宋向金称臣，金册宋康王赵构为皇帝；划定疆界，东以淮河中流为界，西以大散关（陕西宝鸡西南）为界，以南属宋，以北属金；宋每年向金纳贡银、绢各25万两、匹，自绍兴十二年开始，每年春季搬送至泗州交纳。是年（1141）年底，宋金和议正式签署。金皇统二年（1142）二月，何铸、曹勋将南宋“誓表”送达金廷，金遂撰就“册文”一道，于三月丙辰派遣左宣徽使刘筈使宋，以圭宝、佩璲、玉册等册康王为帝。

绍兴和议确定了宋金之间政治上的不平等关系，结束了长达十多年的战争状态，形成了南北对峙的局面。十二月二十九日（1142年1月27日）夜，赵构和秦桧以“莫须有”的罪名杀抗金大将岳飞。其子岳云、部将张宪于临安（今浙江杭州）闹市斩首。绍兴和议立刻实现，金把宋徽宗的灵柩和宋高宗生母韦氏送回南宋。宋高宗以向金纳贡称臣为代价，换来了东南半壁江山。

二是经界之法，开始实行。外患问题暂时解决之后，南宋政府的工作重心随即转移到巩固国家政权上来。鉴于税赋、徭役分配不均的客观情况，为了巩固政权，稳定和增加国家的财政收入必不可少。绍兴十二年（1142）十一月，时任尚书左司员外郎的李椿年（1096—1164，字仲永，号逍遥公，饶州浮梁县丰田都人，南宋经济学家、文学家）向朝廷上疏，建议清查核实土地占有状况，实行经界法。

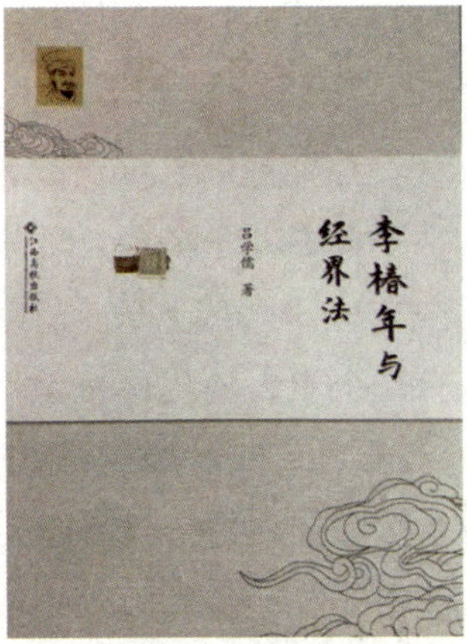

《李椿年与经界法》书影

李椿年的上疏得到了朝廷的高度重视，认为此法可行。南宋朝廷决定大规模勘察、整顿田亩地界，查验各家各户的土地凭证，由户部派出官员查验办理，凡土地凭证不符的都要予以纠正。朝廷委以李椿年推行经界法的权力，为此李椿年制定“经界法”24条，先到平江（今江苏苏州）试行，并在转运司下设置措置经界所，作为推行经界法的执行机关。翌年六月，赵构任命他为权户部侍郎，同时设户部措置经界所，把经界法推行到全国。

三是科举取士重步正轨。南宋初年，由于受长期战争的影响，三年一开科场的制度被彻底打乱。从考试时间上来看，直到绍兴十二年（1142）才重新走上了正轨，但发解试、省试和殿试的时间和北宋稍有不同。

2015年3月，江苏海安籍作家夏坚勇著述的20余万字的长篇历史散文《绍兴十二年》，由江苏凤凰文艺出版社出版。全书通过绍兴十二年（1142）这个历史的横切面，全方位地反映那个时代的政治风云和社会生活，深入揭示当事人的内心世界和行为逻辑。

功夫不负有心人，就在绍兴十二年，许光国终于高中进士。

这是南宋第一次比较正规的科举取士，共录取进士253(一说397）人，前三名（状元、榜眼、探花）为陈诚之（为福建省长乐县置县以来第一个状元，也是南宋恢复科举以后第一个状元）、秦熺（秦桧养子）、杨邦弼。《续资治通鉴·宋纪一百二十五》中是这样记载的：“庚午，帝御射殿，引正奏名进士，唱名，有司定右通直郎、主管台州崇道观秦熺第一，举人陈诚之次之。秦桧引故事辞，乃降为第二人，特迁左朝奉郎、通判临安府，赐五品服。自诚之以下，赐第者二百五十三人。新科明法，得黄子淳一人而已。”

也就是说，当年主考官为迎合宰相秦桧之意，本来初定第一名为秦桧之子秦熺。陈诚之当时排在第二名。与秦熺同榜的还有秦桧的两个侄子。《宋史·李浩传》载：“时秦熺挟宰相子以魁多士。”一时间朝野舆论哗然。有几个胆大的优伶编演了一出讽刺小品，说是韩信当考官，因此才收得“三秦”。当时秦熺已有官职，且父亲是当朝宰相，按惯例应该避嫌。秦桧虽然心有不甘，但为遮人耳目，也只能惺惺作态，出面“引故事辞”，于是陈诚之幸运地成为状元。

新科明法为宋代科举考试科目之一。北宋熙宁四年（1071）后，由明法科改，只准熙宁五年前明经和诸科举人不能改试进士科者应试，考试律令、《刑统》大义、断案。崇宁初罢，建炎二年（1128）复设，绍兴十六年（1146）又罢。

绍兴十二年（1142）四月，《续资治通鉴》卷一百二十五又记载：“辛未，帝御射殿，放合格特奏名进士胡鼎才第二百四十八人，武举正奏名陈鄂等五人，特奏名潘璋等二人。是岁，始依在京旧制，分两日唱名，自是以为例。”这里是指武进士的策试和录取。

这里值得一提的是，据南宋范成大《吴郡志》记载，这科考试进士中，苏州府仅有5人（明洪武《苏州府志》载为8人，另外3人疑为后来寓居苏州人士），而其中3位是常熟人，可谓是常熟历史上的骄傲。这3位常熟籍进士是严焕、王伯广和许光国，其中后两人为梅李人。

严焕（约1120—约1190），字子文，少年即是才俊。相传严焕早年与同县钱南参加科举考试，考试题目为《圣人以人占天赋》，考完试出来，严焕问钱南这篇文章的主题应该押何字，钱南说：“我觉得应该押‘占’字。”严焕听了后说道：“这次考试，估计我第一名，你第二名。”结果出来，果然如此！严焕出仕后，历任徽州府学教授、临安府学教授、建康府通判等。严焕在担任江阴军知军时，曾于乾道九年（1173）刻《脍炙集》1卷。南宋淳熙二年（1175）九月十九日，时任太常寺丞的严焕遭人弹劾被罢职，但不久再次复出，出任福建市舶司提举公事，后终于朝奉大夫。严焕一生好吟诗作赋，文笔优美，与当时许多著名文人如范成大、辛弃疾、丘密、崔敦礼等都有交往。严焕又博学多才，精通书法。《景定建康志》记载严焕在建康通判任内曾两次书写碑文。

《景定建康志》记载严焕事迹

王伯广（生卒年不详），字师德，常熟梅李人。少时从学于中书舍人杨邦弼，工于文章。出仕后，授官湖州德清县尉。王伯广认为做官有俸禄，随即在休假归里期间，将全部家产让与诸兄弟，自己分文不取。他曾至临安考教官（又称学官，古代指主管学务的官员和官学教师），遇通判张枏（字材仲，为北宋治平年间进士张敦之子，常熟人），张枏问："你来考试教官吗？"王伯广回答："我素来不曾学习经书。"张信以为真，随即嘱咐其考试注意事项。过了一个多月，伯广将考卷递给张审阅，张枏惊呼："天才也！"继授温州教授，再调常州教授，未至任而卒，卒年五十。

另外两位是袁鳌和何俌。袁鳌，字可久，昆山人，著有《文斋雅记》。子宗仁，登进士第。何俌，字德辅，苏州人（祖籍浙江龙泉），以进士教授绍兴。时南宋方与金和好，何俌以少康、周宣王、汉光武、晋元帝事可施者，为《中兴龟鉴》上之。乾道间，以集英殿学士出知庐州，终工部侍郎，有《奏议内外制》《西汉补遗》《王府大学讲义》若干卷。

当初许光国被录取为进士时，他的策试（廷对）十分精彩，曾在朝廷争相传阅。许光国在文中说："些些小吏，履职尽责理所当然。州官、县官和人民群众的休戚最息息相关，假如你尽力了，尽管你自己不表白，老百姓自然会看到。况且只要做有益于人民的，就不负朝廷给予的俸禄。"

清正为官　恩威并加

许光国中进士后，被分配到衢州府西安县担任主簿。

在中国历史上，吉林省、山东省、江西省都有过西安县。而这里所说的西安县，在浙江省。西安县位于今浙江省衢州市境内，曾先后为闽浙总督府、金衢严道、衢州府、龙游府、金华道驻地。唐咸通中，因西溪（衢江）

之名，遂改信安县为西安县。唐宋时，西安县产银。宋代，置南、北二银场。北宋时西安县仍为衢州治，属两浙路；南宋时属两浙东路。元至元十三年（1276），改衢州路总管府，西安县倚廓，隶江淮行省浙东道宣慰司。明初，改衢州路为龙游府，治所西安县。清康熙二十三年（1684），西安县为金衢严道治所。辛亥革命后，西安县改为衢县（指原衢县，并非指剥离出市区的衢县），其辖区大致为现今衢州市柯城区与衢江区的总和。

主簿是古代官名，是各级主官属下掌管文书的佐吏。魏、晋以前，主簿官职广泛存在于各级官署中。隋唐以后，主簿是部分官署与地方政府的事务官。南宋中叶后，御史台不设主簿。元诸寺、监、院有关人员，或称主簿，或改称典簿，县主簿简称为簿。明清时期主簿由贡监及吏员拔擢除授，是知县的佐贰官，别称“书记”“三尹”等，秩正九品，主管户籍、缉捕、文书办理事务，在主簿廨办公，下设攒典1人协助办公。中国历史上，许多名人曾任主簿，如陈琳在汉灵帝末年任大将军何进主簿，杨修在曹操称魏王时任主簿，司马懿也曾任曹操主簿，唐代骆宾王历任武功主簿、长安主簿等。

南宋时，衢州经济文化发展到了顶峰，为两浙翘楚，仅文科进士就达250人。崇宁三年（1104），孔子第48世孙孔端友（1078—1132，字子交，北宋仙源县即今山东曲阜人“奉圣公”孔若蒙长子，孔子的第47代嫡长孙）袭封奉圣公，大观年间改封为衍圣公。靖康二年（1127），金灭北宋，康王赵构建立南宋，改元建炎。建炎二年（1128）十一月，南宋高宗赵构在扬州行宫举行继统后首次祀天大典，衍圣公孔端友与从父孔传奉诏陪位。孔端友返曲阜不久，金兵大举南下，因济南知州长刘豫叛宋，形势急转直下。孔端友背负孔子和亓官夫人（？—前485，又作丌官氏，孔子夫人）楷木像，随高宗赵构南渡，赐家于衢。衢州由此成为孔子后裔第二故乡，被称

衢州旧照

为“东南阙里”。

许光国上任衢州临行之时，岳父吴祖仁一番叮嘱后，捧出纹银50两交与他说：“这些银两，你且收着，到时可见机行事。”许光国诚恳地对岳父说：“岳父大人良言，小婿一定谨记于心，但这些银两，小婿决计不敢收。”

不久，许光国来到了衢州西安县。许光国到任后恪尽职守，为官清廉公正，为人谦虚谨慎，深得上司赞许和百姓爱戴。西安县自古为事务繁杂之县，多奸诈狡猾之徒，他们平日里喜欢窥视别人的短处和过失，然后立即报官，以便从中得到好处。许光国认为这种不良风气是地方治理的大害，于是他向衢州府建议把罪魁祸首抓起来，根据其犯下的罪恶分别加以惩处，个别罪大恶极的，流放至远方。剩下的人都被慑服，藏起来大气都不敢出。如此一来，起到了极大的震慑作用，从此西安县老百姓安居乐业。许光国又下令：从此以后，其余人员一律既往不咎。

许光国曾经对同僚说：“一个县如同一户人家，同僚如兄弟，只要大家同心协力，一个家庭振兴不起来，是绝对不可能的。”所以许光国到任之地，县中老百姓都称治理有方，人们在路上相见时都交口称赞。

经界田地　清水脱俗

土地经界之说，源自孟子。《孟子·滕文公上》云：“夫仁政，必自经界始。经界不正，井地不均，谷禄不平。是故暴君污吏必慢其经界。经界既正，分田制禄，可坐而定也。”

千百年来，土地簿籍是关系国家赋税的大事，但因其中涉及多方利益，因此某些官吏往往趁机收受贿赂，以权谋私。如前所述，尚书左司员外郎李椿年在上奏中列举“经界不法”的种种危害：

第一害：人户侵耕冒佃，不纳租税，立赏召诉，则起告讦之风；差官括责，则有搔扰之弊；

孟子画像

第二害：卖产之家，产去税存，终身穷困，推割不得；

第三害：衙前专副及买扑坊场之人，计会官司，虚供抵当；及乎少欠官钱，拘收在官，有名无实；

第四害：乡司走弄二税，姓名数目所系于籍者，翻覆皆由其手；

第五害：诡名挟佃，逃亡死绝，官司催科，责办户长，破家竭产，不足以偿。遂致差役之时，多方避免，有力者举产业以隐寄，无力者挈妻子而遁逃，有经一二年而产尚不能定者；

第六害：兵火以来，税籍不足以取信于民。每遇农务暇闲之时，以税讼者，虽一小县，日不下千数，追呼搔扰，无有穷尽；

第七害：州县倚阁二税，往往以为人户逃死。人虽逃死，产岂不存，名为倚阁，实自理取。或以市恩，或以入己，欺罔上下；

第八害：州县常赋之额既为人所欺隐，岁计不足，于是揍额之籴，浙西州军不下数十万斛，举浙东之岁入不足以偿其价，而民犹以为苦；

第九害：州县之籍，既因兵火焚失，往往令民自陈实数而籍之，良善畏法者尽实而供，狡猾豪强者百不供一，不均之弊，有不可胜言者；

第十害：州县有不耕之田，皆为豪猾嫁税于其上，田少税多，计其耕之所得，不足以输其税，故不敢耕也。比年以来，虽减价出卖，人无肯售者，亦以税重耳。

这些弊害都是彰明较著者，李椿年陈述得淋漓尽致，足见其观察之深，体会之切，非明于政理熟悉民隐者不能道。政府若欲救此弊、除此害，必先正经界。他提出实行经界法（清丈土地），核实每户的土地数目，重造税籍，使“民有定产，产有定税，税有定籍”。经界正，则可：一、不待根括陈告而公私分；二、不待推割而税随产去；三、多寡有无，不得而欺；四、民有定产，产有定税，税有定籍，乡司不得走弄；五、据产催税，无陪填之患而乐为之役；六、据田纳税而无所争；七、州县奸弊难行，不失常赋；八、正额自足，公私无靡费；九、赋税均平，贫人受惠；十、税有所归，逃田可复业，亦可转卖而有人愿买。经界之正与不正，其利害大别如此！李椿年还举平江府（苏州）为例子，说明赋税失其常数的情形。云：“臣昨因出使浙西，采访得平江岁入七十万斛。著在石刻，今按其籍，虽有三十九万斛，实入才二十万斛耳，其余皆以为逃亡灾伤倚阁，询之土人，颇得其情，其实欺隐也。”

当国家财政极其困难的时候，而诸路府州县侵欺赋税竟如此严重，则正经界实为刻不容缓之举。宋高宗赵构看了李椿年的奏疏后，便对宰执说：“椿年之论，颇有条理。”宰相秦桧说：“其说简易可行。”参知政事程克俊说：“比年百姓避役，止缘经界不正。若行之，诚公私之久利也。”即诏：“专委椿年措置。”李椿年请考按核实自平江始，俟有成效，再推行于一路，进而施于全国。要在均平，为民除害，更不增税额。赵构一一从之。

不久，宋高宗赵构即任命李椿年为两浙路转运副使，措置经界之事。于是李椿年在转运司下设置措置经界所，作为推行经界法的执行机关。其具体措施是各县以都为单位，令官户、民户各依式书写户主姓名、田地的面积、四至、土色、丘段及来源，并附上土地的地形图，叫砧基簿。之后，由都耆邻保召集田主、佃客，逐丘计算亩角，保正在图的四至上押字，并责结罪状，上报经界所，再由经界所官吏按图勘验，丈量核实，不实者给以重处。砧基簿核实后，发给户主，永为执照。每县造砧基簿三本，一本留县，一本存州，一本纳转运司。后逐渐推广至全国。到绍兴十九年（1149）冬，除淮东、淮西、京西、湖北四路属边境地区外，其余各路多数州军都已次第完成。

这时，许光国得到上级命令，命他赴金华负责土地勘验之事。他认为金华屡遭自然灾害，不可再受人祸干扰，于是坚决推辞不赴任。后上级再三催促，他要求除非不发官府文告才肯赴任。上司认为他说得在理，同意了他的请求。

《常熟法治史话》载有许光国事迹

许光国到任后，先发布了土地勘验的规章，将期限放宽。遇到土地凭证不实的令自行纠正，不增加百姓负担。他成年累月地行走乡间，实地丈量，包括随从在内都自带口粮，不侵占百姓一分一毫，获得了良好的口碑，老百姓都说：“许君至此，只需我提供清水。”他的贤能，百姓交口称颂，久久不忘。至今，金华人仍然歌颂许光国的贤明和恩德。这主要是因为许光国经常行善积德，勇于担当，不甘平庸。所以，他每一个从政的地方，都有不错的政绩。

急人所难　千古流芳

许光国居住在家时，常常是急公好义。亲朋好友有生活困难的，他都会极力予以帮助，自己没有的，问他人借了也要帮助困难的人，然后再每年向借的人偿还。对此，许光国乐此不疲。年轻的时候，许光国曾经在梅李从乡人彦和学习。彦和素来家中贫困，许光国登科从政后，把彦和一家接到浙江衢州居住，以便于就近照顾。彦和年老多病，许光国就请名医为他治疗。后来，彦和患大病，许光国又遍请名医为他治疗，直至彦和病逝。举丧时，许光国执弟子之礼，后又派人把彦和的妻子和儿子护送回常熟老家。所有这一切，许光国认为都是分内之事。时衢州、常熟梅李民间，许光国孝廉之名，妇孺皆知。

许光国的岳父吴祖仁（生卒年不详），北宋大观二年（1108）二月以承事郎任武进知县。据《重修常昭合志》记载，宣和元年（1119），吴祖仁以奉议郎任常熟知县。又据《梅李镇志》记载，吴祖仁长女嫁给了许光国。许光国和吴氏生有两子一女，可惜的是，两个儿子均早夭。许光国过世时，有一女，尚幼。

这里有个问题，《梅李镇志》载吴祖仁是在建炎年间（1127—1130）任常熟县令的，《（宝祐）琴川志》《（嘉靖）常熟县志》未载其任职时间，而《重修常昭合志》却载为宣和元年（1119）。如果是建炎年间的话，则许光国当时在22—25岁之间，若吴家和许家是在吴祖仁到常熟后认识的话，则按当时习惯，这个年龄的男子应该已结婚了，吴知县的女儿是不可能做二房的，所以这个时间不够合理。而宣和元年的话，当时许光国虚岁13岁，这种情形下，有可能是吴祖仁和许光国的祖父许昌期有交往（父亲已去世），然后双方定下婚事，过几年再结婚，这是比较合理的。据此推断，笔者认为《梅李镇志》记载的时间大概率是错误的。当然，由于许光国祖居苏州，还有一种可能是两家人是旧识。

由于时代久远，资料缺失，除了科举名录外，许光国的生平事迹在历代常熟县志、苏州府志鲜有记载。甚至《梅李文献小志》《梅李文献小志稿》《梅李补志》《新续梅李小志》《梅李文献三志稿》中，连许光国的名字都没有提到。《重修常昭合志》和多部《梅李镇志》中，还把许光国的字误记成了“利宾”，实为憾事。

许光国墓志铭

所幸的是，1966年12月，常熟县梅李公社一大队北冈身下沙田中，出土了一方墓志铭。墓志铭的名称为《宋故左宣教郎致仕许君墓志铭》，该志石质，长80厘米、宽79.5厘米、厚13.5厘米，系左奉议郎、徽州州学教授魏志撰，左迪功郎、徽州州学教授严焕书写，刻碑者为晋陵（今常州市一带）谢誉。该墓志铭刻于南宋绍兴二十三年（1153），志文镌于一石两面，每面又分上下两段，共92行1237字，是碑现藏于常熟市博物馆。严焕生平如前所述。据史料记载，魏志为平江府（今苏州市）人。宋范成大《吴郡志》卷二八《进士题名》：“建炎二年李易榜魏志。”《(正德）姑苏志》卷五《科第表上·宋·进士》：“建炎二年，李易榜魏志。”由此推断，魏志也是一个有才学的人。据墓志铭文字介绍，魏志系许光国的妻兄。魏志对于终生未能见到许光国的父亲许寔感到十分遗憾。但魏志由于内兄的关系，认识了许寔的两子许华卿（许光远）、许利用（许光国）。巧的是，许光国分配到衢州西安县时，恰好魏志也在西安县工作。由于同乡的关系，加上许光国良好的工作作风和声誉，两人遂十分投缘，经常来往。西安县主簿任职期满后，许光国升左从事郎，任衢州府江山丞。

许光国于南宋绍兴二十一年（1151）九月二十七日病逝于常熟梅李家中，享年45岁。绍兴二十三年二月初二日，许光国葬于梅里镇北二里祖墓的旁边。

墓志铭还以许光远（即许华卿）的口吻，表达了对其弟许光国英年早逝的哀痛：“我许光远太不幸了，唯有一弟许光国，我们两人非常团结友爱。世间兄弟不和，多由于外姓（妻子和妻族）干涉。而我弟弟光国直到去世，其妻子对待我的妻子如对待自己的母亲一样。至于其他小事，还会有什么矛盾呢？我每每办事有考虑不够周到的地方，许光国必定反复考虑予以纠正。凡是他思考和用心的事情，不是家庭大计，就是对人们思想行为规范有益者，从来没有一言一行是为了自己的私事。老天降祸到我家，太快夺去许光国的生命了。今许光国已经过世且没有后代，我无比哀痛。想到他下葬的日期即将到来，如果没有人把他的生平写下来，则无法告慰其英灵于地下。幸亏魏志先生十分了解我弟弟的生平和为人，只求您帮我写下许光国的墓志铭。”

魏志再三推辞，许光远坚决不同意，魏志便应诺为许光国写下了墓志铭。

魏志在墓志铭中写道：

呜呼！天人报应之说，固难必矣！然君子道其常，故作善降祥，书于经。今迹利用行事，是宜长年且有后，而皆不验，可悲也已。

这段话的大概意思是：唉，老天会报应那些没有良心的人的说法，有时也未必应验的。但作为一个有修养的君子，所谈论的必是平常的人伦之道，所以落实在行动上就是要多做善事、获得吉祥、造福人民，可以被记录下来流传于后世。今许光国的行事风格，就是这样的君子。但天不假年，老天早早夺走了他的生命，没有应验“仁者寿”的老话，这实在是太可悲了。

魏志在墓志铭最后写道：

铭曰：抑之非不久，积之非不厚；自君发之，誉者万口。亦既与之，曷遽夺之；一奋既僵，而又无儿。呜呼！天其难知。

许光国虽然官不高、位不重，但其为人处世、行事风格和对待人民群众的态度，无疑可以成为从政者的一面很好的镜子。

相对于明清时期，常熟宋代有记载的人物比较少，若不是这方墓志铭，我们后人根本不知道许光国的生平事迹。由此，我们也感到了历史文化的重要。作为许光国家乡的梅李镇，近年来深入挖掘清廉、孝廉文化，先后以梅李籍官员许光国、王伯广等古代人物形象为依托，编印了《孝廉在梅李（征文集）》一书，精心制作了动漫微视频《廉孝主簿许光国》和连环画《方正廉孝许光国》，以大力弘扬清廉之风，收到了良好的成效，值得各地借鉴和仿效。

（陈建东）

主要参考文献：

1.（南宋）范成大.吴郡志［M］.

2.（明）邓韨纂修；常熟市地方志编纂委员会办公室，常熟市图书馆编.（嘉靖）常熟县志［M］.扬州：广陵书社，2016.

3.（明）管一德撰；常熟市地方志编纂委员会办公室，常熟市图书馆编.皇明常熟文献志［M］.扬州：广陵书社，2017.

4.（北宋）史能之.（咸淳）毗陵志［M］.

5.（清）王其淦，（清）吴康寿.（光绪）武进阳湖县志［M］.

6.（南宋）魏志.南宋故左宣教郎致仕许君墓志铭［Z］.

7.《梅李镇志》编纂委员会.梅李镇志·梅李卷［M］.上海：上海辞书出版社，2006.

8. 周公太.瓦砾斋笔记［Z］.

9. 江苏省常熟市《梅李镇志》编纂委员会.中国名镇志·梅李镇志［M］.北京：方志出版社，2018.

10. 常熟市司法局.常熟法治史话（内部资料）［M］.

11. 常熟市碑刻博物馆编.常熟碑刻集［M］.上海：上海辞书出版社，2007.

12. 常熟市地方志编纂委员会办公室标校.重修常昭合志［M］.上海：上海社会科学院出版社，2002.

13. 周公太.常熟博物馆藏唐宋墓志研究举要［J］.东南文化，2001（7）：47-51.

14. 王德毅.李椿年与南宋土地经界［J］.食货月刊，1972，2（5）：20-39.

15. 郭丽冰.南宋绍兴时期经界法研究［J］.前沿，2004（4）：146-150.

赵 思

勇于任事 不畏强权

赵思（1125—1194），字再可，祖籍河南府洛阳县，三岁随堂叔赵孝孙移居平江府常熟县，南宋绍兴二十四年（1154）张孝祥榜进士，历任钟离县（治今凤阳县临淮镇东故城）主簿、太府寺主簿、太常丞兼度支郎官、台州知州、淮南路转运判官兼提点刑狱、淮南路转运副使、直秘阁、户部郎官、淮东总领所总领、起居舍人、淮东路转运判官、广西提刑（未上任）、湖州知州、起居郎、权吏部侍郎、静江府（今广西桂林市）知府、广西经略、秘阁修撰、集英殿修撰，累转太中大夫，卒年七十。赵思一生，忠君爱国，敢于担当，受人尊敬。

世居洛阳 落籍常熟

赵思家族世代居住于河南洛阳。北宋靖康二年（1127），金人入侵，为躲避战乱，当时只有3岁的赵思跟着堂叔父赵孝孙，从洛阳迁居常熟，遂占籍常熟。

今《宋代登科总录》载“赵孝孙，字仲修，宗室”，实际是这是误载。因为赵孝孙家族并非赵宋宗室，仅仅因为他家也姓赵，后人就误把他们认为是宗室。

《（道光）浒墅关志》收录有一篇“宋定城令赵公圹志”，这位赵公，就是赵思的儿子。根据该志记载，赵用的家族世系为：赵伾→赵庆孙→赵思→赵用。这些名字与赵宋宗室字派（如太祖赵匡胤后人字派为“德惟从世令子伯师希与孟由宜学”，太宗赵光义后人字派为“元允宗仲士不善汝崇必良友季同”，赵匡胤四弟魏悼王赵廷美后人为“德承克叔之公彦夫时若嗣古光登”）明显不同，同时该圹志在叙述赵用家世时也没写他是宋宗室后裔，仅仅记载“家世伊洛”，若真是宗室，一般都会写上类似“太祖七世孙”“太宗七世孙”“魏悼王之裔孙”之类的话。

赵伾画像

赵思祖父赵伾，字义夫，北宋元符三年（1100）任无锡知县，英敏果断，不畏强暴，人称“赵铁头”。在无锡知县任内，他创建县衙、修筑仓库、兴修农田水利，做了很多利国利民的好事实事，百姓受益良多。他还曾在惠山寺路两旁亲手种植了很多松树，在他离任后，当地百姓亲切地称这些松树为“赵令松”。后曾任管当西京（即洛阳）留司御史台，官至朝请大夫。赵伾娶妻黄氏，为进士黄好谦（与苏轼同年进士，两人还是好友加亲家，黄好谦的两个孙女分别嫁给了苏轼的两个儿子苏适和苏远）之女。从这一点来看，赵伾与苏轼也应该是相识的。

父亲赵庆孙，精通经学，尤精《论语》，曾任右从事郎、平江军节度推官、右宣教郎、主管台州崇道观，官至通议大夫。赵庆孙为人孝友，为官能干，因曾受到过赵鼎（1085—1147，字元镇，号得全居士，南宋解州闻喜人，宋高宗时政治家、词人，官至宰相。因反对和议，为秦桧陷害而罢职。赵鼎被称为南宋中兴贤相之首）推荐而遭到秦桧势力的打击，后来强加给他一个不孝顺母亲的罪名将他罢官。有意思的是，秦桧去世后，赵庆孙上书朝廷为自己申诉，结果朝廷非常认真，竟然派出人员到找到赵庆孙母亲黄氏的侄子、时任浙东安抚司参议官的黄子游（1080—1167，字叔言，一作叔偃，宋建州浦城人，徙居奉化，以伯父黄实荫入仕，累官右朝议大夫致仕）了解情况，黄子游对来人说赵庆孙对母亲非常孝顺，最终朝廷发文为赵庆孙恢复了名誉。

堂叔父赵孝孙（1090—？），字仲修。其父赵颜，师从伊川先生程颐（1033—1107，字正叔，洛阳伊川人，北宋理学家和教育家）。宣和二年（1120），赵孝孙入太学学习，宣和三年中辛丑科何涣榜进士。赵孝孙在太学读书时，与李衡关系不错。李衡（1100—1178）为江都（今江苏扬州）人，字彦平，号乐庵，绍兴二年（1132）进士，官至秘阁修撰，晚年定居昆山，藏书过万卷。宣和三年，赵孝孙和李衡一同参加会试，结果赵孝孙一考而中，而李衡却名落孙山。赵孝孙就劝李衡道："你还年轻，受一次挫折无妨，回去继续好好读书，将来必有出息。"当时李衡正不太开心，赵孝孙又问他道："你《论语》读得怎样？"李衡说："小孩子都熟读《论语》，何况我呢？"赵孝孙笑着又问道："你既然熟读《论语》，那你说说'学而时习之'到底是学什么呢？"李衡茫然间不知怎样回答。赵孝孙对他说："我们学《论语》，不是要死记硬背其中的章节，关键要向圣人学习，要学以致用。"李衡听了茅塞顿开，由此对赵孝孙也非常佩服。此后，李衡牢记赵孝孙的教导，一方面博览群书，另一方面钻研《论语》并身体力行，从中获益匪浅，过了11年后也高中进士，后成为南宋名臣。

这里有个问题需要澄清，清代学者王梓材所撰《宋元学案补遗》卷三二《赵先生孝孙》载："赵孝孙，字仲修，颜子之子也……子思，字再可，从父建炎避地居常熟。"王氏认为赵孝孙父亲为赵颜子（有些文章载为赵颜，还有载为赵彦之的，笔者推测实为赵颜，其他都是笔误），儿子为赵思，现从赵用圹志来看也是误载。另外，从《姑苏志》记载的"赵思，字再可，其先洛人，从父孝孙，字仲修，建炎避地来常熟，思生甫三岁……"来看，赵孝孙应该是赵思的从父（《重修常昭合志》载为诸父，王梓材可能把"从父"理解成了"跟从父亲"），这里无论是从父还是诸父，实际上是堂叔父，因为赵思的祖父（即赵庆孙的父亲）是赵伾，而赵孝孙的父亲是赵颜，这说明赵庆孙和赵孝孙并非亲兄弟而是堂兄弟。

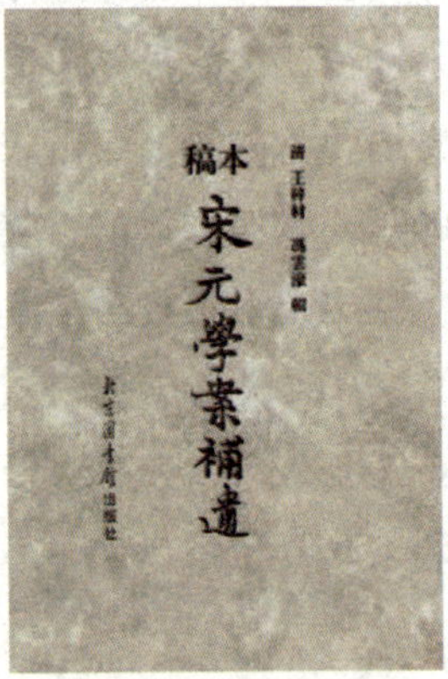

《宋元学案补遗》书影

赵思3岁时跟随堂叔父赵孝孙而不是父亲赵庆孙来常熟，笔者推测，那是因为赵孝孙当时没有担任官职，而赵庆孙在担任官职之故。但后来赵庆孙也迁居到了吴地（今苏州地区），有可能也在常熟居住过。值得一提的是，赵孝孙是一位常熟历代地方志失载的常熟进士，为什么这么说呢？翻开常熟旧志可以看到，《重修常昭合志》等历代常熟地方志和常熟文庙进士名录（即通常所说的常熟486名进士）中，包含有很多原籍外地，考取进士时也在外地，但后来迁居常熟或曾经较长时间寓居常熟的人士，如翟汝文、崔敦礼、王万、印应雷、印应飞等，赵孝孙移居常熟时尚不到40岁，按此规则也应纳入常熟进士名录。

兴利除弊　体恤民力

赵思在堂叔父赵孝孙精心教育下，自幼得到了良好教育，而且他受堂叔父影响，对孔夫子的学术思想特别感兴趣，20岁不到即已精通《春秋》《论语》等。

赵思还曾师从曾怀，这让他也获益匪浅。曾怀（1106—1174），字钦道，祖籍晋江，晚年由京师迁居常熟，官至右丞相兼枢密使，封鲁国公。南宋绍兴二十四年（1154），赵思高中进士。这年与他同科的进士中，有几位后来大名鼎鼎的人物，如张孝祥（该科状元）、虞允文、范成大和杨万里。赵思后来还与张孝祥成为好友，与虞允文也有交往。

南宋绍兴三十三年（1163），赵思被授予钟离县主簿。钟离县在淮河南岸今凤阳县临淮镇一带，当时南宋和金国隔淮河对峙，此前金兵多次渡河攻宋，这里屡次遭受战火。所以此地是实实在在的前线，相当危险，一般人都不愿意去，有的即使去了也是没多久就找借口逃离了。但赵思心怀国

凤阳（钟离县）鼓楼

家安危，义无反顾地去了，而且一待就是好几年。他在任内招流亡、强战备，为国家做了大量工作。因为守边有功，赵思后被朝廷赏赐为从政郎，不久又升通直郎。

虞允文画像

南宋乾道五年（1169）八月，赵思的同榜进士虞允文拜相。虞允文（1110—1174），字彬父，一作彬甫，四川仁寿人，绍兴二十四年（1154）进士，南宋初年名臣。虞允文曾于绍兴三十一年在金陵以参谋军事指挥三军大破南侵的金帝完颜亮，从而挽救了南宋，后官至宰相，封爵雍国公，世称“虞雍公”，累赠太师，谥号“忠肃”。在相位期间，虞允文大力提拔贤良之士，他平时但凡见闻某人可取言行，便将之记下，最后将人才分为三等，辑成《翘材馆录》一书，以收用贤才，先后提拔了洪适、汪应辰、杨万里、胡铨、周必大、王十朋、赵汝愚、晁公武、李焘等人。乾道七年（1171），他在听说了赵思的事迹后，深为赵思勇于任事的精神所感动，加上两人还是同榜进士，于是向孝宗皇帝推荐了他。不久，宋孝宗赵昚在便殿接见了赵思，并问他如何恢复宋室江山，赵思谈了一些自己的看法，提了一些建议，孝宗非常满意，不久即提拔他为太府寺主簿。赵思在任时工作非常认真负责，几年后即升任太常丞兼度支郎官。

有一次，台州知州空缺，孝宗向大臣询问谁可胜任，结果众人一致推荐赵思。孝宗一听当即同意，马上签发任命书任命赵思为台州知州。南宋乾道八年（1172）七月二十四日，赵思以左奉议郎出任台州知州。

当时的台州，有百姓在山上开垦出一小块一小块的梯田进行耕种，这本来属于开荒所得，按惯例是不用缴税的，但总有人眼红看不惯，他们向官府反映，要求将这些梯田进行登记并缴纳赋税。赵思到任后，先到现场进行了实地调查。百姓们向他反映：这些边角地本来不属于官田，如果百姓不去开垦也就没有了，况且这些地块收成很不稳定，遇到旱灾、水灾就可能颗粒无收，如果征税的话，那百姓必然就放弃了，到时国家和百姓都得不到任何好处，请求赵思对这些田地免于征税。赵思听了后觉得有道理，就上书朝廷将情况作了反映，最终朝廷同意了他的请求，决定不对这些田地征税。

这事还有余波，后来有人因为对赵思这样处理不满，竟然想聚众闹事，赵思就将为首者引诱出来予以抓捕，处以黥刑（在脸上刺上记号或文字并涂上墨）。

不久，赵思又先后升任直秘阁、淮南路转运判官兼提点刑狱等职。在赴任淮南前，赵思赶到临安觐见孝宗皇帝并辞行，孝宗对他说道："你在台州所做的事，我已都听说了，你这样处理，做得很好，今后国家大事还要依仗你啊！"随后还将赵思的名字写在御屏上。

南宋乾道九年（1173），赵思出任淮南路转运判官兼提点刑狱，任内他十分关心民生。淳熙元年（1174），淮南水灾旱灾频发，百姓食不果腹，流离失所。灾情发生后，赵思积极向上汇报灾情，请求朝廷赈灾，随后又奉命开常平仓、义仓放粮救济百姓，最终救活百姓无数。他又向朝廷反映，说是淮南有些地方因为旱灾缺乏草料，百姓无力饲养耕牛，只得出卖屠宰，请求朝廷调运草料到这些地方，以便让百姓能养活耕牛，否则今后将严重影响农业生产。朝廷接报后当即同意，马上从真州、高邮军等处调拨草料七万五千束，令漕司派人分发给相关地方的农户饲养耕牛，并严令不得擅自宰杀耕牛。

南宋淳熙二年（1175），天长县在修筑湖坝时，有大量田地被湖水淹没，后来虽然湖水退去，但这些田地却遭到很大破坏，原田主纷纷要求官府补偿。赵思经过实地调查后上书朝廷，请求顺应民意，对不愿耕种浸水田地的，由官府另拨其他田地置换，对仍愿耕种浸水田地的，由官府作出适当补偿，务使百姓满意。最后朝廷同意了他的请求，百姓对此感激万分。

不久，赵思又先后升任淮南路转运副使、户部员外郎。南宋淳熙四年（1177）二月，赵思以朝奉郎户部员外郎身份出任淮东总领所总领，掌管淮东（今江苏淮安、扬州一带）军马钱粮供应以及往来军事文书等事务。当时的淮东总领所衙署设在镇江府，镇江府以前没有贡院，每逢大比（宋代乡试），都只能在府学进行，有时人多安排不下，只能安排到文庙的两侧走廊中，非常不便。赵思到任这年，镇江知府沈复在府衙东南创建贡院，共八十六楹，事后，赵思应邀写了一篇记文。

不辱使命　皇帝嘉勉

南宋和金国对峙后，由于实力逊于金国，所以被逼与金国签订不平等契约，逢金国重大节日南宋要派人带着礼物前往祝贺，如每年正旦（即正月初一）和金国皇帝生日，此外，如遇金国新君登基和婚丧嫁娶等也要派人去祝贺（或吊唁）。南宋淳熙四年（1177）九月，赵思升任起居舍人。在起居舍人任上，赵思曾出使金国，期间因为不愿意向金国皇帝低头而名声大振。

淳熙四年十一月癸亥（1177年12月19日），赵思以起居舍人身份奉命担任金国贺生辰使，出发赴金国首都燕京（即今北京）祝贺金主生辰，当时的金国皇帝为金世宗完颜雍。完颜雍（1123—1189），原名完颜褎，女真名乌禄，金太祖完颜阿骨打之孙，完颜宗辅之子，金朝第五位皇帝（1161—1189年在位），是一位比较有作为的皇帝，被称为“小尧舜”。因完颜雍生日为三月初一，当时交通没有现在这么发达，中间又逢寒冬，所以从南宋都城临安（今杭州）赴燕京需提前三个多月。本来这事已成惯例，双方例行公事，礼物送到，再搞个仪式，说些对方喜欢听的好话也就结束了。但这期间有个细节，就是赵思要在金国朝廷上当着金国皇帝和众多金国大臣的面宣读南宋皇帝祝贺金国皇帝生日的贺书，原来的惯例是要这样说的：“大宋国皇帝赵昚恭贺金国大皇帝……”要说出皇帝赵昚的名字，但这样说实际上是非常屈辱的。赵思是个有个性的人，加上本是皇室同姓，对靖康之耻刻骨铭心。虽然他是奉命而来，但内心对金国处处压着南宋极度不满，所以在宣读这封国书时就没说赵昚的名字，直接说成了“大宋国皇帝恭贺金国大皇帝……”话一出口，旁边的金国官员就过来提醒赵思，要求他重新说一遍，一定要说出赵昚的名字，赵思当即说道：“我一个臣子，怎么可以直呼皇帝的名字呢？”赵思坚决拒绝了，金国皇帝完颜雍当即大怒，对赵思严厉斥责，可赵思依然不为所动，最后不欢而散。这事引得完颜雍很不高兴，后来还问罪于南宋朝廷。宋孝宗内心虽然欣赏赵思，但迫于金国压力，不得已之下，只好做个样子以应付金国，所以在南宋淳熙五年（1178）四月十八日罢了赵思中书舍人的官职，让他去奉祠。

有意思的是，完颜雍等金人当时虽对赵思不满，但内心却对赵思的硬汉性格十分佩服。后来南宋使者每次出使金国，总有金人会向使者打听赵思的情况，还通过使者向赵思问好。看来，崇尚英雄、尊重英雄是每一个民族的共性。

赵思这一奉祠就奉了8年，后来时间久了，这件事也就过去了。南宋淳熙十二年（1185），宋孝宗再次起用赵思，任命他为广西提刑。临赴任时，孝宗又改变了主意，对他说道：“我十分欣赏你的才能，不想让你远离，还是安排得近点吧。”于是改任他为湖州知州。

赵思于南宋淳熙十二年（1185）十一月到任湖州，直到淳熙十五年九月离任，前后将近3年。任内，他十分关心当地的水利建设。淳熙十四年湖州大旱，很多良田因为缺水灌溉而大幅减产。赵思经过实地走访并查阅古籍，发现境内早先通往太湖的21条河流因年久失浚，很多已经淤塞了。还有些河流虽然没有淤塞，但通往太湖口的很多斗门（即控制河水流量的闸门）却同样因为年久失修而坏了，这就严重影响了灌溉和航运。随后，他派人疏通了这些淤塞的河道并修理了斗门，从而大大改善了当地水利情况。工程完工后，他又于次年十月四日上书朝廷，请求今后将地方官每年巡察、疏浚和维修当地水利作为常规事务，使当地水利情况一直保持良好状态，朝廷当即同意。

明代太医董宿于成化六年（1470）著有医书《奇效良方》，这其中记载了一则赵思在湖州时的故事，非常有趣。这则故事叫“鼻通治方”，说是赵思在任湖州知州时，与当地一个擅长作诗的和尚关系不错，但这个和尚生了酒糟鼻，更糟糕的是，鼻头上还长了好几个肉瘤，大的像橘子那样大，小的也有梅子、李子那样大。肉瘤从鼻子上垂下超过了嘴巴，导致吃饭、说话都大受影响，这个和尚为此几乎痛不欲生。后来此病被湖州一个小兵治好了，和尚就将治疗的法子告诉了赵思，赵思后来以这个法子帮人治疗酒糟鼻，竟然非常有效。

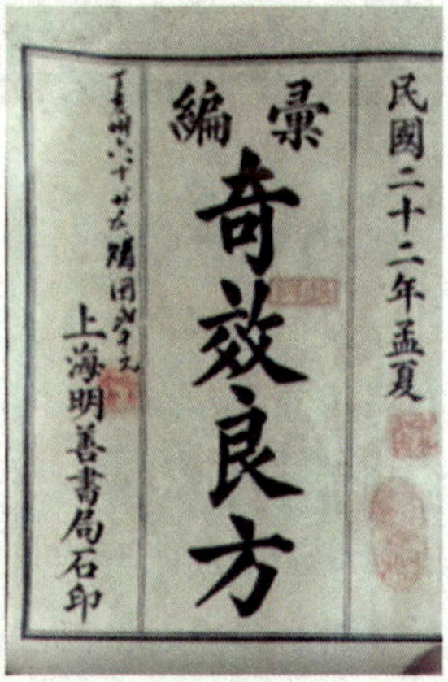

《奇效良方》书影

南宋绍熙二年（1191），赵思以朝议大夫任静江府（今广西桂林市）知府，在任两年，政绩斐然。后来赵思离任静江，奉祠任提举江州太平兴国宫时，宋光宗赵淳有《知静江府赵思集英殿修撰提举江州太平兴国宫制》一篇，对赵思在静江的政绩作了高度评价：

敕：具官某，朕择才而用，谋帅尤艰，广右去朝廷远，二十五州，绵地甚广。尔以甘泉旧臣，起家作牧，而两载之间，内外晏然，治行可睹矣。方图尔功，而以疾谂，丐闲甚力，何耶？均逸祠庭，遂尔赋归之志；升华论撰，示予笃旧之恩。尚勉壮犹，毋忘忠报。

结交天下　泽被后世

赵思一生交友广泛，与张孝祥、周必大、袁说友、张嵲、周孚等人都有交往。

张孝祥画像

张孝祥（1132—1169），字安国，别号于湖居士，历阳乌江（今安徽省马鞍山市和县乌江镇一带）人，唐代诗人张籍七世孙。南宋绍兴二十四年（1154）状元及第，曾上书为岳飞辩冤，为权相秦桧所忌。历任承事郎、签书镇东军节度判官、秘书正字、校书郎、礼部员外郎、起居舍人、权中书舍人、提举江州太平兴国宫、抚州知州、集英殿修撰、平江府知府、中书舍人、直学士院兼都督府参赞军事、兼任建康留守、敷文阁待制、集英殿修撰、静江府知府、广南西路经略安抚使、潭州知州、荆南安抚使、荆湖北安抚使，颇有政绩，38岁正值壮年时在芜湖去世。张孝祥为南宋著名词人、书法家，著有《于湖集》。隆兴元年（1163）秋，赵思赴任钟离主簿途中，在经过苏州时，向时任平江府知府的同年加好友张孝祥告别，并说钟离经过兵燹后官署房屋毁损严重，到任后如无衙署，则将自己建一所房屋遮风避雨，并提前向好友征求房屋名字。张孝祥略做思考，就起了个“乐斋”的名字，后来还专门写了一篇《乐斋记》记述这件事，文中写道：

赵再可于癸未之秋往主濠之钟离簿事，过别予于吴门。时虏方聚兵汴、宋，居江之北者，盖皆徙而南，再可独驱车以北。与再可戚而爱之者交谏止之，再可慨然无难色，谓予曰："吾闻濠自更辛巳之兵，府寺荡焉，而吾簿之于职，又废而复存者。今吾往寓，直之无所，将营一椽之屋以庇风雨，而将名之，孰可？谋之子。"予名之曰"乐斋"。夫濠上之乐孰知之？使吾于濠官守得其职固乐，不幸而不得其职，而不害其为赵再可者，再可亦乐也。又不幸而虏入塞，再可与民以心为城，择险而守，再可之志如此，再可亦乐。又重不幸，再可力不支而见得于虏，再可以得死所为幸，再可弥乐。夫无往而再可莫不有以自乐，再可兹行，其策得矣。彼纡朱怀金，驾高车，从卒吏，号称大官，平时冒爵位、取富贵，一旦赤白囊至，股栗心悸，谋自窜之不暇，闻再可之乐，可愧死矣。

八月二十六日张某记

在这篇记文里，张孝祥通过解释"乐斋"两字，高度赞扬了赵思在国家危难之际不顾个人安危，毅然到前线赴任的壮举，同时也抨击了那些平时享受着国家高官厚禄但在国家遭难之际临阵逃脱的懦夫。

周必大（1126—1204），字子充，一字洪道，自号平园老叟。吉州庐陵（今江西省吉安县永和镇周家村）人，南宋政治家、文学家，为"庐陵四忠"之一。南宋绍兴二十一年（1151）进士及第，绍兴二十七年（1157）举博学鸿词科，官至吏部尚书、枢密使、左丞相，封许国公。周必大曾作有《胡元之提刑寺丞迂途相过宠示二诗，次韵为谢，兼简赵再可经略、张君量运使》（题中张君量为张釜，字君量，号随斋，江苏金坛人，淳熙五年进士，官至端明殿学士签书枢密院事）一诗：

外计初驰传，元戎久奏功。
马牛非北海，鸡犬是新丰。
梅萼三冬绿，榴花四季红。
德星临越分，桂海即吴中。

袁说友（1140—1204），字起严，号东塘居士，福建建安人，流寓湖州，其父袁延孺曾任常熟知县。袁说友于南宋隆兴元年（1163）中进士，曾任苏州知府，任内多次到过常熟，后官至参知政事。袁说友作有《赵再可邦君六月雨应祷》一诗：

长夏何堪日日晴，德音优渥遍群氓。
黄堂少试为霖手，赤地今传喜雨声。
诚意自知关善政，天心正不远人情。
四郊已报四家语，一饱应无百计营。

张嵲（1096—1148），字巨山，襄阳人。北宋徽宗宣和三年（1121）上舍中第，历任方城（今河南省方城县）县尉、房州（今湖北房县）司法参军、利州路安抚司干办公事等。张嵲作有《呈湖州赵再可舍人》诗二首：

其一

五云螭陛旧仙翁，来往琉璃一色宫。
未到行人已能说，使君清与霅溪同。

其二

一舸乘风泛渺茫，来依芳杜雪鸥行。
难将野服随宾履，七字聊参燕寝香。

周孚（1135—1177），字信道，先世济北（今属山东）人，为军将世家，后避乱徙居丹徒（今属江苏）。南宋乾道二年（1166）进士。官真州教授，擅诗，为诗初学陈师道，进而学黄庭坚，常与辛弃疾赠答。著有《蠹斋铅刀编》32卷。周孚作有《赵漕再可生日》诗三首：

其一

不待丹砂入颊红，长生元复自阴功。
但令仁与甘棠似，甲子三周会见公。

其二

万顷春江一苇杭，追锋归去觐明光。

明年此夜端门宴，应向红云侍玉皇。

其三

一杯请寿碧琳腴，倦客骎骎欲白须。

会见庙堂登圣相，自甘山泽著臞儒。

赵思于南宋绍熙五年（1194）去世，享年70岁。

赵思娶妻王氏，生有八子，都十分好学，其中第六子为赵用。赵用（1155—1209），原名积智，字弥明，徙居吴县（今江苏苏州），太学生。自幼好学，长于词翰。早年屡次参加科举考试皆未能成功，南宋庆元元年（1195）以祖荫任从事郎，在浙江青龙（今上海市青浦区东北旧青浦）漕运部门任职，主要负责漕运统计等。嘉定元年（1208），赵用被时任江淮制置大使兼建康知府的丘崈［1135—1208，字宗卿，江阴人。南宋大臣。隆兴元年（1163）进士，官至同知枢密院事］推荐出任定城（治今河南省潢川县，隶属于淮南西路光州）知县，次年八月五日卒于任上。赵用娶妻王氏（？—1191），再娶方氏（1170—1241），生有三子三女，皆为方氏所生。长子赵勴，因病早逝；次子赵勑，为永直郎、淮东总领所准备差遣，也早逝；三子赵鹏举，业儒。长女先嫁迪功郎江州司户杨泽，杨泽去世后改嫁进士姚子寅；次女嫁进士张复震。

值得一提的是赵用的墓。赵用于南宋嘉定八年（1215）二月十三日葬于长洲县彭华乡浒墅之南冈（即今浒墅关南津桥弄西，原浒关中心小学校操场畔），与先去世的妻子王氏合葬，人称“赵王坟”（因误其为赵宋宗室所致）。方氏于淳祐二年（1242）二月也葬于此，因此赵王坟实是一个三人合葬的大坟。

明嘉靖九年（1530），时任浒墅关监督（即“榷使”）的昆山人方鹏在浒墅关修建义塾时，发现了这座位于义塾后面已经倾圮的古墓，遂将其修葺完整。后来因年久失修，赵用墓再次塌毁。清嘉庆二十年（1815）修葺义塾时，再次修复此墓。20世纪50年代，赵王坟浓荫郁葱，土墩假山占地

重修滸墅關志序
吳郡治西北三十里曰滸墅關爲南北往
來要衝舟航喧集商賈駢坒課額甲於他
省地廣從不過三里而居民鱗次櫛比不
下數千戶洵吳川之鉅鎮也滸之有志昉
自明海陽陳公大咸續修者爲普安蔣公
宗魯至我
滸墅關志 一 序
朝康熙間臨谷陳公以孫明經珮所纂滸
墅全志刊行又有吳庠生孫子爾續纂於
後迄今百餘年來其間有事在志後與原
本偶軼者更得凌子壽祺搜遺博雅復加
重修不蕪不約於體例愈爲謹嚴先之以
建置沿革終之以雜記凡若干卷將鏤板
以行而請序於余余按周禮司關註關界

《(道光)浒墅关志》书影

尚近0.9亩多，后来因乏人管理，古墓逐渐失去原貌。再后来在义塾旧址修建浒墅关中心小学，古墓遂被夷为平地。2016年3月，在浒墅关中心小学搬迁后对该地块进行平整时，该墓遗址再次被发现，曾经轰动一时。

（陈建华）

主要参考文献：

1.（清）王梓材，（清）冯云濠编撰；沈芝盈，梁运华点校.宋元学案补遗［M］.北京：中华书局，2012.

2.（南宋）范成大.吴郡志［M］.

3.（明）朱昱.重修毗陵志［M］.

4.（清）魏襄修；（清）陆继辂纂.（嘉庆）洛阳县志［M］.

5.（清）张联元修；（清）方景濂纂.（康熙）台州府志［M］.

6.（南宋）张孝祥.于湖集［M］.

7.（清）丁尧臣辑.奇效良方［M］.

8.（清）凌寿祺.（道光）浒墅关志［M］.

9.（南宋）周孚.蠹斋铅刀编［M］.

赵公豫

不求健吏 但为良吏

常熟赵姓，枝繁叶茂，据史料记载，大多为宋皇室后代。北宋灭亡后，贵族南渡，许多赵氏家族即渡江南下，定居于锦绣常熟。这其中有一支称为“少师赵氏”，是以其先人所担任的官职所命名的。至南宋，少师赵氏涌现出了以赵公豫、赵公升兄弟为代表的清官廉吏。赵公豫（1135—1198，一说1135—1212），字仲谦，南宋常熟县人。其祖籍开封（今属河南省），于绍兴二十四年（1154）中进士，常言“但求为良吏，不求为健吏”。赵氏兄弟的言行和所作所为，为少师赵氏增添了荣誉和光彩。

皇室之后 广交高士

赵公豫是魏悼王赵廷美（又作匡美、光美，为宋太祖赵匡胤四弟）的后裔，按照赵廷美后人“德承克叔之公彦夫时若嗣古光登”字辈可知，他是赵廷美六世孙。

据史料记载，赵公豫家族世系为赵朓→赵珽→赵敬→赵弘殷→赵廷美→……→赵诜之→赵公豫→赵彦适→？→赵时言。关于赵公豫的卒年，有64岁和78岁两说，姑且并存。

赵公豫十世祖赵朓（生卒年不详），涿州（今河北省涿州市）人，曾在唐朝为官，历任永清、文安、幽都（今北京市一带）三县县令。赵匡胤建

赵朓画像

赵廷美画像

立宋朝后，追尊赵朓为文献皇帝，庙号僖祖。

赵朓子赵珽（生卒年不详），亦在唐朝为官，曾在藩镇卢龙节度使属下任从事，累官兼任御史中丞。后赵匡胤追尊他为惠元皇帝，庙号顺祖。赵珽子赵敬（生卒年不详），五代时期大臣，任涿州刺史。后赵匡胤追尊他为简恭皇帝，庙号翼祖。赵敬子赵弘殷（899—956），骁勇善战，擅长骑射，追赠后周武清军节度使、太尉。

赵廷美（947—984），字文化，曾任嘉州（治今四川乐山）防御使，迁山南西道（治今陕西汉中）、永兴军（治今陕西西安）节度使。宋太宗即位，加中书令，封齐王，又加检校太师。从征北汉，进封秦王。赵廷美生有十子，为德字辈：赵德恭、赵德隆、赵德彝、赵德雍、赵德钧、赵德钦、赵德润、赵德文、赵德愿、赵德存。

赵公豫父亲赵诜之，字宗盛，祖籍开封，宋室南渡时移居常熟。南宋绍兴元年（1131），赵诜之以奉议郎任福建宁德知县，任内理积案、赈灾民、抑豪强、平叛乱，政绩斐然。后于绍兴十年（1140）升任通州知州（至当年六月罢职），官至左朝散大夫，赠少师。所谓少师，春秋战国时期与少傅、少保合为“三少”或“三孤”。此后，成为辅导太子的宫官。明清以后一般以朝臣兼任，为虚衔，作为荣誉的象征。由此，赵之成为“少师赵氏”这一家族的始祖。赵诜之娶妻吕氏（赠鲁国夫人）、韩氏（赠燕国夫人），生子赵公豫、赵公升、赵公颐三人，后三人皆官至高位。

赵公豫小时候就非常聪明，五六岁时就能流利地全文背诵《左传》而不错一字。长大后，赵公豫游学四方。因为名声在外，所到之处，当地文人争相邀请他，和他谈天说地。这中间，有莆田陈元矩（昭度）、金华陈天与（良佑）、华亭许上达（克昌）、兰溪范茂明（浚）、新防马鲠臣（持国）等，赵公豫和他们一时齐名。

陈昭度（1111—1167），字元矩，自号西轩子，南宋兴化军仙游（今福建省莆田市仙游县）人。绍兴五年（1135）进士。为尤溪主簿，史载“部使者移檄令捃摭属吏细过，昭度拂衣去，闲居以读书著文为乐，十余年不调。与林光朝、方翥友善。后教授藤州，以致知谨独教学者。迁奉议郎知长乐县，未上卒。有《西轩集》《刻舟集》”。所谓“捃摭”，是指搜罗材料以打击别人。陈昭度不屑为此，表现了他为人刚正、好学上进的品行。

赵公豫和陈昭度多有唱酬，这里录《主簿陈元矩署中畜鹅》一首：

素羽称修洁，苍音听不禁。
田间宜养育，官舍莫栖侵。
博爱儒生量，矜全物性心。
从今传韵事，谁谓擅山阴。

陈良佑（生卒年不详），字天与，婺州金华（今属浙江省）人。绍兴二十四年（1154）擢进士第，调兴国军司户，后召除太学录、枢密院编修官等。因为触怒宋孝宗赵眘，被贬至瑞州（今江西高安），寻移信州。淳熙四年（1177），起知徽州，寻除敷文阁待制、知建宁府，卒。陈良佑首言会子之弊，愿捐内帑以纾细民之急。后朝廷左相丁外艰，诏起复，陈良佑言：“起复非正礼，今无疆场之事，宜使之终丧。”遂寝。陈良佑以敢于直谏而留名青史。

许克昌（生卒年不详），字上达，开封府拱州（今河南省睢县）人。自幼聪明好学，读书勤奋，从秀才到举人，并到国子监做了名小官，负责印刻经史。绍兴三十年（1160年）中举人，殿试后得中头名，因同僚妒忌，当时规定有官职在身的不能做状元，所以被改为第二名。许克昌是南宋著名水利专家，于乾道七年（1171）八月奏请朝廷重新修筑新泾塘，皇帝同意之后派时任秀州华亭县县令丘崈负责该工程。这一水利工程将新泾塘北移10千米，在现在的上海亭林镇东北处建成运港大堰，史称“捍海塘堰十八堰之一”。大堰挡住海水倒灌，保护农田耕作，抗涝抗咸，使百姓安居乐业，对促进当时经济繁荣产生很大作用。

赵公豫和许克昌交往颇多，这里录《赋赠许上达》一首：

十载驱驰万里程，鸡林自昔饮香名。
欣瞻霁月光风度，得慰苍葭白露情。
博爱已征钦古道，赠言端可重生平。
回舟再谒吟诗处，错落珠玑映水明。

范峻画像

范浚（1102—1150），字茂名（一作茂明），婺州兰溪（今属浙江省）香溪镇人，宋朝著名理学家、教育家、诗人。绍兴中举贤良方正，以秦桧当政辞不赴。遂闭门讲学，笃志研求，学者称“香溪先生”。著有《香溪集》22卷传于世。他曾进策25篇详论富国强兵御善之道与经国要务，供朝廷采择施行。

范浚出自宦门而不喜荣利，刻苦读书，诸子百家无所不通。他天资高迈，自幼嗜学，笃志求道，隐居不仕，于保惠寺讲学授徒，屋室简陋而怡然自乐。范浚精于理学，讲究存心养性。同时，他关心民瘼，忧叹国是，以史为鉴，宏济时艰。“用世”是他理学思想的有机组成部分。著名思想家朱熹三次拜访其不遇，范浚逝世后朱熹亲赴吊唁，于是有“朱子三访地，朝廷七聘家”的美谈。

赵公豫和范浚为故交，这里录《喜范茂明至》一首：

兰陵江下富春连，三色桃花色泽鲜。
夜雨忽然添尺涨，晓寒犹可著重绵。
轻囊括尽烟霞趣，逸兴吟成风月篇。
太息尘氛京雒客，谁能潇洒得安禅。

马持国（生卒年不详），字鲠臣，原籍属北方，金人侵宋，随军南下，辗转到新会会城（今属广东省）金紫街安居。绍兴二十三年（1153），他北上临安，向主战派的宰相张浚献救国救民之策，被留在相府当幕僚。又得到兵部侍郎胡铨、庐州安抚张师颜的赞赏，于淳熙二年（1175）以功备补上州文学，摄武锋军都统司职位，获授嘉州文学、迪功郎。淳熙十年奉召上朝，被宋孝宗即时升为宣教郎。他把自己救国救民、复兴民族的意见写成《中兴自治万全策略》，上呈宋孝宗阅览，宋孝宗采纳部分付之施行。后来，他看见朝廷懦弱无能，不思收复失土，便请求调回广东，在盐运使署任职，管理盐政。他深入视察，发现白皮盐场损民利益，呈请撤销。又发现有官吏苛抽船民丁口钱，又向省陈述，使此项得到减免。绍熙间，马持国任钦州通判，他劝导百姓拒买交趾（安南国）货物，维护国货利益。后改任容州知州，也有政绩。两州人民先后为他建生祠。后归新会，终年80余岁。

赵公豫和马持国思想相近，相互唱和非常多，这里录《赋赠容州刺史马鲠臣持国》一首：

扶风家学属渊泉，刺史分符继起贤。
坐啸名篇词典要，十春佳咏语轻圆。
虞山蒙幸腾飞盖，琴水邀荣泛画船。
今日远人寻旧好，抠衣铃阁拜君前。

在和这些优秀人物的交往中，赵公豫都以国士（一国中才能最出类拔萃的人物）对待之，通过交流，双方的思想、政见逐渐相近相通。

为官清廉　名高一时

赵公豫登第后，历任无为县尉、仁和（今杭州市一带）知县、余姚知县、高邮知军、真州知府、常州知府、大理少卿、太府卿等。史载其出仕后，“沉厚清苦，平居以清坐为适”，居官廉正。他的为官理念有一句非常有名的话：“吾求为良吏，不求为健吏。”这成为后来许多官员的座右铭。

余姚学官又称孔庙、文庙和先师庙，学宫位于今县城江南学弄实验小学东首，北宋庆历七年（1047）由县令谢景初兴建。“靖康之难”后，由于战乱，孔庙和县学被毁。赵公豫任余姚知县后，百废俱兴，第一件事就是恢复县学（学宫）。余姚县学以后屡有兴废，直至清光绪三十一年（1905）废科举时才完成它的历史使命。800多年来，学宫曾为“文献名邦”的余姚培养出许多人才。据《（乾隆）余姚县志》介绍，余姚学官是宫殿式的

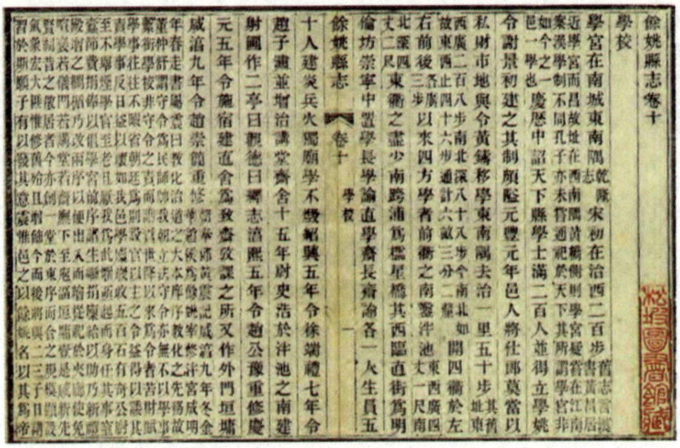

餘姚縣志卷十

學校

學宮在南城東南隅[illegible]宋初在治西二百步[illegible]

[illegible]慶歷中詔天下縣學士滿二百人並得立學姚

令謝景初建之其制頗隘元豐元年邑人將仕郎莫當以

私財市地與令黃鑄移學東南隅去治一里五十步[illegible]

[illegible]

[illegible]東衢之盡少南跨浦為櫺星橋其西臨直街為明

倫坊崇寧中置學長學諭直學齋長齋諭各一人生員五

十人建炎兵火燬廟學不燬紹興五年令徐端禮七年令

趙子潚並增治講堂齋舍十五年尉史浩於泮池之南建

射圃作二亭曰觀德曰嚮志淳熙五年令趙公豫重修慶

元五年令施宿建直舍為致齋致課之所又作外門垣墻

咸淳九年令趙崇鶴重修[illegible]

餘姚縣志　卷十　學校　一

《余姚县志》学宫记载

建筑，从正南大门一直往北成一主轴。当时学宫东西宽208步，南北长388步，占地6.32亩。四周有朱红色围墙开四衢于左右前后：东为东学弄，俗称鬼弄（因弄内过暗而称之。也有认为是举弄，当年考举人所在地之意）；北为杜义弄（即荼蘼弄）；西为西学弄；南为学弄。当衢之南凿泮池（俗称学池）作防火用。泮池之南为射圃道地，是古代的射击场。泮池左右与小河相通，东接棂星桥下的石巍江（现巍星路），外连姚江。至今，依然有先师门、进士碑林、石鼓、御制记功碑、触奸柏、砚水湖等遗迹遗址。

赵公豫前后任职的地方比较多，由于居官清廉，处处为百姓着想，故每当其离任之日，士民、百姓“壶浆攀辕”者甚多。所谓“壶浆”，是指茶水、酒浆，因为古代常常以壶盛之，故称，同类意思词语有“箪食壶浆”。《孟子·梁惠王上》：“箪食壶浆，以迎王师。岂有他哉？避水火也。”另外，“攀辕”的意思即拉住车辕，不让车走。“壶浆攀辕”是指地方官因治理有方而深受百姓拥戴，故百姓不愿其离去的意思，同类意思词语有“攀车卧辙”“扳辕卧辙”。唐白居易《白氏六帖》卷二十一：“侯霸字君房，临淮太守，被征，百姓攀辕卧辙不许去。”南朝梁沈约《齐故安陆昭王碑》：“攀车卧辙之恋，争涂不忘。”

“靖康之变”南渡后的南宋政权，在与金对峙的100多年里，在不同时期，因军事、政治、经济实力及外部环境的不同，出现了不同的外交礼节。乾道六年（1170），苏州籍的南宋名臣、文学家范成大以资政殿大学士的身份出使金国，其后他在《揽辔录》中，详细描述了燕京的城市规划、宫殿、仪卫、官制、历法，金国各州府概况，文武官员简历等。在此前后，赵公豫任朝廷大理少卿时，也曾担任接送金国贺正旦使的工作。所谓贺正旦，是指宋、辽与宋、金间向对方皇太后、皇帝或皇后祝贺正旦（春节）的使臣。贺正，即指岁首元旦之日，群臣朝贺。唐黄滔有《贺正启》，宋高承《事物纪原·正朔历数·贺正》："《通典》：汉高帝十月定秦，遂为岁首。七年，长乐宫成，制群臣朝贺仪。武帝改用夏正。"国信使是指宋元时的国家使臣。宋叶梦得《石林燕语》卷七："契丹馆于都亭驿，使命往来，称国信使。"《元史·世祖纪一》："遣崔明道、李全义为详问官，诣宋淮东制司，访问国信使郝经等所在。"

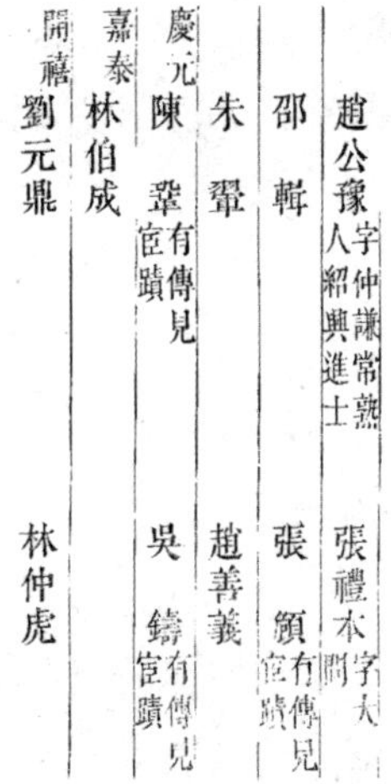
趙公豫（字仲謙常熟人紹興進士） 張禮本（字大問）
邵軿 張頒（有傳見宦蹟）
朱翬 趙善義
慶元 陳翚（有傳見宦蹟） 吳鑄（有傳見宦蹟）
嘉泰 林伯成
開禧 劉元鼎 林仲虎

清《高邮县志》赵公豫任职记载

南宋诗人崔敦诗有《金国贺正旦使人到阙紫宸殿宴致语口号》，曾这样写道：

九重帐殿敞层空，清晓群臣宴镐宫。
神护翠华居北极，春随黄伞下东风。
觞行隐隐红云里，仗转曈曈瑞日中。
看取乾坤俱寿域，两朝时节聘车通。

此时，国使制度已相当成熟，双方见面都是有规矩的：相揖行礼，依次谢恩，互送土特产，入会客厅，相对立定，各上前一步，接待方客气一番表示欢迎，对方应诺。接待方的副使重复一遍再表示欢迎，对方再诺。然后，再对对方副使说第三遍同样的话。再相揖，双方告退，互道晚安。赵公豫不亢不卑，圆满完成了任务，史载"宸音褒奖，有察辞避之真情，全始终之大节，盖诵其实也"。

南宋开禧（宋宁宗年号，1205—1207）初年，赵公豫"抗章引年"。所谓"抗章"，即臣子向皇帝上奏章。所谓"引年"，谓古礼对年老而贤者加以尊养，后用以称年老辞官。《礼记·王制》："凡三王养老，皆引年。八十者一子不从政，九十者其家不从政。"《梁书·止足列传》："顾宪之、陶季直，引年者也。"宋苏辙《代张公安道乞致仕表》："臣闻引年去位，事君之旧章；怀禄忘归，人臣之深戒。”清杭世骏《〈东城杂记〉序》：“亦有国老引年，依风绳谷。”皇帝不允，后赵公豫进集英殿修撰，最终以宝谟阁待制致仕归里。

诗文存世　名言留后

据《重修常昭合志》记载：赵公豫所著原有《燕堂类稿》5卷，今存《燕堂诗稿》1卷和《赵待制奏稿》1卷。

《燕堂诗稿》前有无名氏撰写的《燕堂诗稿本传》一文：“赵公豫，字仲谋，本宗室。南渡徙居常熟，因籍焉……著有《燕堂类稿》十六卷，诏、诰、表、策多为时传诵，其诗因属对不甚工切，泉州守蒋雍选录全部，澄汰大半，仅有若干首，皆中年游历而作者。自州郡以迄，馆阁所赋率删去不存。殁年六十有四，葬虞山之拂水岩西三里，工部侍郎钱塘马和之作志，表其墓曰‘清显’。”

马和之（生卒年不详），南宋钱塘（今浙江杭州）人，画家，活跃于12世纪。绍兴年间登第，官至工部或兵部侍郎。画院待诏，为南宋宫廷画院中官品最高的画师，居御前画院十人之首。宋末元初词人、文学家、书画鉴赏家周密《武林旧事》载：“御前画院仅十人，和之居其首焉。”常熟元代大画家、“元四家”首席黄公望赞其作品：“笔法清润，景致幽深，较之平时画卷，更出一头地矣。”吴镇谓其画：“清俊可爱，不谓南渡中有此人物，吾侪当为之北面矣。”传世作品有《后赤壁赋图》卷、《古木流泉图》及取材《诗经》的《小雅·鹿鸣之什图》卷、《节南山之什图》卷、《豳风图》卷等。

清显，指显达而又清要的官位。《太平御览》卷二二〇引晋王朗之《遗从弟洽书》：“弟今二十九，便居清显要任。”北宋范仲淹《依韵酬益钤辖马端左藏》：“滥登清显遇公朝，岂有才谋可致尧。”清蒲松龄《聊斋志异·胡四娘》：“程十余年历秩清显。”清显，比较正确地概括了赵公豫的一生。

《四库全书》是中国古代最大的丛书，编撰于清乾隆年间，由纪昀等360多位高官、学者编撰，3800多人抄写，费时13年编成。丛书分经、史、子、集四部，故名“四库”。共有3400多种书，7.9万卷，3.6万余册，约8亿字，基本上囊括了古代所有图书，故称“全书”。其“集部四·别集类三（宋）”《燕堂类稿》前有总纂官纪昀（纪晓岚）、陆锡熊、孙士毅和总校官陆费墀奏言：

臣等谨案：

《燕堂诗稿》一卷，宋赵公豫撰。公豫字仲谦，常熟人。绍兴间由进士知真州，官至宝谟阁待制。是集卷首有传一篇，不著撰人姓名，称公豫本宋宗室子，南渡后徙居常熟。然考宋宗室世系表，诸房辈行无以"公"字相排者，不知其出何属也。传又称公豫所著《燕堂类稿》原本十六卷，诏、诰、表、策多为时传诵。其诗因属对不甚工切，泉州守蒋雍选录全部，澄汰太甚，仅存若干首，是公豫止优于文，而诗则非所擅长。是帙虽抄本仅存，选宋诗者亦未经采录。今读其诗，虽吐属未工而直写胸臆，不失为南宋一派。……是其政绩实有足纪者。因人以存其诗，亦所以补史之缺略也。乾隆四十六年四月恭校上。

其实，赵公豫"擅诗"，其作品咏古人古迹和诗友交往的比较多，其中不乏佳作：

北固山

名山推北固，乘兴一登临。
古庙稀人语，虚堂响树音。
江涛堪寓目，禽鸟足娱心。
坐卧言归晚，前村月满林。

留侯庙

微茫祠宇著山中，曲径悬崖杖履通。
一调楚歌声断续，八千甲士散西东。
良臣远识存真隐，赤帝雄心赋大风。
惟有彭城留皓月，春秋光照尚和同。

常熟原有半山亭，在虞山东麓，南宋嘉泰间赵公豫建。已圮，后又重建。

赵公豫在故乡常熟，则与冷世修为莫逆交，"誉满缙绅，文名日起"。冷世修（1125—1197），字良器，南宋常熟人，绍兴十八年（1148）和兄

赵公豫画像

冷世光同入进士。为冷世光二弟，调崇德主簿，知兴化县、上元县，通判和州。秩满，知南康军，致仕归里。任上以恩义治民。著有诗文30卷、《词科类要》10卷。冷姓以“化民”为其堂号，“化民”堂号典出南宋冷世光、冷世修兄弟俩。冷世光、冷世修均为南宋绍兴年间进士，初同为知县。世光弹劾大臣，无所顾忌，被升为殿中御史，人称“冷面御史”。冷世修十分注重教化，有兄弟互相起诉，冷世修教育他们说：“骨肉相争不是好事，如果我把你们其中一个法办了，你们就会永远不得团圆的。”兄弟感激地回家了。在他的感化治理下，当地老百姓友好相处，没有打官司的，并且互相谦让，安居乐业。

赵公豫和冷世修诗词唱和非常多，这里录三首：

崇德县簿冷世修招饮

早衔已放又清歌，文采风流孰若何。
别圃娱情多典册，疏篱适兴杂藤萝。
秋容包灿迷鸿雁，园菊英含续芰荷。
饱德霏霏谈论爽，如观大匠斧高柯。

慈教寺同冷世修赋

古刹傍江头，凭高豁远眸。
云光时散合，山影半沉浮。
不语参空界，随缘作胜游。
老僧指点处，心事几多休。

维摩寺和冷世修韵

放达得真赏，风流多逸才。
春邀仙子佩，夜雨法王台。

云磬杯前落，昙花曲畔来。

但教元度在，明月不须来。

赵公豫子赵彦适，南宋淳熙十四年（1187）进士。历刑部郎中，知徽州。

（陈建东）

主要参考文献：

1. 常熟市地方志编纂委员会办公室标校. 重修常昭合志［M］. 上海：上海社会科学院出版社，2002.

2.（南宋）赵公豫. 燕堂诗稿［M］.

3.（南宋）袁燮. 絜斋集［M］.

4.（南宋）陈傅良. 淳熙三山志［M］.

5.（南宋）李心传. 建炎以来系年要录［M］.

6.（清）蒋廷锡等纂. 大清一统志［M］.

7.（清）谢道承等纂. 福建通志［M］.

8.（明）邓韨.（嘉靖）常熟县志［M］. 嘉靖十八年（1539）刻本.

9.（明）姚宗仪.（万历）常熟县私志［M］. 万历四十五年（1617）抄本.

10.（明）管一德撰；常熟市地方志编纂委员会办公室，常熟市图书馆编. 皇明常熟文献志［M］. 扬州：广陵书社，2017.

11.（清）钱陆灿.（康熙）常熟县志［M］. 康熙二十六年（1687）刻本.

12. 常熟市地方志编纂委员会. 常熟市志［M］. 北京：方志出版社，2016.

印应雷

保家安国　竭忠尽智

印应雷（1211—1274），初字声远，后更字德豫，祖籍通州静海（今江苏南通），后迁居常熟，南宋嘉熙二年（1238）中进士，宝祐二年（1254）任和州守。时值蒙古兵入侵，遂受沿江制置使、邑人邱岳之命，率兵突入和州，击退蒙古兵。后一度罢官归隐，累召不赴，自号“习隐”。咸淳六年（1270），两淮治军缺人，相臣力劝其出，勉强从之，任权理兵部侍郎、两淮安抚制置使兼知扬州，封静海县开国伯。在任时，军民敬畏。咸淳九年冬卒，赠端明殿学士。其墓在尚湖镇练塘建华村，俗名“印家山”，墓前有石翁仲、石马、石兽和石碑等。

周室后裔　奋勇开拓

印姓出自姬姓。周宣王二十二年（前806），周宣王之弟姬友被封国于首都镐京附近，国号为郑，首都在棫林（今陕西华州区）附近，姬友即郑桓公。周幽王八年（前774），郑桓公迁郑国于河南，建都于郑（今河南省新郑市）。郑桓公在位36年，当时郑国版图主要位于今河南郑州一带。郑国第11代国君叫姬子兰，即有名的郑穆公。郑穆公去世后，其后裔逐渐发展成庞大的公族势力，后人称之为“七穆”。郑穆公有一个儿子叫姬睔，字子印，其子孙在郑国为卿大夫，以祖字为姓，成为印氏。姬睔的儿子姬

郑穆公画像

黑肱，字子张，又字伯张，又称公孙黑肱，为郑国的卿。

公孙黑肱之子印段，字子石，即子印之孙。据《左传·襄公二十二年》:“九月，郑公孙黑肱有疾，归邑于公。召室老、宗人立段，而使黜官、薄祭。”这是《左传》中第一次出现印段的名字。后又有襄公二十九年（前544）记载:“葬灵王，郑上卿有事，子展使印段往。”一般认为，印段的后人世代沿袭为印姓（《左传》中另有人物印堇父及其印氏家族）。印段的儿子叫印葵，字子柳，为郑国的卿。

郑国在战国时被韩国所灭，印氏后人在今陕西的冯翊直至中原一带继续繁衍生息，并向各地播迁。北宋靖康二年（金天会五年，1127），金朝南下攻取北宋首都东京（今开封），掳走徽、钦二帝，北宋灭亡。不久，宋高宗南渡在杭州建立南宋政权，印氏跟随迁徙大军来到南方，大都居住在今江苏通州地区的泰兴、靖江一带，其中有印汝贤者，在通州静海县城中定居下来。根据《南通市志》记载，五代后周太祖郭威于显德五年（958）改静海军置通州，同时立静海县，与海门县一并属通州辖领。通州辖今长江以北泰兴、如皋以东地区，以其地据江海之会，为通吴越之路，故名。州治今在江苏省南通市崇川区境内。

印汝贤在通州静海披荆斩棘，架岩筑室，躬耕田亩，成家立业。通过自己的辛勤劳动和不懈的努力，慢慢地积累了财富。以后，印汝贤娶当地女子李氏为妻，生下一子。父母希望儿子长大能够像岳飞、韩世忠一样，精忠报国，收复故土，故起名印武子。印汝贤聘请名师为儿子老师，不仅教他诗书礼仪，还购置了刀枪剑棍，传授武艺骑射，希望他将来文武双全。印武子长大后投军报国，屡立战功，升任招信军判官。武子娶扬州望族女子李氏为妻。李氏出身名门，知书达理，平时言语不多，相夫教子，非常贤惠。二人先后育有印应雷、印应飞和印应符三子，三人长大后先后考中进士。

智勇双全　力挽狂澜

印武子长子印应雷，因妻子李氏在怀孕时梦到雷声震天，故起名应雷。父母从小以“男儿立志务勤苦，读书万卷赅今古”教育儿子，印应雷每天都要背书写作，“日诵千言，强记不忘”。印应雷尤其喜读史书，《史记》、前后《汉书》和《三国志》等书常不离手，这一习惯在他进入仕途后始终保持未变。他对历史上的英雄豪杰更是崇拜不已，逐步养成了敢于任事的豪爽性格。印应雷立志要做一个文能下笔千言、武能横刀立马的有用之才。年十八以优异成绩考中乡贡，随后进入太学学习。经过多年努力，印应雷于嘉熙二年（1238）考中周坦榜进士。父亲十分欣慰，告诫他要为官一任，造福四方，不负朝廷的信任。

不久，印应雷任淮西都大兵舡司干，负责督造运输兵船，工作十分繁忙，印应雷安排得井然有序。后任长兴县知县。长兴位于今苏浙皖三省交界，也是当年岳飞、韩世忠抗击金兵的战场。印应雷上任之后，采取多种激励措施，鼓励当地百姓开垦种地，增收增产。任满升干办诸司审计司。因工作表现优异，后升提举，兼以郡度支郎官。

南宋宝祐初，印应雷升值宝章阁、温州知州。时适逢温州守城官兵因拖欠军饷而哗变，朝廷命其从附近的婺州调兵镇压。但印应雷自信地认为自己完全能解决这个问题。于是，他不等援军赶到，仅带一仆人单刀赴任。印应雷以新任官员设宴慰劳的名义邀请作乱官兵出席。官兵见其身单影孤，放松了警惕，纷纷入席就餐。就在官兵觥筹交错，推杯换盏之间，印应雷乘人不备，突然手起刀落，把领头的军官砍杀，官兵见状目瞪口呆。印应雷双目炯炯，对军士们晓以利害，劝告他们不要生事，团结一心御敌抗战。官兵被印应雷的气场折服，四散回到营房，一场兵变被胆大果断的印应雷及时平息。

印应雷画像

印应雷处理完兵变，四处安抚百姓。

其间，还邀请通州籍著名高僧元肇（1189—1265）到温州主持龙翔寺，宣扬佛法，稳定民心。释元肇，字圣徒，号淮海，俗姓潘，年十九剃染受具。历住吴城双塔、杭之灵隐等寺，寂于径山。元肇知识渊博，人品、诗文俱佳，有爱国心。著有《淮海挐音》2卷。如《蔡守监丞得祠次韵送之》云："墨行儒名固可麾，愧无织锦别梭机。隔林喜听黄鹂语，离岸愁看画鹢飞。松菊未荒三径在，山川都是几人非。只应父老千行泪，立尽斜阳未肯归。"

南宋宝祐二年（1254），印应雷被任命为和州（今安徽省马鞍山市和县一带）知州兼管内劝农营田屯田使。此时元军进犯庐州、和州，把和州城团团围住，形势危急。和州是南京的屏障和门户，是江淮水陆要冲，战略位置十分重要。此前，邑人冷世修和周虎均在此地任过职，为保一方平安做出过贡献。朝廷命沿江制置使兼和州、无为、安庆三郡屯田使邱岳统率军队到京口，令印应雷迅速解和州之围。印应雷身先士卒，率兵马冲入和州，城中军民见援军赶到士气大振，个个争先，奋不顾身保卫家园。印应雷与和州军民一起保护家园免遭涂炭，立下大功，邱岳得讯后对印应雷夸奖有加。同时，印应雷下乡巡视，安抚百姓，了解疾苦，鼓励乡民从事农耕生产，恢复经济和社会秩序，发现有官兵侵占百姓钱财，一律依律严惩，受到百姓拥戴。当地百姓带了土特产送给印应雷以表感激之情，印应雷一概拒收。印应雷虽然克己奉公，但遭到朝廷猜忌和小人的打击报复，不久被免去官职。印应雷壮心未酬，只得回到静海闲居，以读书自娱，号"习隐"。

不久，由于战事紧张，国家乏人，朝廷欲重新起用印应雷。开始时，由于看透了朝廷的黑暗，印应雷"累召不赴"，认为第二次从政"非其志也"，后在朝廷将官们的极力推荐下，加上看到受苦受难的百姓，于是"勉从之"。南宋开庆元年（1259），印应雷被朝廷任命为军器监、淮西总领财赋兼江东转运判官。印应雷告别家人，临行之时，赋诗一首"习隐今番习不成，此行非为利和名。甲兵洗尽报天子，归对青山乐太平"，表达自己的雄心壮志。印应雷不徇私情，善于在实战中发现人才，把他们提拔到重要岗位，如应节严、程应常等人，都在保卫两淮抗击元军中做出过重大贡献。

南宋景定元年（1260），印应雷升直徽猷阁、知江州、主管江西安抚司公事，节制蕲、黄、兴国三郡。印应雷身处抗击元军的前沿，身先士卒，同时也多了一份谨慎与小心，曾多次谢绝朝廷对他的迁升和赏赐。咸淳四年（1268），印应雷改知庆元府兼沿海制置使。咸淳六年，南宋朝廷以李庭芝为京湖安抚制置使兼夔路策应使，印应雷权兵部侍郎、两淮安抚制置使兼知扬州，两人一起把守扬州。印应雷爱军民如子，人人敬服。“咸淳天下已瓜分”，此时南宋已岌岌可危，在兵临城下、战事紧张的情况下，印应雷不忘重视教育事业，修复被毁的扬州州学，重建藏书楼，把自己的藏书捐出，提供给别人进行校对翻刻出版以广为传播。咸淳七年，朝廷下诏“印应雷具有劳绩，进一秩，宣劳官属将士皆推恩”。为表彰印应雷的丰功伟绩，朝廷还封印应雷为静海县开国伯，食邑七百户。

王应麟画像

南宋咸淳九年（1273），印应雷告老，同时进二秩致仕。同年，蒙古兵大军压境，包围扬州，扬州城危在旦夕，印应雷心急如焚。是年冬，“有星陨于谯楼”，同年十一月二十四日（1274年1月3日），印应雷突然暴死于扬州。南宋著名学者王应麟在所撰《印应雷特赠端明殿学士诰》中称赞道：“宏才任重，实学济时。知仁勇之修身，文武为宪；刚大直之养气，精神折冲。戒我师以铺淮渍，虽在外而心王室。有严有翼，制胜尊俎之间；惟筑惟征，守圉金汤之固。月捷方奏，星陨遽闻。怆召棠之余思，想羊碑之下泣。彼忌功而沮善，滋更化以怀贤。”朝廷为表彰其功绩，特追赠印应雷为端明殿学士。

落籍常熟　后人永志

早在南宋淳祐三年（1242），蒙古大军南下攻破南通，南通守臣杜霆弃城逃跑，蒙古军在南通进行屠城。战火打破了宁静的读书生活，印应雷应常熟人邱岳之邀，举家迁移到常熟城区迎春门内建宅安家，人称“东府”，堂名“必复堂”，志在收复河山。他还将在通州的老宅捐作天宁寺。印应雷在常熟期间，读书访友，与好友诗僧元肇一起饱览虞山景色，远眺一江之隔的家乡，眼看大好河山被敌寇铁骑践踏，无以回报国家，感慨万分。释元肇绘《琴川图》并赋诗相赠以劝慰印应雷。

翌年，印应雷弟印应飞也迁居常熟城西，称“西府”，堂名“御侮堂”。

印应飞，字德远，生于南宋嘉定四年（1211）正月十五日（印应飞墓志和宗谱中均作嘉定元年，宗谱中称卒年五十，现据印应雷墓志改），“天资聪明，诗书是务，德义是崇，更娴于韬略”。淳祐元年（1241）中进士，授朝奉郎，权知镇江府军，兼管内劝农营田事，后调永嘉县尉、太社令，升监察御史、广西经略使，后任镇江府通判。开庆元年（1259）春正月丙寅，任鄂州知州兼湖州转运使。后改知镇江，再除鄂州兼右文殿修撰、枢密副都承旨，充宣抚使参谋官。开庆元年，元军围住鄂州，史载“都统张胜，诱以约降，元兵信之，尽焚城外民居，独一垒存”，后印应飞率师往救，击退元军，鄂州之围遂得解。

印应飞之行事风格，一如其兄，任用贤才，为国操劳，鞠躬尽瘁。曾经写下千古名句“桂林山川甲天下”的南宋词人李曾伯有《水调歌头·送印德远经略入广》：

宵旰轸先虑，岭海屈真儒。金城素有奇略，不待至才图。春满洲鹦楼鹤，天付簪山带水，驷马驾轻车。六月正炎热，吾肯缓吾驱。

越蓬婆，逾邛笮，彼穹庐。其能涉我烟瘴，载籍以来无。联络五溪百粤，托柱南方半壁，中外保无虞。了此经营事，归去位钧枢。

《宋史》卷四百二十五记载有杨文仲和印应飞交往事。杨文仲，字时发，四川眉州彭山人，七岁丧父成为孤儿。杨文仲年满二十岁，因熟知《春秋》受贡举。淳祐七年（1247），杨文仲因太学考试第一名进入太学。淳祐九年，又因公试第一名升入内舍。宝祐五年（1257），进士及第。遭母丧，服丧期满，被鄂州知州兼湖州转运使印应飞辟举收入幕中。在明断寡妇冤案案件的处理上，印应飞全部听众杨文仲的建议，并且极力推荐他。杨文仲后被召担任户部架阁，后又升迁国子博士，差遣为台州通判。由此可见，印应飞是一个爱才、识才之人。

印应飞后任户部右侍郎、淮东总领，知镇江府，后因病辞职。印应飞卒于南宋景定四年（1263）五月，赠朝议大夫、龙图阁学士。其墓在常熟兴福寺左，元末张士诚据吴时被毁。

印应雷另有二弟印应符，字号、生卒年和科名均不详，曾任永嘉县尉，吴郡太守。

印应雷子印德传，赋性仁慈，日涵泳于诗礼学问。敬老怜贫，喜行善事。入元朝，授通议大夫、南雄路总管兼府尹。据残损的印应雷墓表云："子德传，孙肖翁、述翁，曾孙振之俱仕元。传至三十世孙祖朝无嗣，遗命以赘婿徐应任之子嫡甥文学为嗣，岁时享祀。"史载德传另有一子，姓名已失载。有一孙绳祖，生五子仁、义、礼、智、信。这一支的后代大都迁到上海嘉定、浦东、宝山等地，且人才辈出，人称江东印氏。

印应飞有二子，长子正传，天性淳朴，端庄诚一，非礼不接于视听，优于学问。元时任杭州路同知，卒于任。其后代一直留在浙江，并向河南邓州迁徙。据印氏家谱载，明初死于靖难的著名将领铁铉，是印氏后人改姓铁者，并非色目人后裔。次子直传，刚直好学。元朝时任陈州司法参军。印直传生有一子印清，印清有二子：长子印嗣祖，字肖翁，任平江路教授；次子绍祖，字述翁，任苏州靖和书院直学。

印应雷去世之后，归葬于常熟尚湖南滨斜桥港之西名大囤浜（大囤浜后又称黄泥浜，原属常熟市尚湖镇练塘建华村，今属虞山街道建华新村）的地方。建华村位于常熟尚湖南岸，地处常熟市区的西入口，周塘河在村南面穿过，元和路穿越村境。据《（乾隆）常昭合志》载："制置使印应雷墓在尚湖南滨。"又载："印丞相应雷，南宋时敕葬堰泾河处尚湖之南，年祀辽远，墓旁地悉为他姓所侵。明天启间司成许士柔力为修复，重刻石法。"后人对印应雷墓有题咏道：

印家玉季与金昆，扈从南渡翊至尊。
制置两淮扶日月，指挥七校正乾坤。
三朝经济垂竹帛，九世弥纶有子孙。
遥望虞山南北冢，郁葱佳气尚氤氲。

至明末，印氏家族对印应雷墓曾进行修葺，立一石碑，碑上的文字为明崇祯年间邑人许士柔所书。后印氏族人四散，迁徙外地，墓地被人侵占。1921年，印氏后人从上海赶到常熟重新寻到该墓，由常熟县知事杨梦龄布告保护。据当地老人回忆，21世纪初时印应雷墓离尚湖仅300步，为一巨大土埠，高约3.5米，周广四亩六分，周长157米，故又俗称“印家山”“印家坟”。墓北向朝虞山，规格很高。

墓地重修　两列文保

印应雷墓坐南面北，原甚具规模，设有石兽、石翁仲及神道碑等，后逐渐被历史所湮没。今尚存“静海县开国伯印公之墓”碑一通。现立亭子一座，名为“印山亭”，居墓冢东侧，系本村邑人缅怀印应雷而建。1982年11月17日，印应雷墓被常熟市政府公布为市级文物保护单位。

随着岁月更替，印应雷墓前的石兽、石马、华表逐渐埋没土中。2014年11月初，常熟市建华村一基建工地施工，在挖土的过程中，工人们感觉铁锹频繁触碰到硬东西，最开始他们以为是石块，但土中的东西被挖出后，他们才发现这根本不是石块，而是石像。石像可是文物，工人们停下了手里的活计，急忙将情况上报。常熟市文物行政部门随即介入，在施工工地东侧又出土印应雷墓志一块。墓志为青石质地，长185厘米，宽85厘米，厚30厘米。志文为楷书阴刻，共21行，满行48字，志文中可辨文字共637字。

该墓志详细记载了墓主印应雷的籍贯、家族情况以及其一生的为官信息，具有丰富的史料信息，有着非常高的史料价值。很多地方可以补充史阙，亦可以与地方志、历史文献相互印证，为研究印应雷本人及其家族情

印应雷墓墓碑

印应雷墓出土的石翁仲

况，研究南宋时期的官制，提供了实证资料。

为行文方便，现将志文抄录如下（“□”表示文字缺损，“』”表示另起一行）：

先君讳应雷，字德豫，姓印氏，通州静海人也。淳祐癸卯，避□□□□□□□。曾祖讳□□□□□，祖讳汝□□□□□□□□□』儒林郎，招信军判官，累赠通议大夫；妣李氏，继徐氏，皆赠硕人。□□经明行修三皆计吏□□□□□□□□□□□□□□』非角，日诵数千言，强记不忘。每属文，凝思顷刻落笔□春容大□□□□易□□且卓识殊□□□□□□□□□□□□□□』飞尤友爱交期许，年十八魁乡贡，次举入太学，升舍选。淳祐辛丑，同户侍官进士□□□□□□□□□□□□□□□□』西都大兵舡司干官，改宣教郎，知安吉州长兴县，治辄除干，办诸司审计司，迁□□□□□□□□□□□□□□□□□□西提』举，仍兼郡以度支郎官□，升直宝章阁，知温州閴夻平，丐祠，凡四。开庆己未，□□□□□□□□□□□文阁□转运判兼知』宝庆府，力辞，淮东安抚使，亦辞，除枢密院检详诸房文字，往隆兴府点检，备□□□□□□□□□□□□兼江东运兼提』领江淮茶盐□□□□□□直焕章阁枢密副都承旨，以户侍即世。不胜□□□□□□□葬□□□□□，知江州，江西安抚』节□□□□□□□□□□□□□□阁召奏事行在，除宗正少卿。先君自九□□□□□□□之丧□频仍，形影相吊□莫袮闲』□□□□□□□□□□□□□图阁，知婺州，秘阁修撰，知镇江州，太府□右文□修□□□州太平州漳州庆元府，皆以疾不』□□□□□□□□□□□□□□郎两淮安抚制置使兼知扬州庚牌□□□□□皆不□□亦辞免。先君曰今事□方启□臣』□□□□□□□□□□□□□□□淮东提举凡三除，兵部侍郎□章阁宜学士，权刑部尚书，仍其任□明湮恩封静海县开国伯』□□□□□□□□□□□□□□閴寄四载，惟忠实封越天地，惟鞠躬尽力报答国家，其间□□□□□城安淮蒙玺书』□□□□□□□□□□□□□□□日以减，疾日以增，屡丐归，未俞，癸酉十月十八日庆□城下，先君□□指授诸将从容如』□□□□□□□□□□□□□□□上章谢事，特除敷文阁学士，进阶二等，以通议大夫致仕。先是，季秋二十三日之夕大』□□□□□□□□□□□□□□祥至此恰一月矣，绩用未究，赍志而殁。呜呼，天乎？遗表闻特赠宣奉大夫。先君生于』□□□□□□□□□□□□□□□□二十四日，考终于阃治之正寝，享年六十有三。先妣赵氏，前十年卒，赠硕人。男一人』□□□□□□□□□□□□□□□□写机宜文字。女四人，长适京学进士崔嘉德，次适修职郎临安府司户参军王□，次』□□□□□□□□□□□□□□□硕，次未嫁，皆前之。孙男二人，孙女一人，俱未名。德传忍死奉柩，以明年甲戌十二月丙』□□□□□□□□□□□□□□之原，葬日薄，未克衮，次平生行实，跽求当代名巨之笔以垂不朽。谨□世系历□大』□□□□□□□□□□□□□□□□□志』门生奉议郎前淮东制置使司参议官程应常填讳。

按这块墓碑所镌文字称，印应雷子德传，孙肖翁、述翁，曾孙振之俱仕元。印应雷有四女，其中长、次女已出嫁，小女儿未嫁，三女儿因墓志残缺情况未详。据《通州钱氏宗谱》称印应雷有一女嫁钱仲鼎。钱仲鼎（一作钱重鼎），字德钧，号水村居士，原籍常熟。据家谱称“诏徙江淮附近民户实之，遂自常熟迁通”，为迁通始祖。南宋咸淳十年（1274）以《诗经》发解，领乡荐。翌年，徙苏州居百花州之蒲帆巷。入元，弃举子业攻古文，教授乡里，不复仕进。尝客甫里陆行直家，行直为卜筑于分湖，人称水村先生。钱仲鼎与赵孟𫖯、虞集、龚开、龚璛、郭麟孙、陈深、叶默、张元师、邓椿等人交好，大德六年（1302），名画家赵孟𫖯为作《水村图》。延祐元年（1314），钱仲鼎作《水村隐居记》，遍邀名士题咏其后。年九十余卒。

据史料记载，印应雷在长兴县任知县时，与赵与訔为知交并结成儿女亲家。赵与訔（1213—1265），又名赵与告，字仲父，号菊坡，居安吉州（今浙江湖州）。宋太祖赵匡胤十世孙，秦王赵德芳之后，元代著名书画家赵孟頫的父亲。赵与訔生了14个女儿，其中赵孟頫两个姐姐赵孟比、赵孟益分别嫁给了印直传、印德传。

在印应雷墓园周围陆续出土南宋石像生9件及碑刻、建筑构建及石棺椁等文物，为江苏地区保存较完整的南宋晚期品官墓葬，为研究南宋晚期墓葬制度、墓园结构提供了实物资料。其出土的石像生制作精美，器形高大，雕刻精细，为研究当时的石刻艺术提供了重要的文物资料。同时，印应雷墓出土的石刻，为宋末元初的墓葬石刻标准器，对于研究当时官员葬制、墓葬礼仪以及石刻艺术都有较高价值。

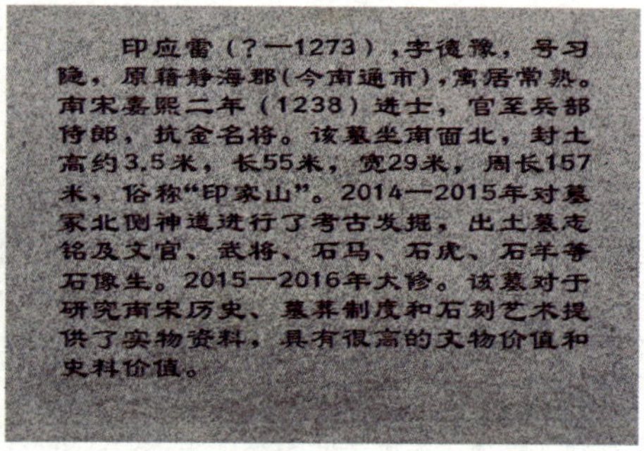

新立印应雷墓保护铭牌（右为背面）

2016年，常熟市文物部门开始对印应雷墓区进行整体修缮，并在墓区立保护性碑刻一通。2019年3月，印应雷墓被江苏省政府公布为第八批江苏省文物保护单位。

清代王应麟《四明文献集》收录有一篇南宋朝廷制发的《印应雷特赠端明殿学士诰》，文中写道：“（印应雷）宏才任重，实学济时。知仁勇之修身，文武为宪；刚大直之养气，精神折冲。戒我师以铺淮濆，虽在外而心王室。有严有翼，制胜尊俎之间；惟筑惟征，守圉金汤之固。月捷方奏，星殒遽闻。怆召伯之余思，想羊碑之下泣。彼忌功而沮善，兹更化以怀贤。”对印应雷予以极高的评价。

“滚滚长江东逝水，浪花淘尽英雄。”千百年来，常熟人民为纪念这位英雄，用宝卷的形式宣讲印应雷的传奇事迹。由此，印应雷的故事在常熟民间广为流传，经久不衰。

（李　烨）

主要参考文献：

1.（清）邵松年.海虞文征［M］.扬州：广陵书社，2017.

2. 李前桥.常熟出土的印应雷墓志考释［J].文物鉴定与鉴赏,2018(17):34-35.

3.（明）张璁.（嘉靖）温州府志［M］.

4.（清）章学诚.（乾隆）和州志［M］.

5.（民国）印星台.江东印氏宗谱［M］.

6.（南宋）王应麟.四明文献集［M］.

7. 常熟市地方志编纂委员会办公室.常熟人物选［M］.上海：上海文艺出版社，2012.

8.（明）邓韨.（嘉靖）常熟县志［M］.嘉靖十八年（1539）刻本.

9.（明）姚宗仪.（万历）常熟县私志［M］.万历四十五年（1617）抄本.

10.（明）管一德撰；常熟市地方志编纂委员会办公室，常熟市图书馆编.皇明常熟文献志［M］.扬州：广陵书社，2017.

11.（清）钱陆灿.（康熙）常熟县志［M］.康熙二十六年（1687）刻本.

12. 常熟市地方志编纂委员会.常熟市志［M］.北京：方志出版社，2016.

13. 常熟市地方志编纂委员会办公室标校.重修常昭合志［M］.上海：上海社会科学院出版社，2002.

14. 常熟市地方志编纂委员会.常熟市志［M］.北京：方志出版社，2016.

张洪

清风使节　经史大家

张洪（1364—1447），字宗海，号止庵，明代学者、杰出的外交家。11岁补诸生。16岁习商。21岁，因受邻人连累，戍边云南。时麓州内部叛乱，张洪献计于云南都司，得以平定。因通晓经义，被推荐为靖江王府教授。永乐初年，出使日本、吐蕃、朝鲜等国。永乐四年（1406），缅甸宣慰那罗塔杀孟养宣慰刁木旦，吞并孟养地方，张洪奉命说服那罗塔归还侵地。后被荐入文渊阁，修《永乐大典》，任副总裁官。洪熙元年（1425），任翰林院修撰。宣德初，修《太宗实录》《仁宗实录》，宣德五年（1430）致仕归里。生平著作甚丰，对《诗》《书》《礼》《易》《春秋》等均有诠释。出使所至，有实录《南夷书》、《日本补遗志》、《使缅录》（一称《平缅录》）和《使规》等，又有《归田稿》等。宣德年间，与常熟知县郭南等纂修《琴川新志》。

苦难身世　奋发图强

张洪一族之张姓，在常熟称为“修撰张氏”，其名称的由来，当和张洪后来从政所任官职有着密切的关系。元末明初，苏州有一个叫张庆之的人，在张士诚占领苏州后，因为和常熟人朱景云相友善，为逃避战乱，遂全家搬至常熟的祁川居住。祁川这个地名，今天属于常熟什么地方，历史上没有明确的记载。翻开元代《至正重修琴川志》，里面记载常熟乡村有“祁”的地名有虞山南面的“下祁”、虞山北面的“蒋祁”、河阳山（今属张家港市）一带的“祁村”、尚湖镇王庄一带的“东檀祁”“西檀祁”、支塘镇何市一带的“潘祁”、辛庄镇张桥一带的“李祁”“东祁”这几个地方，依照当时苏州和常熟的位置关系看，当为今辛庄镇张桥一带的“李祁”“东祁”，这里地处偏僻，是难得的“世外桃源”。张庆之在祁川定居下来后，带领一家人男耕女织，自食其力，天年而终。张庆之的儿子叫张炯，字鉴翁，又字复鉴。在元末明初改朝换代的时候，曾经和朱景云的儿子朱舜民为避免兵灾而逃往昆山。当时朱舜民驾着一条青帘小船，还带了几个歌伎。张炯对他说：“你这样做未必太张扬了，我们出外避难却不知道收敛自己的锋芒，灾难可能就要降临到我们身上了！”朱舜民的船至巴城，果然碰到强盗抢劫，幸无大碍。与此同时，张炯自行雇船逃难，途中也碰到了强盗（实际上是活不下去的难民而已），由于他只在船上装了100石大米，最终强盗只取了1石就放他走了。张炯和朱舜民会合后，以自己船上的大米周济他，朱舜民要重重地感谢他。张炯说：“方今是患难之际，咱们义同生死，怎么能用金钱来衡量呢？”当场谢绝了他的好意。后张炯以养子张洪贵，被朝廷赠予修撰的称号。

张洪画像

张洪本姓侯，其生父叫侯常，字景贤，明代常熟县沙溪镇人［弘治十年（1497），设立太仓州，沙溪划归之］。侯常入赘到当地的名门望族郁家（和随郑和下西洋的随船名医郁震同一家族），其母亲为郁润之女。郁氏生下儿子方5日，因病不幸过世，当时侯常游历在北方（一说发配到辽东），不能及时归来奔丧。最终，这个生下来的孩子不久就被弃养。侯家的邻居就是张炯家（当时张炯逃难定居在此），张炯和夫人丁氏看到侯家的情况，疼在心里。于是，张炯夫妻两人把这个孩子抱养回家，视同己出。这个孩子遂由侯姓改张姓，并取名张洪。为了抚养好张洪，张炯夫妻还用了一个姓童的奶妈为张洪哺乳，10个月后姓童的奶妈离去。张洪养母丁氏白天求于哺乳的邻居，晚上养父张炯把干糕、水果嚼碎后喂给张洪吃。由于用牙过度，所以张炯不到

40岁牙齿全部掉光了。

元朝末年，红巾军在安徽、湖广等地发动起义，天下大乱，张炯举家迁入常熟城内。张洪6岁入小学，刚过10岁就能背诵四书五经，写的文章被人称颂。16岁从商，20岁娶妻顾氏，从此家中渐渐富足起来。22岁那年，张洪因为误买了邻居瞿成盗窃来的大米，被人告发，以倒卖国家粮食的罪名充军至云南。

沐英画像

当时镇守云南的是明初名将、黔宁王沐英。沐英（1345—1392），字文英，安徽凤阳人，明朝开国功臣，军事将领。沐英出身贫苦，自幼颠沛流离，8岁时被农民义军将领朱元璋收为义子。18岁时被授帐前都尉，参与守镇江，开始担当军事要任。洪武十四年（1381），沐英与傅友德、蓝玉率兵30万征云南。云南平定后，沐英留滇镇守。十年间，他大兴屯田，劝课农桑，礼贤兴学，传播中原文化，安定边疆。洪武十五年，沐英因义母马皇后病逝，悲伤过度而咳血。洪武二十五年，又因太子朱标的去世而患病，两个月后病逝于云南，年仅48岁。朱元璋闻讯倍感痛惜，命归葬京师，追封黔宁王，赐谥“昭靖”，侑享太庙。当沐英的灵柩运抵京城应天府时，朱元璋亲往迎接，并派遣宫中官员负责安葬。

此后，沐氏子孙世代镇守云南，直至明末。沐英礼贤下士，以读书人对待张洪，并把张洪推荐给了四川都指挥使（正二品）瞿能。瞿能（？—1400），合肥人。父瞿通，明朝开国将领，帮助朱元璋建立大明王朝，授官四川都指挥使。瞿能雄才大略，少时随父从军，作战经验丰富，善骑射，明韬略，名闻朝野。洪武二十五年（1392）四月，瞿能平定建昌卫月鲁帖木儿等人的叛乱，清除了分裂割据势力，维护了国家统一，对西南地区的稳定和发展做出了重要贡献。建文帝时任南军都督，北上平燕王朱棣“靖难之变”，多次打败朱棣，后殉难死节。沐英去世后，瞿能把张洪延致至门下教授自己的子弟。

审时度势　一鸣惊人

明代初年，云南麓川有傣族首领思伦法。思伦法（1346—1399），又作思伦发，元末云南平缅宣慰使思可法之孙。洪武十四年（1381），其弟麓川主思瓦法统兵攻南甸（今云南腾冲西南），其部属达鲁方等遂拥立其为主。洪武十五年，明军入云南，进取大理、金齿，思伦法惧，遂降。明置平缅宣慰使司，以其为宣慰使。洪武十七年八月，思伦法遣刀令孟贡方物，并献元朝所授宣慰使司印。明廷改授他为平缅军民宣慰使，寻改麓川平缅军民宣慰使，兼辖元之麓川、平缅两路之地。思伦法势渐盛，随即兼并孟定、威远、镇康、湾甸、孟养、大侯、孟琏、潞江、干崖、芒市各土司区，势力东达车里、远及八百媳妇国（位于今泰国北部、缅甸东北部），除车里、元江、景东外，所有傣族区几被兼并。洪武十八年，思伦法率众攻景东，败明都督冯诚［明初将领，濠州定远（今安徽定远县）人，开国功臣冯国用之子，宋国公冯胜侄，官至右军都督府右都督］军，击杀千户王升，景东土知府俄陶亦败退白崖川（弥渡）。

洪武二十一年（1388）三月，明军在西平侯沐英指挥下讨伐思伦法。沐英下令“军中置火铳、神机箭为三行，列阵中，俟象进则前行铳、箭俱发，若不退则次行继之，又不退则三行继之”，也就是广为人知的“三段击”战术。又“分军为三队，都督冯诚领前队，都督同知宁正领左队，汤昭领右队”，一举击溃思伦法部叛军（定边之战）。后思伦法悉举其众，号称30万，战象百余头，攻定边（今南涧），复又大败。翌年，思伦法遣使请降。贡象、马、银、方物谢罪，并交出主谋刀斯郎等137人。自是三年一贡，于辖地设置“叨孟”，总管政务，兼领军民，并设万夫长、千夫长、百夫长、五十长、拾长等官职，各给予采邑，形成强大统治势力。洪武二十七年，思伦法亲入朝贡马、象、方物。翌年，思伦法率兵南扰缅甸。洪武二十九年，经明使钱古训、李思聪调解，遂罢兵。

明洪武三十年（1397），麓川（今云南陇川）平缅宣慰使思伦法被属下刀干孟（一作刁干孟）攻击。刀干孟，明代云南麓川傣族首领之一。洪武二十一年，思伦法于定边之役失败归顺明朝，他趁机举兵攻思伦法。关于刀干孟反思伦法之原委诸说不一，《明史·云南土司传》称因他不满思伦法尊

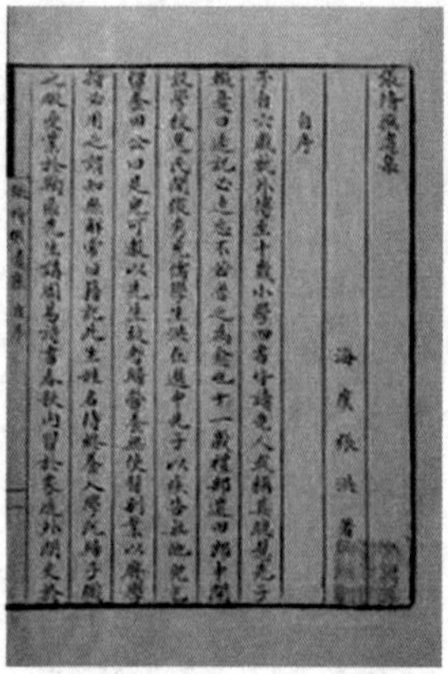
自序
海虞 张洪 著

张洪著作书影

宠佛僧，厚待制火铳、火炮的工匠而举兵。《南夷书》载：“其俗，新君立，各部酋均献女备内室。思伦法妻恃宠而嫉，凡一女进，则诬杀其父、女。刀干孟拒献己女，遂起事。”不久，刀干孟陷宣慰司，继攻陷腾冲，迫思伦法走昆明陈诉。沐英子西平侯沐春携思伦法入朝觐见，面受太祖方略。

为此，明太祖朱元璋命令三司（明朝的三司是指承宣布政使司、提刑按察使司、都指挥使司。都指挥使司是军事总机构，承宣布政使司是民政总机构，提刑按察使司是司法总机构。其目的主要是加强中央集权）开会商量对策。按察使司说：“毋勤兵远略，宜直弃之。”意思是说劳师远征，价值不大，可以放弃。布政使司说：“蛮夷仇杀，不必救，待其弊收之。”意思是说蛮夷是自相残杀，不必救援，等到他们斗得差不多了我们再去收拾。都指挥使司问在场的张洪有什么对策。张洪说：“思伦法占据西南少数民族地区三十六甸，对大明有轻视之意。洪武初年，曾经进犯景洪地区，都督冯诚打了败仗，千户王升战死。后来，思伦法诚心诚意地归顺了我们大明。如今，思伦法有急，如果我们不去救援，这叫作无恩；有乱象不去治理，这叫作无威。现在木邦内部上下不和，我们可以收治则收治，令其分开则分开，机不可失，时不再来，不能坐失良机。”张洪的一番高见，博得众人一片喝彩。于是，朝廷采纳了张洪的意见和建议。随即，沐春被任命为征虏前将军（一作征南大将军），以都督何福、徐凯为副将，统领云南、四川各路军队南下。十二月，明太祖令思伦法暂驻怒江。

明洪武三十一年（1398）五月，沐春率领大军进抵平缅前线。沐春贯彻“先礼后兵”的策略，先派军队护送思伦法至金齿，檄令刀干孟前来迎接，刀干孟不做答复。沐春于是挑选精兵5000人，令何福（？—1410，安徽省凤阳县人，明代军事将领，洪武初年，累功至金吾后卫指挥同知，封宁远侯）、瞿能统领，命他们越高良公山，直捣南甸，大破叛军，斩杀其酋长刀名孟，颇有收获。何福等又回师攻击景罕寨，叛军凭借有利地形居高坚守。这时，明军粮草将尽，叛军则士气高涨，何福连忙告急于沐春。沐春闻讯后，亲率五百骑兵救援，连夜抵达怒江，在翌日黎明时渡江直达景罕寨前，随即命令骑兵在寨前驰骋，“扬尘蔽天”，以作警示。叛军得知明援军已至，大惊，因而举寨投降。沐春乘胜进击崆峒寨，寨中叛军乘夜溃逃。此役，明军前后招降7万人，将士想要将他们全部屠杀，沐春坚持不允。战后，刀干孟请求投降，明太祖认为他反复无常，不许，仍命沐春统军进攻。是年九月十二日，沐春因积劳成疾而病逝，时年仅36岁。新即位的建文帝闻讣讯，赐他祭葬，予谥号“惠襄”。后刀干孟乘沐春病卒，复又起兵，被都督何福所擒。随后，明廷立其子为宣慰使。另外，纳思伦法于麓川，并用“众建”（即众建制，出自西汉贾谊《治安策》：“欲天下之治安，莫若众建诸侯而少其力。力少则易使以义，国小则亡邪心。”）的办法分散他的力量。后因内讧，傣族势力渐衰。逾年，思伦法病卒。

由于朝廷采纳了张洪的正确意见，平叛工作的主动权牢牢掌握在朝廷手中，且取得了巨大胜利，从而对巩固西南边防起到了极为有利的作用。以后很长一段时间，西南地区无忧。还在洪武末年至建文初年，云南地区军队指挥官发现部队中“军士逃亡者众”，张洪又建议“宜取原籍妻室完娶”，意思是把军士中相对年龄大的原籍未婚妻领来完婚。上司采纳了他的建议，从此逃亡者的人数逐渐减少。

洪武末年，张洪因通晓经学而以明经的身份被征召，授靖江王府教授。靖江王府坐落于今桂林市漓江西岸的城区中心地区，为明朝藩王靖江王朱守谦的藩王府，始建于洪武五年（1372），至洪武二十五年始建成。靖江王城外围有国内保存最完好的明代城墙（现为广西师范大学校区之一，内有历史文化与旅游学院等部门）。就在这时，张洪生了一场大病。因为路途遥远、道路不通，张洪的这一职务自然被免除。

外交干才　不辱使命

永乐初年，张洪又被朝廷起为行人司行人（古代掌管接待宾客之礼仪者）。行人司，为明洪武十三年（1380）朝廷设置的官署，设行人（正九品），左、右行人（从九品）。后改行人为司正，左、右行人为左、右司副，另设行人345人。洪武二十七年后，定均以进士充任，升品秩，掌传旨、册封等事。凡颁行诏敕、册封宗室、抚谕四方、征聘贤才，及赏赐、慰问、赈济、军务、祭祀，则遣其行人出使。建文中罢。明成祖即位后，恢复旧制。

日本是一个和中国一衣带水的东亚国家，明太祖朱元璋立国之初，曾寄希望于通过外交途径来抑制倭寇的侵扰，故准许他们入明朝贡。但是，因双方对“朝贡”的理解不一样，久而久之，冲突不断。倭寇曾入侵山东海滨郡县，掠民男女而去。为此，洪武二年（1369）二月朱元璋派杨载出使日本，赐日本国王玺书，要求各安其土。其书写道：“……间者山东来奏，倭兵数寇海边，生离人妻子，损伤物命。故修书特报正统之事，兼谕倭兵越海之由。诏书到日，如臣，奉表来庭；不臣，则修兵自固，永安境土，以应天休。”此后，明朝终止了与日本的朝贡贸易关系。同时，改变了原先寄希望于日本方面抑制倭寇侵扰的消极做法，转而实行加强海防、积极防御倭寇的政策。洪武十七年正月，信国公汤和巡视浙江、福建沿海城池，筑登、莱至浙沿海59城，以防御倭寇骚扰。明成祖朱棣继位后，遵循明太祖的遗训，对海外诸国仍实行羁縻政策，鼓励他们派遣使者入明朝贡。

明永乐元年（1403），日本室町幕府第三任征夷大将军足利义满（1358—1408，幼名春王）遣天龙寺僧人坚中圭密为使入明朝贡。与此同时，明成祖亦命左通政赵居任、行人张洪、僧录司右阐教道成出使日本。据史料记载，张洪是作为开读使臣（谓宣读帝王的诏旨专使）出使，主要是赴日本宣读永乐皇帝的诏书。

于是，赵居任等人就偕同坚中圭密一起到日本，赐予足利义满龟钮金印及勘合百道。据《明太宗实录》记载：“（永乐元年）己未，命左通政赵居任、行人张洪、僧录司右阐教道成，使日本国。赐居任、洪各纻丝衣一袭，道成金襕袈裟及僧衣、锡杖、如意净瓶、钵、盂各一事，仍赐三人各钞十锭、铜钱一万文。”

明代中国和日本关系图

赵居任（？—1419），明应天府溧水人。洪武中，以耆老授通政司左参议，历升山东布政司左参议，再升左通政，后奉使日本，“上闻而嘉赉之”。永乐中，治水苏松。居任虽以清介自持而无恤民之心，民不得尽力农事而居任恒以丰稔闻。及卒，民甚慰悦。道成法师（1351—1431），山东人，俗姓赵，字雪轩，小字鹫峰。长成后出家于保定兴国寺，后又至山东莱州大泽山智藏寺。明洪武十五年（1382），明太祖诏令下设僧录司，属礼部。挑得道高僧居住之，道成入选，授为青州都纲。后明太祖闻其贤，召为僧录司右讲经，入天界寺，听法者千余人。临行去日本时，明成祖赐予金、锡杖等物。

明成祖所赐的勘合，为一种朝贡贸易凭证。它始于洪武十六年（1383）。明太祖为防止假冒使者入贡，则命礼部颁发勘合文册，赐给暹罗、占城、真腊诸国，规定凡至中国使者，必验勘合相同，否则以假冒逮之。据《明会典》记载，当时获得勘合的有暹罗、日本、占城、爪哇、满剌加、真腊、苏禄国东王、苏禄国西王、苏禄国峒王、柯支、渤泥、锡兰山、古里、苏门答腊、古麻剌等15国。由赵居任、张洪带去日本颁赐的勘合百道，系由日字号勘合100道和本字号勘合100道，以及日字号勘合底簿2册和本字号勘合底簿2册组成。日字号勘合100道、日字号与本字号勘合底簿各1册存于明朝礼部；本字号底簿1册置于福建布政司。而本字号勘合100道、日字号勘合底簿1册则送至日本。由日本赴明朝贡的船只，每船需带勘合一道，与福建布政司存放的底簿核对无误后，始护送至京，再与置于礼部的底簿核对。由明朝派往日本的船只，亦需带礼部的日字号勘合，与日本的日字号底簿核对无误后，才准予入口贸易。每逢朝廷改元时，即将新勘合和底簿送到日本，把未用完的旧勘合和底簿收回。据说终有明一代，共颁赐给日本的勘合有永乐、宣德、景泰、成化、弘治、正德6种。

在日本期间，张洪谨遵礼仪，不亢不卑，谢绝赠金，充分体现了大国使者的风范，得到了日本朝野的一致好评。赵居任、张洪一行对于日本所馈“名马方物，悉却不受”。从此，明朝和日本两国重新恢复了朝贡贸易关系。回来后，张洪著有《日本补遗志》，记述日本的历史和出使的全过程，为中国历史上首部介绍日本的图书。

以后，张洪又被派往吐蕃（吐蕃是宋、元、明等时期的史籍中对青藏高原及当地土著的惯称，最早的吐蕃是指古代藏族在青藏高原建立的政权，为中国西藏历史上第一个有明确史料记载的政权，松赞干布被认为是实际立国者。位于今西藏自治区一带），主要负责两项工作：一是“茶马互市”工作。所谓“茶马互市”起源于唐、宋时期，是中国西部历史上汉藏民族间一种传统的以茶易马或以马换茶为中心内容的贸易往来，“茶马互市”是内地与边疆地区商业贸易的主要形式。二是朝廷谕祭工作。古代功臣、重臣、帝师去世以后，皇帝都要在御前大臣的陪祭下前去赐奠，抚恤其家属，这就是朝廷谕祭。

由于张洪工作认真、周到，双方关系处得非常好，并得到了吐蕃上层和其他官员的普遍赞许。

明朝建立后，朝廷在西南边境所设有6个宣慰使司：车里宣慰使司、缅甸宣慰使司、木邦宣慰使司、八百大甸宣慰使司、孟养宣慰使司、老挝宣慰使司。其中，缅甸宣慰使司（又称缅甸军民宣慰使司）在明成祖时设立，隶属于云南承宣布政使司，辖地即缅甸阿瓦王朝。早在洪武二十七年（1394）曾置缅中宣慰司，直属布政司，不久废。《万历野获编·缅甸盛衰始末》：“永乐元年（1403），缅甸头目那罗塔，遣使郎寻蹇来朝贡方物，以木邦孟养阻遏贡道为辞，上优诏答之，为开立缅甸宣慰司，以罗塔为宣慰使。”其辖地据明代军事地理学家顾祖禹《读史方舆纪要》记载：“东至木邦宣慰使司界，南至南海，西至戛里界，北至陇川宣抚司界。自司治东北至布政司三十八程，转达于京师。”

孟养，土著又称为迤水，该地有香柏城。元代至元年间，朝廷在孟养设置云远路军民总管府。明洪武十五年（1382），朝廷将云远路军民总管府改为云远府。云远府以前隶属于平缅宣慰司，明成祖即位后，将云远府改为孟养府，任命土官刀木旦为知府。永乐元年（1403），刀木旦派人向皇帝进献土产和金银器，皇帝给予他们赏赐并把刀木旦的使者送了回去。永乐二年，朝廷又将孟养府改升为孟养军民宣慰使司，任命刀木旦为宣慰使，给他颁赐诰印。永乐四年，孟养、戛里互相仇杀，缅甸宣慰使那罗塔乘乱抢劫，杀死了刀木旦和他的儿子思栾发，占领了孟养。

此事传到朝廷，皇帝下诏让行人张洪带着皇帝的敕谕去责问那罗塔，叫他把土地还给孟养。张洪接到任务后，先后6次往返缅甸和孟养。当初，那罗塔想加害张洪，但张洪临危不惧，始终以国事为重，耐心做好说服疏导工作。同时，他又义正词严地指出：“中国之法，罚弗及嗣，刀干孟逐思伦发诛止其身，其子爵位自如，蛮夷所具闻也，尔奈何孥戮邻境宣慰？天子可不问乎？他境尤而效之，戕汝家，灭汝种，亦听之邪？今日之封殖孟养，亦为尔子孙计也。”见一计不成，那罗塔又想通过贿赂的方式请求张洪帮他说话。为此，张洪再一次语重心长地对那罗塔说：“尔毋以贿污我，我具以尔善意归报天子，天子必悦，幸得赦尔罪。若纳尔赂，我且先得罪，敢言事乎？”那罗塔羞愧难当，最终被张洪的诚意所折服，同时又害怕朝廷讨伐，派手下使者陶孟洛霞和张洪一起回到南京向朝廷认罪，随即归还了孟养的境土。与此同时，木邦宣慰使罕宾法看到那罗塔无故侵占孟养的领地，遂主动请求带兵讨伐，攻破了缅甸20多个城寨，缴获了大象和马匹，献到京城。永乐十四年（1416），朝廷又设置孟养宣慰司，任命刀木旦的次子刀得孟为宣慰使，任命刀木旦的侄子刀玉宾为同知。自从刀木旦被害后，孟养有3000多人跟随刀玉宾散居干崖、金沙江等地。朝廷曾经让刀玉宾执掌过宣慰使的职务以招抚属下众人，所以这次仍任命他为该司的同知，让他带领属下众人恢复旧业。永乐十五年，刀得孟派使者向朝廷进献马匹和土产。

交趾，又名“交阯”，为中国古代地名，位于今越南（古称安南）北部红河流域。明洪武末年，安南内部发生叛乱。当时，安南王室陈氏绝嗣，全国遍寻陈氏子弟而不得。此时安南独立时间尚短，文字、文化、节日等与祖国中国相同，归属感高。永乐五年（1407），安南耆老1220余人上言：“陈氏为黎贼杀尽，无可继者。安南本中国地，乞仍入职方，同内郡。”明成祖朱棣顺应天意，响应安南人民回归祖国的热切期盼，于翌年改安南为交趾，设置交趾承宣布政使司，设三司和15个府，分辖36个州、181个县。又设太原等5个州，直隶布政司，分辖29个县。陈氏诸王被弑者咸予赠谥，建祠治冢。交趾东西宽1760里，南北长2800里，共有人口520.75万人。从此，交趾归属中国明朝管辖。同时，为了安抚民众，朝廷又派张洪为特使出使交趾，宣传国家政策。

明代交趾人

不久，张洪再次奉命出使琉球（琉球位于中国的东部，在日本九州岛和中国台湾岛之间，当时为明朝属国）、朝鲜等国。张洪一次又一次不辱使命，使得交趾、琉球、朝鲜皆归顺明朝廷，圆满完成了外交任务。

据史料记载，张洪出使外地时，“馈送一无

所受，冬往夏归，裘葛不更。”是说张洪出使时外地馈送的东西一概不受，冬去夏归，冬天和夏天的衣服照旧，体现了清正廉洁的崇高风范。

博学强记　勤于著述

从琉球回国后，张洪又回到朝廷工作，入文渊阁。文渊阁之名始于明代，其阁亦始建于明代。明太祖朱元璋“始创宫殿于南京，即于奉天门之东建文渊阁，尽贮古今载籍”。明成祖迁都北京后，仿南京已有规制营建北京宫殿，北京宫中的文渊阁随之建成。文渊阁的功用早期主要在于藏书、编书，著名的大类书《永乐大典》即在南京宫中文渊阁开馆编纂。明成祖朱棣于永乐元年（1403）下令修书（初名《文献大成》），因初稿“尚多未备”，朱棣不甚满意，遂于永乐三年谕令重修，“命礼部简中外官及四方宿学老儒有文学者充纂修，简国子监及在外郡县学能书生员缮写，开馆于文渊阁，命光禄寺给朝暮膳”。不久，张洪又被封为翰林修撰承务郎，朝廷赠其父张炯同样为翰林修撰承务郎，赠母丁氏为安人，妻顾氏被封为安人。据史料记载，当时，“常熟张洪、丹徒裴俊、吉水陈诚俱赴文渊阁修《大典》，怀安黄童以楷书征入文渊阁缮写《大典》”，其中，张洪任副总裁官。永乐五年，书稿定稿后进呈，明成祖看了十分满意，亲自为序，并命名为《永乐大典》。

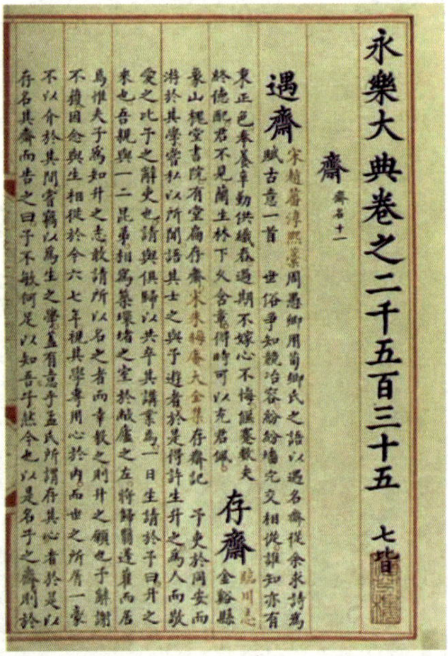
永樂大典卷之二千五百三十五　七皆
齋 齋名十一
遇齋
宋趙蕃淳熙稾周惠卿用蔔卿氏之語以遇名齋從余求詩為賦古意一首
存齋

《永乐大典》书影

至永乐六年（1408）冬天，《永乐大典》正式成书。据《进永乐大典表》称，全书缮写成22877卷，目录60卷，成书11095册，全书约3.7亿字，汇集古今图书七八千种，为集中国古代典籍于大成的类书。据《文渊阁书目》记载：“以千字文排次，自天字至往字，凡得二十号，五十橱。”

明成祖朱棣逝世后，明仁宗朱高炽即位，张洪于洪熙元年（1425）被召入翰林，任修撰，负责纂修明太宗、明仁宗实录。《大明太宗文皇帝实录》130卷，内容起于洪武三十一年（1398）闰五月，讫永乐二十二年（1424）八月。其中，前九卷《奉天靖难事迹》，自洪武三十一年闰五月至建文四年（1402）六月，为建文朝附录，其后记洪武三十五年至永乐二十二年八月事。洪熙元年（1425）五月启动纂修，至宣德五年（1430）正月修成。《大明仁宗昭皇帝实录》10卷，内容起于永乐二十二年八月，讫洪熙元年五月。始修于洪熙元年闰七月，至宣德五年五月与《大明太宗文皇帝实录》同时进呈。明代的皇帝《实录》是明代历朝官修的编年体史书，保存了大量的原始资料，具有重要史料价值，是研究明朝历史的基本史籍。

两部《实录》完成后，张洪以年老上表辞职，请求回到家乡常熟养老，得到了朝廷的批准。明宣德五年（1430），年近七旬的张洪致仕归里。此时，张洪已经离开家乡常熟50年，以赏银买田庐居之，遂闭门绝俗，鬻文以糊口。

张洪在繁忙的工作之际和退休以后，勤于著述。史载“公天资明敏，标格奇古，为文章举动风生，下笔数千言立就。在翰林时，文武语敕多出其手。既归，力学不倦”。据《（弘治）常熟县志》和《（民国）重修常昭合志》等记载，张洪先后著有《周易传义会通》（一作《易经传义会通》，15卷）、《尚书补传》（一作《书经补传》，12卷）、《诗正义》（一作《诗经正义》，15卷）、《春秋说约》（12卷）、《礼记总类》、《五经解义》、《四书解义》（20卷）、《小学翼赞诗》（6卷）、《史记要语》（一作《史记要记》）、《日本补遗志》（一作《日本补遗》）、《南彝（夷）书》（1卷）、《使规》（1卷）、《使缅录》（此书

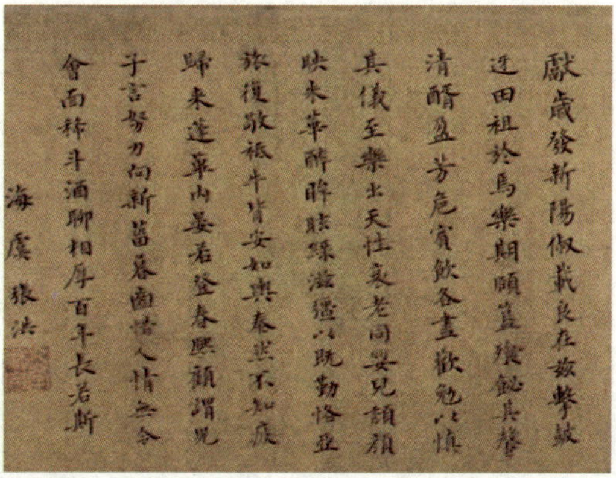

张洪手书诗作

亦附《使规》后)、《翰林类稿》、《归田稿》(一作《归出稿》,4卷)、《揽辔集》、《清溪集》、《贯道集》、《金台集》、《永言集》、《学选集》(一作《学选诗》)、《和陶诗》、《续文章规范》、《古今箴铭集》(14卷)、《历代诗选》、《琴川新志》(8卷)等,可谓是著作等身。

至明成化年间,常熟县令杨子器下令将张洪和吴讷作为常熟名人,并列祭祀于言子祠。

这里,简要介绍几部张洪的重要著作:

(一)《琴川新志》。明宣德九年(1434),知县郭南聘张洪修县志,成《琴川新志》8卷,成为明代常熟历史上第一部县志。遗憾的是,此书已经失传,但令人欣慰是,留下了张洪作的序:

郡县之有图籍,从古为然,为政者之不可废也。凡山川之险易、土壤之肥瘠、物产之美恶、民庶之多寡,按图考籍,可得而知也。吾闻诸君子曰:前代为相者,有一图谓之格范,道里远近、钱粮军民之数,一览可得。谓如某所凶荒,当移某所之粟以济;某处叛乱,当发某处之兵可平;岁中有兵荒之费,则无敢动作,一切用度皆减。为国尚然,况作邑者乎?一邑虽小,地有高下,则旱潦之不同;土有肥瘠,则贫富之不同。民数登耗、粮赋增减,率由图籍以考阅,其可废乎?余在翰林预修《永乐大典》,充副总裁官。将载入天下志书,必先领略其概。凡前朝所述,皆以郡名,如《吴郡志》之类。洪武八年新修者,则以府名,如《苏州府志》之类。大率皆因旧增新,余但齐其凡例,削其冗长而已。宣德庚戌,余致翰林事归,适上虞郭公世南由常熟簿晋知县,政通人和,居多暇日。始留心县志,访得旧本,特以示余,请曰:"圣人能言夏殷之礼,而杞宋之文献不足,故不可征。今幸旧籍未亡,遗老尚在,于是不删正之,则后将兴不足之叹矣。"

余受书考阅,自宋庆元丙辰县令孙应时创修之,嘉定庚午令叶凯增益之,淳祐辛丑令鲍廉加饰之,书始备。又十有四年,宝祐甲寅,寓公邱岳始叙之,至正癸卯,知州卢镇重锓诸梓。又二年乙巳,先师陆先生景元请叙于金华戴叔能,刻于编首,前修有云:"文章作与不作,无损益于人者,不作可也;作而有益,不作遂为缺典者,则不可不作。"《县志》自至正癸卯至今七十有余岁,凡郡邑之沿革、经界之广狭、粮税之增损、城市之变迁、官制之改易、人材之继出，不厘正增益之，诚为缺典，故不可不作也。其诸损益，已见凡例，兹不复出。

宣德九年，邑人张洪序。

另有当时县令郭南作的后序：

琴川，常熟之别名，旧无志书。宋庆元丙辰，县令孙应时始创修之。历十有五年，嘉定庚午，县令叶凯增饰之，列叙县、叙官、叙山、叙水、叙田、叙兵、叙人、叙物、叙祠、叙文为十类。更四十有四年，宝祐甲寅，县令鲍廉旁求博采，又增益之。后五十有一年，元至正癸卯，知州卢镇重锓诸梓。及今七十一年，事迹寥远，漫无所稽。旧板缺蠹，日就模灭。南为主簿时，尝留心于此，力有未遑。今忝县正之后，欲寻前政之轨辙以贻于后。适翰撰张先生休致来归，因搜罗事迹，求其指辑，完旧益新，号曰《琴川新志》。嗟夫！人之志趣不同，故其设施或异。然作邑之道，不观夫户口登耗，则不知聚庐托处之休戚；不观夫物产盛衰，则不知出作入息之勤惰；不观夫俗尚美恶，则不知令行禁止之得失。故此编之存，从仕于斯者，得以为监，且以为喜惧焉。

宣德九年甲寅九月良日，常熟县知县上虞郭南序。

此外，还有明末邑人、文学家龚立本为《琴川新志》所作的跋：

《新志》八卷，宏（弘）治、嘉靖纂修时盖皆见之，今遂遍搜不获，徒勤梦寐。修撰，博雅君子也，况生于洪、永、宣、正间，据所见闻，即成信史，其体例既一准宋志，岂因宋志而竟接以国朝之事，不复及卢镇所续耶？抑笔削卢《志》，并明兴次第增入耶？无从质修撰于九京矣。

龚立本跋。

（二）《日本补遗志》（一作《日本补遗》）。以往学术界一般认为，明代薛俊撰写于嘉靖二年（1523）的《日本考略》（1卷）是中国最早的研究日本的专书。薛俊，字梓山，浙江定海人，庠生。历官训导、宗正，官至常州司训。嘉靖初，薛俊目击倭寇猖獗，为御边计，乃历稽载籍，博访故老而成是书。全书1.3万多字，分沿革、疆域、州郡、属国、山川、土产、世纪、户口、制度、风俗、朝贡、贡物、寇边、文词、寄语、评议、防御等17略。附兵计略1卷。寄语略又分天文、时令、地理、珍宝、人物、人事、身体、器用、衣服、饮食、花木、鸟兽等15目，该书第一次较全面地考述日本历史、地理、山川、物产等。但是，张洪的《日本补遗志》比它成书更早，它才应该是我国最早以“日本”为名的专著。对于这一史实，除了《(弘治)常熟县志》张洪传记记载外，正德年间王鏊所修之《姑苏志》中，也有一篇张洪的传记，所述内容基本相同，此段文字后来被焦竑收入《国朝献征录》中。另外，还有万历时期瞿汝稷为张洪所作的墓志铭，被编入黄宗羲《明文海》、万斯同《明史·儒林传》中，都记载他著有《日本补遗志》一书。

明代通行的目录书中几乎都没有载录《日本补遗志》一书，但在郑若曾编纂的《筹海图编》中，所附《参过图籍》中赫然载有“《日本补遗志》，修撰张洪”，同时还列有《日本考略》以及明代所著的其他御倭类书籍。既然郑若曾称“参过”这些书，并且书目中多为明代时人所著，很多也已流传至今，说明郑若曾应该参考过《日本补遗志》，也间接证明此书尚存。只是到了后来，此书不幸散失而已。张洪到过日本，且具备高超的文字能力，晚年致仕归里，且又高寿，其对日本之行的追忆、补记完全是可能和合理的，写出《日本补遗志》当在情理之中。由以上资料推断：明初张洪完成了第一部以“日本”为名的专书。目前中日学术界普遍认为薛俊《日本考略》是中国第一部冠以“日本”之名的专书，这种看法应该改正。张洪作为中国最早以“日本”为名的专家的地位可以确认，我们期待此书将来有朝一日重见天日，必将对中国的日本研究史和中日关系史的研究产生重要影响。

(三)《使规》(1卷)。明永乐四年(1406)，张洪以行人司行人的身份奉使往谕缅甸，此书为当时所作，采古人奉使事迹，勒为一编。分16类，曰忠信、曰节义、曰廉介、曰谦德、曰博古、曰文学、曰识量、曰智虑、曰威仪、曰说辞、曰举贤、曰咨访、曰服善、曰详慎、曰勇略、曰警戒，各列事实于前，而断以己意。末为使缅附录，记载当日往返情形。是书的后面，还保存有7封张洪写给缅甸王的信。有浙江汪启淑家藏本。

(四)《南夷书》(1卷)。《南夷书》记述元、明之际云南的主要历史事件，特别是明初朝廷平定云南的三大征战，其情节主要得于洪武年间作者在云南的耳濡目染。故其叙事条理清晰，行文朴实生动，史实和情节多出乎其他书籍所记载。因作者生于其时，能亲闻当事人如张因、张荣祖等人的言谈，可以反映出当时人的一些看法，远非后世附会空想之作可比，不失为研究明初云南的珍贵史料，为研究这段历史的案头检索必需之书。今传《南夷书》仅见北京图书馆所藏明钞本，该本原为明天一阁藏书，阁主范钦于嘉靖间曾为云南右布政使，故有是书。

《南夷书》笺注并考异
王叔武

当代学者对《南夷书》的研究

（五）《使缅录》（1卷）。该书记张洪明永乐四年（1406）闰七月出使缅甸经金齿（永昌）、麓川、拱章（即贡章，元代称江头城），自此舟行至缅甸首邑阿瓦，宣谕调处缅甸与孟养争端，那罗塔听命还归所占孟养地的经过。书中所记事迹虽简略，但提到缅甸既并孟养，复聚兵于拱章，以防中国之救；其地尤为当时缅甸、孟养、木邦、麓川四方争夺之对象，可供考究。又记他于永乐四年在麓川见到中官（宦官）云仙，可正《明史·云南土司传》“云仙使麓川为永乐七年和十一年”之误。该书曾收入《娄东杂著》，清道光时有邵刊本，一名《棣香斋丛书》。

2008年1月，国家古籍保护中心公布首批国家珍贵古籍名录，常熟市共有3部古籍入选，分别是常熟博物馆藏《楞严经》、常熟市图书馆藏《使缅录》和明弘治年间桑瑜编纂的《常熟县志》（简称《桑志》）。据了解，首批国家珍贵古籍名录、首批全国古籍重点保护单位的评审工作从2007年11月启动，当时有4000部古籍和112家单位参加申报。《国家珍贵古籍名录》的主要收录范围是1912年以前书写或印刷的，以中国古典装帧形式存在，具有重要历史、思想和文化价值的珍贵古籍。全国古籍重点保护单位评选标准包括收藏古籍的数量一般在10万册件以上或收藏古籍善本数量在3000册件以上；有古籍专用书库；有专门的古籍保护机构和工作人员等。江苏共有25家图书馆和博物馆的314部古籍入选，常熟图书馆和南京图书馆、南京博物院等6家单位入选全国古籍重点保护单位，是全省唯一一家入选的县级馆，也是江苏县级市中唯一的一家。

遗爱人间　万世流芳

公姓張諱洪字宗海常熟人家沙溪鎮洪武間以事被逮謫戍雲南
後以明經薦授靖江王府教授永樂元年擢行人奉使日本卻其
餽金二年復使遼東修茶馬舊政于番界亦不受餽時緬甸宣慰那
塔殺孟養宣慰刁木旦併其地命公齎詔責還所侵地立孟養後塔
不服凡六往始聽命塔欲毒之服其誠信乃已還入翰林修永樂大
典充副總裁書成陞行人司副洪熙元年陞翰林院修撰致仕卒年
八十四所著有四書解義周易會通尚書補傳詩經正義春秋說約
禮記總類歷代詩選史記要語琴川新志日本補遺葬縣西十二里
東湖村之寶岩灣公本姓侯張抱為子故其墓兩姓裔孫守之
贊曰宣諭緬海奉詔鷄林鯨波恬偃望重華簪

张洪像赞

明正统十二年（1447），张洪以84岁高寿去世，葬于常熟虞山南麓的宝岩。子张𣈶，孙4人：张复、张敬、张富、张嗣。张洪临逝世前嘱咐家人将其葬于侯氏家族墓地，将孙子张复、张敬恢复侯姓，以示不忘本姓。同时，叫张𣈶夫妇终身姓张且承继于张氏家族，孙子张富、张嗣不改姓，永远为张氏家族后人。数百年一晃而过，如今张氏家族销声匿迹，而侯氏家族的子孙一代又一代，兴旺发达。

侯鳄，字春溪，父亲侯珮，字叔明。按辈分，侯鳄为张洪的玄孙，他侍奉父母十分孝顺，与兄长侯鲤（字春江）感情非常深。因家里贫穷，出门时和兄长衣服换着穿，回来一起吃饭。一分钱、一尺布都不入私囊。侯鲤的儿子侯卿（字小江）成为庠生，侯鳄像对待自己的儿子一样照顾侄子。侯鳄的妻子曹氏40岁没有生育，后曹氏为侯鳄收了一个婢女希望能够为侯家传宗接代。侯鳄坚决推却，他对曹氏说："人家年纪轻轻，万万不可做我的小妾，就作为我的干女儿吧。"后来该女子真的成为侯鳄的养女。不久，曹氏怀孕，生下一子。时人都说，这是侯鳄积德的结果。

侯时魁，号东井，侯鳄从弟（即堂弟，为同祖叔伯之子而年纪小于自己的人），为苏州府庠生（庠生，古代学校称庠，故学生称庠生，为明清科举制度中府、州、县学生员的别称。庠序即学校，明清时期叫州县学为"邑庠"，所以秀才也叫"邑庠生"，或叫"茂才"。秀才向官署呈文时自称庠生、生员等）。时有江西人李龙在苏州府学做教授，看到侯时魁后大喜，说："这个孩子将来肯定有出息。"于是叫手下的两个教授不再教别的孩子，"二对一"专门精心辅导他。由此，侯时魁学业大进。当时的苏州知府为林世远（1459—？，字思绍，今广东省肇庆市四会镇人。以文才出众登明成化辛丑科进士。他历任莆田、芜湖、魏县知县，所至皆有政声。后出任苏州知府，时几任太守都未完成《苏州府志》的编纂，他到任后才主修成书，任知府6年，卒于官）亦叹为奇才，叫自己的儿子“北面”（北面，弟子行敬师之礼。见《周礼·夏官·司士》：“正朝仪之位，辨其贵贱之等。王南向，三公北面东上。”）事之。随后，其手下的人也叫侯时魁执教自己的子弟。林世远十分爱才，他想拿出自己的俸禄叫侯时魁进太学。侯时魁辞谢说：“拿了大人您的俸禄，实在是不敢当。我也不想夺魁天下，我的志向就是安安分分、规规矩矩做一个读书、教书人。”侯时魁年轻时读书寄宿在苏州，有一个妖冶的女子欲勾引他，侯时魁赶紧逃避到僧舍躲开，后来也很少在别人面前提起过这件事。侯时魁后来侍奉老母亲十分孝敬。“不以三公易我一日养”这句话出自明季冯梦龙的《警世通言》：当时伯牙问子期为什么不求功名，子期说上有年迈父母，没有其他兄弟可以奉养，只能砍柴奉养双亲，虽然做官可以达到三公那么显贵的位置，但是也不能代替我每日对父母的奉养。侯时魁就抱有和钟子期同样的想法，可以看出他看待名利如流水。

侯习，字察卿，号名斋，侯时魁子。年轻时师从姚江钱绪山，学得正宗王阳明之说。他作文总是精心考虑，从不草率。为诸生（明清时期经考试录取而进入府、州、县各级学校学习的生员，如增生、附生、廪生、例生等，统称诸生）时，学识就超过一般的读书人。专攻“戴经”[即《礼记》，整理《礼记》的是西汉学者戴德（大戴）和戴圣（小戴）叔侄二人，因此名“戴经”]，潜心注释诸子百家经典，多有新的见解。另外，侯习对《易经》《诗经》《春秋》亦十分精通，还精心编纂古籍和明朝当代的训典，书成后，摆满了书架。后父母过世，他在家守制3年。这期间，他教出来的弟子也非常出色，个个兢兢业业，蜚声各个学校。侯习对待父亲的朋友终身执弟子礼。和人交流，目不左顾右盼；行走道上，足不乱走小路。曾经有一个苏州的文士到侯习处求学，其人颇为自负且洋洋自得，侯习坚决回绝了他。时苏州府有督学（全称为督学使者，学政的别称，是明清时期派往各省督导教育行政及主持考试的专职官员。也称“督学”“学使”）赵某，对侯习的言行十分赞赏。

明末清初著名的历史学家万斯同（1638—1702，字季野，号石园，今浙江省宁波市鄞州区人），在《明史·儒林传》中为张洪记有一篇传记，其中写道：

诸书多散失不传。常熟自元以前无以儒学名者，有之自洪始。始洪与侍讲王洪论诗，王自诵所作，窃比汉魏，洪笑而未答，复自矜曰："终不作六朝语。"洪曰："六朝人岂易及，无论陆谢，且自视比江沈何如？子诗旁大李门墙，犹未窥其奥也。"王始屈服曰："平生喜读大李诗，君评我甚当。"洪作《学古诗叙》，备载其语，为学诗者夸诞之戒。

万斯同画像

万斯同，像他老师黄宗羲一样有民族气节。曾抱着"以任故国之史事报故国"的强烈愿望，以布衣身份参与修《明史稿》，无总裁之名而行总裁之实。他对张洪的评价，当为十分中肯和客观的。

张洪与杨士奇、施显、姚广孝等为好友，史载他"为官廉干，风节高亮，博学经史，著述宏富"。明代邑人管一德在《皇明常熟文献志》序言中，记载有"奉使则张洪东入扶桑，南穷缅甸"之句。张洪在军营整整15年，在朝廷工作30年，东至日本，西极洮岷（今甘肃、青海一带），南穷夷缅（今云南及缅甸一带），北尽辽海（泛指辽河以东沿海地区），南北东西行4万余里，居然能够平安还乡，致仕归里，"终竟寿，殁于牖下"，这哪能是张洪自己当初想到的结果！由是，张洪在自撰的墓志铭中写道：

生与众人为伍，死与百鬼为邻。生不能为贤圣，死不能为星辰。随运化迁，与道屈伸。然涉海洋而不覆，犯瘴疠而全身。驰远道而全归，入近班为侍臣。去乡五十年，还家无近亲。田庐渐开设，可以遗子孙。含笑入地，何惭于人。永矢弗谖，以志我坟。

最后，用明代邑人、文学家、诗人林大同（1334—1410，字逢吉，号范轩，祖籍福建长乐，曾祖迁居常熟。明洪武中授开封训导，后罢官。幼孤力学，抄读经史不间寒暑，著有《易原奥义》《范轩集》等）和张洪的诗《次韵答张宗海》作为文章的结尾：

汉家勋旧称三杰，庙算当年独冠军。
报国岂惭因假手，封侯不啻若浮云。
谷城有约祠黄石，庭鸟何缘梦紫文。
千载耳孙文献在，飘飘清风欲离群。

（陈建东）

主要参考文献：

1.（明）张洪.张洪自为生志［M］.//（清）邵松年.海虞文征.扬州：广陵书社，2017.

2.（明）瞿汝稷.翰林修撰止庵张先生墓碑［M］.//（清）邵松年.海虞文征.扬州：广陵书社，2017.

3.（明）桑瑜.（弘治）常熟县志［M］.弘治十二年（1499）刻本.

4.（明）姚宗仪.（万历）常熟县私志［M］.万历四十五年（1617）抄本.

5. 常熟市地方志编纂委员会办公室标校.重修常昭合志［M］.上海：上海社会科学院出版社，2002.

6.（明）林大同.范轩集［M］.

7.（明）叶惠仲纂.明太祖实录［M］.

8.（明）杨士奇.明太宗实录［M］.

9.（明）万斯同.明史·儒林传［M］.

10.（明）管一德撰；常熟市地方志编纂委员会办公室，常熟市图书馆编.皇明常熟文献志［M］.扬州：广陵书社，2017.

11. 西天禾.明朝与日本所谓的“朝贡”关系的历史真相［J］.

鱼侃

恭勤清廉　贫不爱钱

鱼侃（1396—1471），字希直，号颐庵，明南直隶州常熟县人。永乐二十二年（1424）进士，被任命监管湖广省税收之事，后历任刑部、工部主事，在工部监督漕运时发现因河道时有淤浅，航行不便，奏请创设“撩浅浦夫”随时疏浚，为时人所称颂，后升任刑部四川清吏司郎中。在开封府任知府时，人称其耿直刚正可比宋代的包公，被称为当代“包老”。任职期满回常熟老家时，“不持官府一物”。弃官返里，生活贫苦，仍怡然自得。死后约200年，崇祯年间至江苏巡按的路振飞巡行到常熟，前去鱼侃墓致祭，并立“第一清官鱼公墓”石碑。由于鱼侃审理案件不受请托，为官清廉，为人光明正大，铁面无私，秉公执法，故几百年来一直被人传颂。

源自中原　代有名人

鱼姓得姓始祖是宋襄公的弟弟公子睓（字子鱼）。春秋时，宋襄公想当中原霸主，约会齐、楚等国在盂会盟，临行前子鱼说：“楚人不讲信用，我们应该带军队做护卫。”宋襄公却认为已约好大家都不带军队，不听劝告，结果在会上被楚人扣留。子鱼逃回宋国，组织宋人抵抗，迫使楚王放回襄公。不久宋、楚两国又在泓水交战，子鱼劝襄公趁楚军半渡出击，襄公认为这样做不道德，不同意。等楚军一切准备就绪，弱小的宋军就吃了败仗。战后，子鱼批评襄公说：“打仗就应当尽一切办法战胜敌人。假如你在作战时要讲仁义，那只有投降了。”子鱼的谋略受到子孙的推崇，他们有一支以祖父之字为姓，称鱼姓。

唐代才女鱼玄机画像

鱼姓早期活动于河南。汉唐之间，向山西、陕西扩展，并以雁门郡（今山西代县）、冯翊郡（今陕西大荔县）为郡望。宋代以来，在陕西、河南、湖北、江苏等地偶有分布。

鱼氏并非大族，但在中华文明发展的百花园中，却不乏亮眼的鲜花。朝代更迭，代有才人，出色者有汉代鱼翁叔，三国时期鱼豢，唐代鱼孟威、鱼玄机，宋代鱼崇谅，等等。

元代，有鱼姓居住在苏州吴县一带，经过几代子孙繁衍，在当地渐成大族。至元末，农民起义风起云涌，鱼家惨遭兵火，家园被毁。有鱼庆、鱼寿大（一称寿夫）父子逃难至常熟，后在常熟扎根。由于生活艰难，鱼寿大生子鱼信后，不久即撒手人寰。

鱼信（1366—1427），字宗信，母夏氏。丈夫去世后，夏氏坚贞守节，含辛茹苦、咬紧牙关把儿子抚养大。鱼信稍长即十分懂事，严以自律，不怕劳苦，和母亲一起砍柴、种地，靠辛勤劳动养活自己。每当有好吃的东西，先给母亲品尝，夏氏感到十分欣慰。

鱼信为人敦厚，淳朴善良，和夫人丁氏生有三男（鱼侃、鱼寿昌、鱼伸）、三女。居乡里与人为善，尊老爱幼，不入流俗，克勤克俭，和母亲一起把弟妹抚养好。鱼信十分重视对子女的教育，鱼侃才儿童时，即把他送入学校读书，且常常鼓励他要好好学习，发奋上进，将来有所作为。鱼信常常对儿子说：“我从小失去父亲，虽有志于天下，但首先要把这个家撑起来，所以现实不允许我在事业上有什么发展。我把我的理想和抱负寄托在你的身上，你要奋发图强，将来有所作为，为鱼家增光添彩。”

后鱼侃高中进士，乡人都认为是鱼信教子有方。鱼信平素身体十分强壮，当他得病后，就对二儿子鱼寿昌说：“你长兄在外，我死了你要对他说，一定要一辈子廉洁奉公，报效国家。”言讫，瞑目而逝。鱼信去世后，由明代一代廉吏、邑人吴讷为其撰写墓志铭。

廉明正直　堪比包公

追至明代及以后，以鱼姓而著称者，非鱼侃莫属。鱼侃自小性格凝重寡言，好加思索，灯窗苦读，不以寒暑惮劳而稍有松懈。明永乐二十一年（1423）中举人，翌年连捷得中三甲第89名进士。其后，受户部尚书夏元吉赏识，提请任命鱼侃监督湖广地区藩王的赋税。因湖广藩王群集，要维持王室侈靡生活，必须具备充裕的钱财，但皇帝规定藩王无权征税，故藩王常捉襟见肘，难免生出不法事情。而藩王都是本朝历代皇帝的子孙，谁敢动一根毫毛？夏元吉正是看中了鱼侃秉公执法、办事干练的气质，才对他寄予厚望。鱼侃上任后持心公正、处事公当，很快获得了好评，连在湖广地方工作的朝廷重臣也很器重他。

明宣德二年（1427），鱼侃丁父忧回家。期满后，拜刑部山东清吏司主事。主事是办事人员，鱼侃任职期间以清、严而被人称道。不久，鱼侃改授工部都水清吏司主事，随总戎武某和都宪王竑驻扎南直隶州淮安府清河县（今江苏省淮安市淮阴区一带），提督漕运。从此，鱼侃经常奔波于江淮河道，监督地方粮储运送抵京，直到在太仓安置妥帖。三千里水道路上产生的争斗词讼，全部由他处理。在河道实地勘察及运输中，鱼侃觉得河道由于年久失修，只有使用没有定期疏浚，故时有淤浅，水路航行常见梗阻，严重影响了正常的交通运输。于是，鱼侃根据实际情况，向上级奏请创设“撩浅浦夫”。即设立专门的工作人员，随时巡查，疏浚河道，以确保漕运的畅通。他的这一举措为时人所称颂，创河道疏浚之先例，亦为后世所一直采用。在督运漕运的9年中，鱼侃工作勤勤恳恳，且钦恤存于心，牢狱无冤滞，深得武、王两人的好

鱼侃石刻像

评。于是他们联名上疏，乞求鱼侃留任。但鱼侃在朝中声名鹊起，提拔任命不久就下来，升任刑部四川清吏司郎中（刑部办理四川案件的清吏司一把手），兼理提督漕运3年。这次跃升后，鱼侃又兼理前政，体现了朝廷对他的信任与倚重。

王竑画像

明天顺初年，鱼侃由刑部尚书推荐，升任开封知府。开封王室暨藩臬诸司多有掣肘，所领四十二州县，地广民稠，辖区内事务繁重之极。加之民性剽悍，治安混乱，官司诉讼案不断，不易管理。鱼侃莅任之初，见宋包孝肃公（即北宋著名的包公、包青天）祠在府衙之后，即斋沐祭谒，决心学习包公的优良品德，铁面无私、秉公执法。鱼侃以敬简之才，尽职尽心，应付千头万绪。他断狱如神，深得百姓爱戴。在开封府任职多年，他始终保持文人士大夫的操守，“居官廉明正直”，耿直不阿。在处理各种案件的过程中，他坚决不受请托。100多年后的万历年间，著名史学家焦竑所撰《国朝献征录》卷九十三，以《开封知府鱼侃传》为题，介绍了鱼侃居官的廉明正直，谓他“于上官无所阿私，苞苴避匿不敢进”，也就是说他从不对上级阿谀奉承，下官不敢用任何财物送给他。所谓“苞苴”，就是用于贿赂的各种礼物、礼品。面对物质的、金钱的诱惑，鱼侃坚决加以“屏绝”。

由于鱼侃不会与上司勾结而徇私舞弊，也不收受贿赂，金钱物质在他面前统统失去效用。在他治理下，官吏不敢随便欺压百姓，开封的治安环境大为改善。在处理各种案件的过程中，鱼侃常常以古人“知止弗殆”之语为警。他对于自己的上司从不献媚讨好，在取得政绩后也从不骄傲自满。他的母亲去世后，家人到开封府报丧，见他忙得不可开交，连口都不敢开。如此种种，老百姓看在眼里，“人谓其治似包孝肃”。

老病归乡　笑对人生

明天顺七年（1463），鱼侃在开封府任职期满，入觐时以老病请求归田，得到获准。因为鱼侃为官清廉，退休时吏部为其加官晋爵三级，为亚中大夫，作为奖励。鱼侃回乡时随身携带的只有一只竹箱，箱内仅有纹银八两。归乡之后，鱼侃看到县学的孔子像前缺少香炉、花瓶两件供品，就把这八两俸银全部捐献出来，为县学添置香炉、花瓶。

没有积累，没有俸禄，为官之时“旦夕所进，惟脱粟、鲍鱼、菘菜而已”也成了全家可望不可即的饭食，“无以为资，或日罢炊”，鱼侃及家人甚至连吃饭都成了问题。所居破屋更是“不蔽风日”，每逢寒冬阴雨天气，床席尽湿，被衣单薄的妻子难免埋怨，但鱼侃从不把这话放在心上，“节操益励”。苏州知府和常熟县衙的官员看到他窘迫的处境以后，想通过馈赠的方式接济他，都被鱼侃婉言谢绝。

鱼侃的亲戚，从未受到鱼侃居官的恩惠，因此都心怀怨愤，鱼侃成为地地道道的孤家寡人。人们经常看见他孤独地坐在自家的屋前，呆呆地眺望远方。然而在鱼侃眼前，依然是一片花团锦簇。他与同在朝中为官的秋官大夫章珪相与优游林下，与邑中年高德劭者结为耆年会，约定每月九日相聚，觞咏家乡名山胜水，书写人生无涯乐趣。在艰苦的生活中，鱼侃始终坚守着儒家知识分子的操守，怡然自若，甘之如饴。然而，毕竟岁月不饶人，随着年龄的不断增大，鱼侃逐渐衰弱。有一次，鱼侃卧病在床，虚弱至极，双足竟不能着地。家里没有可吃的食物，他的妻子搜罗了家中可食之物，熬了一碗麦粥端给他吃。鱼侃要想起身喝粥都很困难，只能借助床头的两条绳索，双手拽住，勉力起身。妻子见到这样的情景，不免也有怨恨之色，在递粥给丈夫的时候，都会流露出不悦，乃至嘲讽：“清官大老爷，麦粥在此，为何不吃肉羹呢？”鱼侃因病不能下床时，他的妻子就在床头两边拴了两根绳索，饥饿时，他就手拉绳索，艰难坐起，艰难喝粥，再艰难躺下。有一次鱼侃生日，亲朋好友为之祝寿，其女婿王韶正在居丧，穿着素服来，客人劝他不能如此见寿翁。恰被鱼侃见到，连忙招呼女婿过来，握其手道：“真吾婿也！”鱼侃去世后，人们为他立祀于乡贤祠。

鱼侃晚年贫困画像

鱼侃去世后，穿着平时的粗布衣服，安葬在报慈里祖茔之侧，伴随他的，是好友章珪书写的一块墓志铭，褒扬他不平凡的一生。章珪在文中最后写道：

发身科甲，拜官郎署。鸾诰褒嘉，显亲光祖。擢知名郡，仁政惠民。飘然归田，觞咏怡神。寿考令终，安厝玄宅。善行昭彰，千载弗没。

鱼侃虽然去世了，但他廉明正直的高风亮节却永照人间，熠熠生辉。他受到家乡人民的崇敬，入祀乡贤祠，春秋得到祭拜缅怀。

常熟还有一位和鱼侃同时期的清廉的士大夫钱昕。钱昕，字景寅，明正统十年（1445）进士，历任湖广布政使，以廉慎著称。钱昕与鱼侃不一样的是，鱼侃出身贫寒，钱昕则是富家子弟，但是两人都有同样的美德，就是清廉不爱钱。吏部尚书王翱听闻此事之后，对两位贤德的廉士深表敬意，也颇为感慨，故而常将二人并称，称之曰："富不爱钱钱昕，贫不爱钱鱼侃。"

后来，明代政治家、文学家太仓人王世贞有诗赞颂鱼侃：

鱼侯治雄都，贪吏逆洗迹。
中岁赋归欤，妻子犹菜色。
虽乖清泌乐，终守西山则。
人事良可悲，天心竟焉极。

王世贞还有题《鱼太守希直侃像赞》：

鱼之为物，以骨鲠称。公乃姓之，卫史以名。凡二千年，有光其声。尚湖归洋，虞山峥嵘。公骨已朽，公神犹生。

王世贞的精彩文辞向世人昭告，鱼侃的精神，似虞山尚湖，与日月同辉。

鱼侃不但是一代清官，也是一位有名的书法家，尤擅篆书。他曾于明正统三年（1438）书篆《程孺人戴氏墓志》、正统十四年篆盖《陈允实墓志》、景泰七年（1456）篆盖《陈清隐墓志》。明代邑人、高士、探花陆子高（原名陆冠孝，1354年生）于明宣德六年（1431）在常熟去世，次年葬于阜成门外山麓，鱼侃作为他的门生，为其撰《陆子高先生墓志铭》（见附录）。

鱼侃娶妻王氏，生两子四女，长子鱼瀚，早逝；次子鱼泳，娶缪氏，为邑人缪政（字尚仁，贡生，历任监察御史、兖州推官、雷州知府、绍兴府推官）之孙女；长女嫁程山，为邑人程式（字以则，号可庵，进士，刑部员外郎，“土木堡事变”英勇牺牲）之子；次二女分别嫁王宣、秦观；四女嫁王韶（字凤仪），为邑人王兰（字廷芳，以乡举官至夔州府同知）之子。孙子有4人：鱼豸、鱼龙、鱼麒、鱼麟。据《海虞诗苑》记载：“王沩，字僧佑，吴门人，诗人王德操之子。少孤，依毛晋以居，晋翼而长之。为娶鱼侃裔孙女，遂占籍焉。为诗清切近人，不失家传，惜散佚几尽。”又据《海虞画苑略》记载：“（王沩）子王猷，字雪舟，善写生。”

据常熟旧志记载，开封知府鱼侃宅，在常熟宾汤门内鱼家桥。毓秀坊，在宾汤门内大街，为鱼侃所建。鱼侃墓，在报慈里祖茔之次、御史吴淳（字原伯，御史、名宦吴讷之孙）墓后，于明成化八年（1472）十一月下葬。

《国朝献征录》有鱼侃传记，现录于下：

鱼公侃，苏州常熟人也，举进士，部曹郎以能治剧，迁河南开封府知府。开封，居会省而所领三十六州邑，最号繁剧，且俗羯羠，不易治。而公一切以惠文弹治之，于上官无所阿私，苞苴避匿不敢进。旦夕所进，惟脱粟、鲍鱼、菘菜而已。满考，称疾归。公既归，家益贫，妻子不免饥寒，而节操益励。台使者有所馈遗，不受。既病，久困床褥，妾以一瓯粥啖之。辄呼曰：“廉官，何不食肉糜？”竟死，不能具窀穸。时同邑有钱昕者，官至布政使，亦廉。而故有父产，时人语曰：“富不爱钱钱昕，贫不爱钱鱼侃。”

另外，《（万历）开封府志》刊有明代翰林学士、右春坊大学士吕原

鱼侃故里常熟鱼家桥

（1418—1462，字逢原，号介庵，今浙江嘉兴人，进士）撰写的《扬州门新造石闸记》一文，其中也有鱼侃的记载，现节录如下：

汴梁，元河南行省治所，而其地则所谓天下之枢也。肆我皇明之初，尝建为北京，既乃分封周王于此，并置河南都、布、按三司，而附以府、县、卫所焉。其城周回二十里，外则缭以堤。当宋时，近于城者惟汴蔡诸水，而黄河流经城之东北以达于海。至元时，河始南徙逼城，流合汴、泗入淮。国朝正统戊辰，亦尝分决张秋口东北入海，其后复东南入淮，如故筑堤护城，其来盖已久矣。夫土疏固易迁徙，而流杂泥沙又易淤淀。以其故水载高地，堤日增而城以下也。天顺五年秋七月四日，客水暴至，河溢逾防，土城遂决，越六日，风激浪拥，突北门以入，平地水深丈余，王府及官卫、儒黉、庐井、市廛无虑数万区尽浸没摧圮。力能结筏者仅以身免，而老弱者往往溺死。事闻，上特命工部右侍郎琼台薛公远往拯治之，玺书授以事宜。公星驰至汴，敷宣帝德，绥爰众戚，即移粟以赈其饥。躬率三司官僚，按视地形，商度工用。及以缓急询之故老，乃命左布政使侯臣、按察使吴中，征集丁夫，预调塞治之物于所属，委开封府知府鱼侃、通判蔡保等管领应役，先令右布政使丰庆、副使项璁于决口上流督夫下桩卷埽，作截水堤二百四十余丈。浃旬堤就，决口绝流，而水趋故道。

身后岑寂　时移名高

明崇祯九年（1636），后为抗清英雄的河北人路振飞出任江苏巡按，当他巡行至常熟时，听乡人说起鱼侃的事迹，便亲自前往鱼侃的墓前拜祭。他看到一座荒冢，四面萧然，心中不忍。遂在墓前立了一块石碑，上刻“第一清官鱼公墓”7个大字。路振飞到常熟拜谒并在墓前立碣者总共3人，除了鱼侃之外，还有吴地文化始祖之一的仲雍和孔子的弟子言子，可见鱼侃在他心中崇高的地位。

路振飞画像

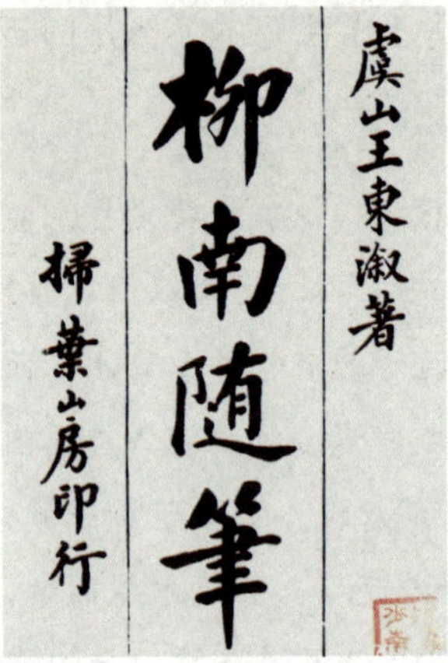

王应奎《柳南随笔》书影

清代康熙初年，知县汤家相又去巡察并整理鱼侃墓地。至雍正年间，有欲侵占鱼侃墓地者，鱼侃裔孙鱼翼极力护持，鱼元傅主持重修，并请硕儒陈祖范书写墓表。

又过了100年，常熟著名学者王应奎，始终为鱼侃的事迹未见于《明史》而深感遗憾，他觉得，像鱼侃这样的一代清官，历史却是如此漠视，这是绝对不应该的。所以，就在自己所著的《柳南随笔》卷三中，专为鱼侃立传，让后人永远地记住这样一位直士廉吏：

吾邑鱼公侃，字希直，居官廉明正直，人比之包孝肃。自开封守致仕归，随身止一竹箱，箱内存俸银八两。适学官宣圣前缺香炉、花瓶二物，公即以此银铸之，炉、瓶至今尚存。居家饔飧不继，家人愠见。公偶感得疾，日卧一小床，足不能履地。家不畜仆妾，起居无扶掖之者，床悬二绚，夫人间以麦粥进，必曰："清官，麦粥在此。"公乃缘绚以起，食竟，复缘之就枕。其苦如此。殁而仅存葛衣，竟用以殓焉。墓在北山报慈里。崇祯丙子，直指使者路公振飞行部至吾邑，谒墓致祭，且立石碣，曰"第一清官鱼公墓"。同时立碣墓门者，一为仲雍，一为子游，与公而三云。公之为人，具在邑乘、国史，无容赘述。余与公之裔孙元傅善，得其一二佚事，附记于此。

清道光七年（1827），苏州沧浪亭建五百名贤像，鱼侃入选，其赞语为"贫不爱钱，廉亦非矫。关节不通，希风包老"。2010年，由苏州市纪律检查委员会组织出版的《廉石千秋——苏州清官廉吏史话》一书中，以《鱼侃：耿直刚正比包公》为题介绍鱼侃。此书介绍了历史上在苏州地区任职或苏州籍在外地任职的近60名官吏，鱼侃在大批官员中脱颖而出，无疑是因为他的事迹最能感动所有人的心。

鱼侃去世后，其后代声名不彰。直至清代雍正、乾隆年间，九世孙鱼翼再露锋芒。

鱼翼（1675—？），字振南，一字天池，自号乌目山樵，鱼侃九世孙。王应奎记鱼翼曰："以廉吏子孙而修行立名，不坠家风。"负才隐于市。善鉴别，收藏古籍多善本，收藏书画古今名迹甚多。少时即见王石谷，与同邑杨晋、马元驭诸画家友善，性嗜书画，所居临街闲止楼专以藏珍。为“恐艺苑之湮晦，表前贤于汗简”，著有《海虞画苑略》若干卷，著录元代黄公望以来邑中画家390多人，外地流寓画家18人，各系小传。此书在他生前尚未完成，后由其子鱼元傅续成。鱼元傅（1704—1768），字虞岩，号东川。传其父收藏古籍书画，尤其喜好金石文字。虞山穷岩绝壁，亲手摹拓，回来后翻阅志传，考证源流。秦汉铜器，宋元名迹，立辨真赝。熟于里中掌故，邑志缺轶，名贤碑版，烂熟于心。近人余绍宋称《海虞画苑略》为“画史以一地为域，则自此编始”，可见其开创性价值。当时，报慈里鱼侃墓地为某富豪所侵。鱼翼牵头召集族人，誓将墓地夺回。官司打了三年始赢。他又辟神道，立墓门，植松柏，费用不够，皆由他负担。

鱼侃在清代另一裔孙鱼翀霄（字子升），为人敦厚讲信义，答应别人的事一定全力去办，完成后才心安。有做生意者寄其家白银三百两，适遭火殃。事后，他立即从灰烬中全部捡出，完璧归赵，一两不少。街坊见到了都夸奖他有乃祖遗风。

鱼氏后裔，近现代有鱼瑞舟，是常熟名中医，也是常熟著名收藏家。

鱼瑞舟（1908—1973），又名启春、振华，常熟王市人。祖父云津，父颂伯，三代中医。他6岁丧母，16岁随父学医，21岁挂牌开业。1933年迁居泰安街开设诊所，医名渐盛。擅长咽喉、外科，曾任县中医师公会监事。1947年2月，被选为县参议员。中华人民共和国成立后，鱼瑞舟加入市医务工作者协会，为筹备会副主任。1956年参加省中医函授进修班学习，后转入县中医院。鱼氏有秘制产科长生丹，专治妇女多种疾病，1935年在江苏省展览会上获一等奖。

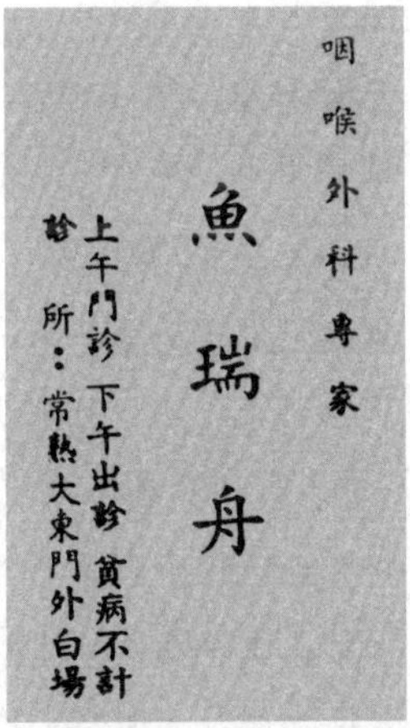

鱼瑞舟名片（1949年）

鱼氏收藏兴趣广泛，积40年之功夫，收藏常熟地方各种报纸及《申报》《大公报》等10余种，共三四万张，新旧书籍近万册，各种烟壳五六百只，以及火柴盒、包糖纸、招贴广告、字画轴对、手卷册页、扇子屏条、玉石印章、石砚石斧、铜锡彝器、象牙雕刻、中外邮票、古今玩具、名人相片、历代钱币、珠宝饰物等。藏品包罗万象，内涵丰富。他收藏的古钱珍品即有1斤多，普通钱币达百斤，又有各种纸币、伪钞、银币200多件。

2019年8月27日，河南省周口市纪委监委官网刊载了太康县纪委监委连韶光、岳艳阳题为《“廉明正直”的鱼侃》的署名文章，其中写道：

纵观鱼侃的从政之路，他的一生虽然都在清贫中度过，他始终追求并恪守着“廉明正直”为官底线，不以清贫而贪腐，不以清贫而爱钱，不以清贫而失节。归居桑梓，仍不渝其志，其食、其衣、其居、其行、其言，无不在彰显他的为人处事之德。

在他的影响下，几位常熟籍官吏以他的行为为规范，履职勤廉，形成了明代初期常熟籍官吏的勤政圈子。迨至整个明代，常熟廉吏迭出，他们分布于全国各地，为华夏文明和社会进步做出了不小的贡献。今天，我们深入学习贯彻习近平总书记治国理政新理念、新思想、新战略，树立廉政之风，涵养清正之气，担当起党和人民赋予的历史重任。

附：陆子高先生墓志（鱼侃撰）

宣德六年八月一日，先生以瘈疾终，年七十有八。先生疾凡三越月，每候之以为可复起，而竟坐是殗，哀哉！先生姓陆氏，讳冠孝，以子高名入仕，为三吴望族，由云间象山正传，实唐天随子十五世孙。五世祖稽山公，登宋咸淳四年一甲进士，以忤贾似道窜黜。宋帝南行，间关闽广。宋亡，还故里，复长洲籍。高祖维山公，亦宋末进士。祖道判公，父海崖公，以先世训矢，不仕胡元，潜德陈湖阳抱，间有著述。

先生生而奇秀，颖悟神解。五岁读《孝经》《论语》，大义悉所向上。年十一师事金华宋学士，尝讲诵余私自叹曰：“华夏蒙尘，何时中天明焕耶？”同辈贤其说，宋公亦重器之。岁丙午，我太祖皇帝下江南，求遗书，先生叹曰：“帝王盖自有真，天地自此复造矣。”遂悉以家所藏古籍进，因表先贤后籍儒。洪武初，诏举贡江浙贤才，有司置先生优等，先生慨然起与闱，遂首录，寻魁礼部。至辛未殿试，赐进士一甲第三。俄以策中权要，诬罔籍奏，欲加刑，会同年显宗张先生义倡联相九十八人，偕疏同服刑，俱宠辱。天子义之，竟与先生从子翔君同除籍锢家，遗命为建文用。未几，文皇帝靖难，先生遂鹤衣儒巾，浩隐虞下，与素所往来者酒觞论道。比同年宾客至者，则同被留连，尽日及夕。或有讽其仕者，先生叹曰："吾得正而毙于昭代，亦足矣。"居所著《天文会象》《虹霓书事》《小学集成》《梅菊诗评》，于先世谱牒祭仪督谕，平湖侄珪、吴门侄瑄、云间侄璿尤各有章为详。临终疾作，呼子孙谓曰："吾不德，莫仕盛朝，题主当云故贡士某人墓，碑慎所事，勿眩目自彰也。"遂不复他言。

於戏，先生天性仁孝，事亲如天，正大好义，始终不渝，诚振古之豪杰也。及第荣矣，而弗克膺用，岂天未欲斯文之大隆也与？淳谆遗训，忠厚立心，又古人所未到，先生其大哉！先生夫人孙氏，海虞名家，先生少为其馆甥，而常熟之籍始此也。夫人贤孝，助内有功。子五：鸥，早卒；麟，娶钱，胄伯兄后；凤，娶孙（俱以贡任中书）；凰，娶时，国子生；鹋，为平湖从弟后，改名轼，武举。孙男十：枢、机、楧、恭、让、谦、诚、椲、楷、松。曾孙：之德、之义。是用铭曰：

有虞之支，周武英齐。沩田弘派，河南是基。缙绅百传，世为儒籍。汉晋隋唐，簪缨绯缬。宋运承天，抚州启贤。十有余世，文明聿宣。晦于胡元，光于皇国。先生有章，奸雄间惑。其道如砥，其学如矢。大哉先生，永为人师。虞山之阳，松楸杉柏。春草一方，后昆协吉。

（花亦明）

主要参考文献

1. 常熟市地方志编纂委员会办公室标校. 重修常昭合志［M］. 上海：上海社会科学院出版社，2002.

2.（清）邵松年. 海虞文征［M］. 扬州：广陵书社，2017.

3.（清）王应奎. 柳南随笔（石印本）［M］.1916年扫叶山房翻印.

4.（清）鱼翼. 海虞画苑略（洋装本）［M］. 民国翻印.

5.（明）焦竑. 国朝献征录［M］. 扬州：广陵书社，2013.

6.（清）高成美修；（清）胡从中纂.（康熙）淮安府志［M］.

7. 常熟市碑刻博物馆编. 常熟碑刻集［M］. 上海：上海辞书出版社，2007.

刘珏

却金留名　吴门先驱

刘珏（1410—1472），字廷美，号节斋，晚年号完庵，明代人。籍贯为南直隶苏州府常熟县梅李，出生于长洲县渭塘（原属苏州市吴县，今属相城区）。少而好学，正统三年（1438）中举人，入仕后历刑部主事、刑部浙江清吏司、山西按察司佥事等，为官清廉，品行高洁。50岁致仕后归居乡里，其诗、书、画俱精，代表绘画作品有《仿梅道人夏云欲雨图》《清白轩图》《秋山读书图》《仿倪瓒山水图》《寒严积雪图》等，为"吴门画派"先驱人物，有《完庵集》。

孝亲爱悌　年少有志

旧时穿山图

刘珏祖先的家族，在常熟被称为穿山刘氏。穿山，又名帆山，地处今太仓市沙溪镇以北十二里，原属常熟县，明弘治十年（1497）设立太仓州时划属之。相传在远古时代，当地尚处一片汪洋之中时，穿山是一座小海岛，来往海船穿过山间大洞。据明代桑悦《太仓州志》记：明正统时，近山居民景升氏凿池得桅，其末径尺有二寸。从其记载看，穿山古时候是在海中的一个岛屿，岛中有洞，帆船可以从中穿过。南朝时已经不在海中，远离海边，由岛变为山。至清嘉庆年间，穿山已经距离海边十千米之遥。据常熟县旧志记载，唐宋时常熟双凤乡有第三十七都，管里五，其中有穿山村。

明初有刘儆（字以则），其父名檄，擅长于乡间收缴岁赋。当周忱负责江南财赋时，十分欣赏刘檄的才华，曾亲临刘檄家中邀他出山。刘檄年老后，刘儆接任父亲的工作，工作做得比父亲还要好，且又能诗。刘儆从弟刘竑，曾任真定州知州。刘竑从弟刘俶，曾任浙江寿昌令、定海令。

刘珏、孝廉刘布都是和刘儆一个家族的。

早在刘珏的先祖时，已经从穿山迁居至常熟县东乡梅李。其高祖名刘山甫，曾祖名刘彦英。其祖父名刘希仲，号南溪，入赘于本郡长洲县的王氏，遂居住于长洲县渭泾塘北雪泾刘家宅（今属苏州市相城区渭塘镇刘新村马船头）。

关于长洲县的来龙去脉，在这里有必要交代一下：

武则天万岁通天元年（696），朝廷析吴县东部分置长洲县，与吴县同城而治，同属于苏州管辖。关于长洲县的得名，传说是境内古代有长洲苑。所谓长洲苑，为古苑名，在今江苏苏州市的西南、太湖的北面，为春秋时吴王阖闾游猎之处。据《越绝书》记载："阖闾走犬长洲。"西汉枚乘说吴王濞曰："修治丘陵，杂以离宫，积聚玩好，圈守禽兽，不如长洲之苑；游曲台，临上谷，不如朝夕之池。"西晋左思《吴都赋》曰："带朝夕之浚池，佩长洲之茂苑。"同时代司马彪《续汉书·郡国志》："广陵有长洲泽，吴王濞太仓在焉，长洲之名由苑泽。"唐代大诗人白居易有诗《长洲苑》："春入长洲草又生，鹧鸪飞起少人行。年深不辨娃宫处，夜夜苏台空月明。"唐天宝元年（742），苏州再一次改为吴郡，长洲县属之。乾元元年（758），再改吴郡为苏州。翌年，废长洲县，改置长洲军。大历十二年（777），废长洲军仍置长洲县。

北宋政和三年（1113），苏州升为平江府，长洲县属之。元至元十三年（1276），改平江府为平江路，长洲县属之。至正十六年（1356），张士诚占平江，改平江路为隆平府。翌年张士诚降元，复改隆平府为平江路。

至正二十三年（1363），张士诚自立为吴王，建都平江城（今苏州城）。至正二十七年（1367），朱元璋部将徐达攻占平江城，改平江路为苏州府，长洲县先后属之。清雍正二年（1724），由于长洲县人口、赋税繁多，分出其南部设立元和县（东南），与吴县（西南）、长洲县（东北）三县同治于苏州府城内，同为苏州府的附郭县。长洲县下设吴塔巡司，初设今常熟市辛庄镇常南村，雍正九年（1731）移驻浒墅关。宣统三年十月初四（1911年11月24日），民国临时政府裁苏州府及长洲、元和、吴三县，设苏州。从此，地名称苏州，建置称吴县。1914年，裁苏州设立吴县。直至1949年解放后，重新设立苏州市至今。

明代长洲县的县衙，位于今江苏苏州大学科技产业园，门口十全河上设桥“富民桥”，位于乌鹊桥西，原为条石板梁单孔桥，因为桥低，民船无法通行，故有“长洲县前——难过”之谚。

以后，刘希仲的后代部分子女恢复刘姓，其中有一个儿子叫刘启东，号梅庄，为人果断坚决，有勇有谋，善于继承和发扬光大祖宗的家业，广辟田产，扩大家业。同时，请名师到家中教育自己的子女，因而家庭日益富裕且声名鹊起。之后，刘启东又担当乡里主管赋税的负责人，刘家遂成为长洲县中的望族。刘启东即是刘珏的父亲。刘珏的母亲吴氏，为朝廷中负责接待工作的吴文华的妹妹，吴文华家十分注重家教，吴夫人贤惠有德，且同样注重对刘珏的教育。

刘珏从小聪颖出众，且天性至孝，每当父亲刘启东生病时，总是昼夜服侍在左右。另外，像端汤端药、换洗衣服之事，都是主动延揽下来。还有一次，刘珏的母亲背上生了一个毒疮，生命垂危。刘珏就用嘴把脓液吸出来，直到母亲病愈。

刘珏有一个姐姐，长大后嫁到邻近的周家，不幸丈夫早逝，但她坚守节操，一直在周家操劳。可孤儿寡母，生活十分艰难，于是刘珏把姐姐和外甥接回自己的家中奉养，并且买下田地、盖好房子让他们居住，还向上建议表彰姐姐的事迹。刘珏的弟弟叫刘璧，在哥哥的影响下，也成为一个有情有义之人。

刘钰自幼秀颖出群，志向不凡。明宣德年间，著名的清官廉吏况钟担任苏州知府。况钟（1383—1442），字伯律，号如愚，江西靖安县人。幼年家境贫寒，其父仲谦为生活计，将他送给黄氏收为养子。7岁时母亲去世，他无限悲痛。于是，刻志于学。由于他资性颖异，且勤于学，“长而淹贯经史，其为文简要不烦，兼工行楷诸书，器局端凝，言笑不苟，视势利声华澹”。后为县书吏，吏部尚书吕震奇其才，荐授为礼部仪制司主事。任职期间，先后受到明成祖朱棣嘉奖31次。洪熙元年（1425），况钟被越级提升为仪制司郎中。宣德五年（1430），被荐举出任全国税粮中心地区苏州府的知府。况钟在苏州任内整饬吏治、减削田赋、清理军籍，设济农仓，防备饥荒，修建学校，培养人才。因政绩卓著，况钟留任苏州府知府达13年之久，于英宗正统七年（1442）卒于任所。为延揽人才，况钟在苏州府任职时曾征召名门望族有名声的青年出来从政，担任从事的官职。

况钟画像

因况钟久闻刘珏大名，于是刘珏自然在其征召之列，出乎意料的是，刘珏对况钟说：“从古至今，儒生出身吏员的前途我无法褒贬或评价，但每个人都有自己的理想和抱负，应当任自己的爱好去选择职业，去发展，何必由别人帮其挑选呢？如今习诗书、在学校从事教育的是儒生，执刀笔坐在公堂的是官吏，从事的职业一旦不相同，时间一长，个人的发展相差1倍、甚至5倍，我喜欢从学，请尊重我的选择。”刘珏随即上书况钟，要求从儒学之道，况钟赞许他的志向，批准了他的要求。刘珏于是进入县学，专心致志地学习。不到三年，刘珏即学成《诗经》，随即中乡试，进入最高学府——太学深造。

义正词严　坚拒贿赂

景泰三年（1452），刘珏任刑部浙江清吏司主事。清吏司，明代制度，中枢六部均分司办事，各司分别称为某某清吏司。吏部设清吏司4个，户部设清吏司13个，礼部设清吏司4个，兵部设清吏司4个，刑部设清吏司13个，工部设清吏司4个。各司之长官称“郎中”，副职为“员外郎”（清沿

刘珏画像

明制，但户部增为14个清吏司，刑部增为17个清吏司）。所谓主事，为明代于各部司官中所置官职，官阶从六品，为各部司官中最低的一级，可谓是人微言轻。但刘珏认为刑部主管监狱之事，使命光荣，责任重大，发誓要严以自律、忠于职守。为此刘珏根据祖父和父亲给自己起名、字的意思，在自己的居住的门楣上题上“清白”二字，并特地绘了一幅《清白轩图》，以表明心志。他还在旁边注明：凡夤缘请谒，一切谢之。所谓“夤缘”，是指攀缘关系，向上钻营、谋取私利。刘珏表明，凡是为了拉关系、求私利来拜访的，他一概谢绝。

当时有福建省兴化府莆田县县丞（县丞为知县的副职和助手，分掌一县之中的粮草、马匹、征税、户籍、巡捕等事务）某，负责督运货物到北京。但他“侵渔不赀”，即从中贪污，且数额巨大。侵渔，即侵夺，且从中牟利。不久，莆田县县丞事发被捕，在公堂当堂询问对质。县丞派手下的人偷偷以200两黄金托刘珏贿赂朝廷相关当权官员，以求得网开一面。刘珏不为金钱所动，其人被他当场斥责。同时，他正愁缺少证据，便以此为突破口，查明了赋税被侵吞的真相。随后，刑部依法将县丞进行了判决。

之后，刘珏在家守孝时，无锡县的某县令因为受贿罪被逮捕入狱。当他得知刘珏与自己案子有关的当道人熟识时，悄悄带上500两白银送给刘珏，请求帮忙开罪。刘珏对来人说：“你想用金钱开路洗雪自己而玷污我的名声吗？请你马上离开，不然的话，我马上把你送官！”

黄金200两、白银500两，究竟是怎样的一个概念呢？按照《常熟县志》等地方史料中江南地区每亩地稻米年产量所载，并以中间值折算，每年粮食收入约在13石，能够维持一个5口的自耕农家庭温饱。明代政府规定，金1两折米10石，银1两折米2石。黄金200两，可折米2000石，可以满足当时一个普通农民家庭154年的温饱需求。白银500两，可折米1000石，可以满足当时一个普通农民家庭77年的温饱需求。也就是说，收了这200两黄金或者500两白银，刘珏一辈子都可以衣食无忧了。

但刘珏没有这样做，他的态度是坚决地拒绝！他一生操守高尚，并始终保持着。

清代徐沁（生卒年不详，字野公，号委羽山人，今浙江省绍兴市人。著有《谢皋羽年谱》等）所撰《明画录》是一部记述明代画史的著作，他称刘珏："为官清廉，政声甚著。"这是十分客观的。

维持温饱、满足生活需求，是人的生存本能。更何况，富与贵，乃人之所欲也。但是，在这两件事上，不是每个人都像刘珏一样有坚定不移的想法。刘珏怒掷贿金、骂贪官，成就千古风骨。或许他觉得：一笔突如其来的"财富"，也许是一块垫脚石，但更有可能是一块绊脚石。世上的喜剧往往不需要金钱就能产生，但世上的悲剧大多和金钱脱不了关系。因为送你金钱的人，往往比你更了解你自己。大思想家孔子曾说过："富而可求也，虽执鞭之士，吾亦为之。如不可求，从吾所好。"《论语》中说："不义而富且贵，于我如浮云。"这些话说得实在是太好了！我们可以追求财富、权力，但一定要坚守初心、合乎道义。一个人永远挣不了超出他认知范围的金钱，所以不必冒险，不必怨愤、羡慕。实践证明：一个人对待钱财的认知，决定了一个人的人生高度。

天顺年间，刘珏守孝期满回到北京，被朝廷起用为山西按察司佥事［佥事，相当于主官的副职或者助理等职。同时，在明代卫所体系中，亦有佥事之职，如都指挥佥事（秩正三品）、卫指挥佥事（秩正四品），两者均为指挥使之助手，一般分掌训练、军纪。如明代名将戚继光18岁时担任世袭的登州卫指挥佥事］。随即，刘珏被派往负责屯田工作。他所到之处，整肃风纪，革除奸佞，手下和军民对他敬畏有加。

刘珏为人正直、不卑不亢，做事绝不徇私枉法，因此得罪了不少达官显贵。刘珏虽然忠于职守，但他或许看到官场的险恶，或许看到朝廷的腐败，因此念念不忘归田隐居。终于，他向朝廷提出了辞职的申请。得到批准后，他"单车南还，送者数千"。

"三绝"存后　百年流芳

刘珏回到长洲县故里后，整理家园，寄情山水。在后园修屋作养老之用，后"叠石为山，引流种树"，筑亭其上，号"小洞庭"。据传，其家园

刘珏怒斥贪官图

面积广大，边及今常熟辛庄。每天，刘珏得以畅游江南山水，他与亲朋好友徜徉其中，悠闲自在，这无疑为他的文学艺术创作提供了良好的客观条件。每当酒酣之际，刘珏当场赋诗、写书法，落笔如雨，以此为乐，而尤精于山水工笔画，他自己颇为自豪。刘珏在诗文和绘画两个领域都有着不俗的表现，他的诗、书、画在当时备受名家的推崇，并且与吴门画派创始人沈周（1427—1509）私交甚笃。传说当时好不容易得到其书画手迹者，皆视为珍宝。

由此，苏州知府、长洲知县以下及郡、邑士大夫莫不对刘珏尊敬有加。每年举行乡宾饮，组织者必先发请帖邀请刘珏到场出席，同时诗坛、文社的士大夫和儒生也十分推崇他，把他当作乡邦的楷模。

——刘珏的诗歌

在景泰、天顺年间，当时的诗坛长江后浪推前浪，人才辈出。时有武功伯徐天泉［即徐有贞（1407—1472），初名埕，字元玉，又字元武，晚号天全翁，南直隶苏州府吴县（今江苏苏州）人，明内阁首辅，因受封武功伯，世称徐武功。景泰八年（1457），明代宗病重，徐有贞与石亨、曹吉祥等人策划发动夺门之变，拥戴明英宗复辟，被拜为华盖殿大学士、兵部尚书，封武功伯］者，才高名世，眼界甚高，一般人都入不了他的法眼，唯独对刘珏尊敬有加。他曾赠诗刘珏曰："刘郎诗高画亦高，当代不独称诗豪。"其见重即可见一斑。

据史料记载，刘珏为刑部主事时，曾发生过这样两件趣事：

第一件：当时刘珏居住在京师，和同郡的才俊徐有贞、刘原博诸公为诗友，每次聚会，都要通宵达旦讨论如何写诗。刘溥（生卒年不详），字原博，一作元博，号草窗，南直隶苏州府长洲人。明代太医，工诗，与汤胤勣、苏平、苏正、沈愚、王淮、晏铎、邹亮、蒋忠、王贞庆号"景泰十才子"。其诗初学西昆派，后更奇纵，与汤胤勣同称"吟豪"，为"景泰十才子"之首。

有一年的除夕之夜，刘溥邀徐有贞、刘珏一同守岁，刘珏于是夹了自己所藏的钟馗的画像请刘溥题诗，刘溥随即大笔一挥，题一诗于其上。第二天天亮，刘珏持画轴归，把它挂在中堂上。当时京师的风气，每到大年初一，主人出去拜年的时候，留下白纸簿、笔墨在茶几上，别的客人过来拜年，因为主人不在没法迎送，就在白纸上写上自己的名字。当日上朝归来，刘定之、黄廷臣两学士首先到刘珏家拜年，见到钟馗画像上的题诗非常好，随即分别撕下一页白纸抄录下来。一会儿宾客陆续到来，照样撕纸录诗，顷刻间，白纸就被撕光了。刘珏晚上访客归来，问家人白纸簿，查阅来访的客人以便回访，家人告诉他一张都没有了。第二天，刘珏再把一本白纸簿放在茶几上，到了晚上又没有了。于是，中书舍人金本清戏谓刘珏曰：“这个钟馗，是个耗纸鬼也。”一时京师传为奇事。刘溥诗是这样写的：“长空糊云夜风起，不忿成群跳狂鬼。倒提三尺黄河冰，血洒莲花舞秋水。飞萤负火明月羞，栎窠影黑啼鸺鹠。绿袍乌帽逞行事，磔脑刳肠天亦愁。中有巨妖诛未得，盍驾飙轮驱霹雳。如何袖手便忘机，回首东方又生白。”此事亦足见当年诗风之盛。

第二件：刘珏轻于仕途，50岁致仕归里时，时有某宪臣（即按察使）请刘珏为其《牧牛图》题诗，刘珏当即为其赋诗曰：“牧子驱牛去若飞，免教风雨湿蓑衣。回头笑指桃林外，多少牧牛人未归。”表达了回归自然、栖息园林的心态，按察使万分感谢，流下了热泪，随即亦辞官而归。

如此，刘珏在高手如云的吴中有相当高的地位。他雅爱作诗，工于唐律，尤长七言，对偶清丽，时称“刘八句”，为吴中诗人之冠。后代苏州著名学者彭年（1505—1566）曾云：“完庵先生以文章风节名天下，其词翰画笔，尤为吴中所宝。致仕归时，日与徐武功、韩襄毅、祝侗轩、沈石田诸老游。每集多联句，而先生为之图，其胸中丘壑已自奇绝，故见之笔底者，莫不臻妙。”刘珏著有《完庵诗集》4卷，当时的文豪吴宽（1435—1504，字原博，号匏庵、玉亭主，世称匏庵先生，苏州长洲人。明代名臣、诗人、散文家、书法家）、王鏊［1450—

彭年画像

1524，字济之，号守溪，晚号拙叟，吴县（今江苏苏州）人。学者称其为震泽先生。明代名臣、文学家、《姑苏志》编纂者］为之作序。徐有贞曾有“刘郎诗高画亦高，当代不独称诗豪”诗句称赞刘珏。

明代笔记作家王锜（1432—1499，字元禹，号苇庵，别号梦苏道人，苏州长洲人）在《寓圃杂记》卷六云：“刘廷美佥宪珏，薄于仕宦，惟爱作诗，尤精书画，景泰、天顺间为吴中诗人之最。”王鏊《姑苏志》载刘珏“好学之心，老而不倦”。他唯好作诗，尤工唐律，长于七言。吴宽说他“诗专法唐人，语多与合”，王鏊说他“诗多清妙可喜……而惊句脍炙人口”。明代后期文学家、书法家王稚登（1535—1612，字伯谷，号松坛道士，苏州长洲人）称他“诗宗李北海，诗格清丽，唐中叶响也”。

这里录几首刘珏的诗歌，供大家欣赏：

寄沈同斋

药栏花径断红尘，坐阅升平五十春。
茧纸有书皆晋体，锦囊无句不唐人。
新图写就多酬客，美酒沽来只奉亲。
昨夜天涯忆君梦，西风吹过楚江滨。

寄傲园小景十幅仿卢鸿一草堂图诗自题（十首）

笼鹅阁

谁知轩后阁，宛在水之溃。
牖外树交合，阶前萍即分。
鸟窥书影静，鱼伺墨波勤。
岂有山阴帖，人言此右军。

斜月廊

廊传踏月久，更获此为奇。
不在照能遍，无妨影乍攲。
槛承花始韵，檐阁树微亏。
何以添幽致，恰当弦上时。

四婵娟堂

婵娟何以署，到果趣无涯。
隙地留移竹，曲阑不辍花。
暂延人意惬，久坐客心赊。
剥啄无妨静，深山讵有差。

螺龛

竟日双扉掩，其中草色新。
石幢门外树，法相壁间寻。
借渡石微窄，凿渠雨始深。
一登绵昼夜，萧寂了无音。

玉局斋

戒时非作态，入室自悠然。
作古宛如古，可传无意传。
才情因以胜，位置佐之缘。
方识命名者，前身玉局仙。

啸台

空台超以旷，而亩未能盈。
缀石仅留意，栽花不在名。
借池崇地势，待月望山情。
长啸丰林下，恒思起步兵。

扶桑亭

虚亭立水面，问树乃称奇。
不谓虬龙影，能于隙地垂。
互承栏并槛，交接涧通池。
长日披襟坐，摊书尤所宜。

众香楼

花扉深不测，危立有层楼。
遥瞩盈庭树，宛然别一丘。
坐堪邀月下，登或当山游。
桂影趋檐际，清芬却想秋。

绣铗堂

丽景旁相映，庭空水一湾。
借庑通竹径，留石让松关。
客远定须到，诗卑必痛删。
暗香浮涧外，恍若在深山。

旃檀室

不来深处坐，何以涤吾愁。
古井汲苔绣，石床吟素秋。
幽香天际发，奇致室中求。
僮仆谙清事，支扉谢俗俦。

答陈醒庵（之一）

玉堂仙去白云乡，更喜风流得仲将。
紫玉制箫吹别调，黄金换酒涤愁肠。
百年天地双青眼，十亩园林一旧庄。
记得去年同看竹，水云深处叩僧房。

答陈醒庵（之二）

画舫频过柳外庄，南溪原得近东阳。
风来绝涧水无迹，月到空山树有光。
愁里得诗如老杜，醉中挥墨过颠张。
别来两月无清约，孤负寒梅一度香。

挽夏太常仲昭（之一）

同官十载住京师，一片高情我独知。
箫管隔云春宴处，佩环摇月早朝时。
墨翻东绢千竿竹，灯淡西窗数局棋。
谁道归田犹有乐，胜游常醉习家池。

挽夏太常仲昭（之二）

写经谁复换群鹅，故旧其如死别何。
清泪潺潺流不尽，残星落落已无多。
天边尺牍催归凤，水上孤城隐去骡。
日暮不堪东面望，玉峰依旧碧嵯峨。

史鉴，明苏州府吴江人，字明古，号西村。于书无所不读，尤熟于史。论千载事，历历如见。对时事及时人言论，得于闻见者，勤于笔录。文章纪事有法，诗学魏晋。弘治、正德间，吴中高士首推沈周，史鉴次之。有《西村集》。他和刘珏十分投缘，曾有《和徐天泉刘完庵同过沈石田友竹居韵》：

去湖三里近，种竹万竿余。
径转通幽处，朋来问索居。
散金时买画，补屋为藏书。
千古王摩诘，辋川应不如。

——刘珏的书法

刘珏又擅长书法，其正、行书出赵孟頫，山水出王蒙，行草学李邕，各极其妙。其草书上接张旭、怀素，雄放豪迈，挥洒自如，有狂草之风，张扬有力。其传世作品李白的《李白草书歌行》手卷（纸本），在一次拍卖会上曾以782万元成交。

刘珏草书《李白少年上人怀素歌》手卷纸本，纵29厘米，横597厘米。刘珏在题识中云："惟时出此纸索拙书，遂乘醉草此复之。"惟时，指沈惟时，即沈周长子沈云鸿（1450—1502）。另外，沈周曾于同一日同一

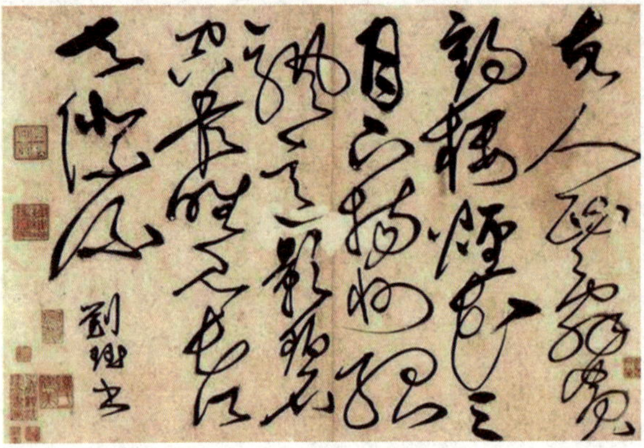

刘珏草书书法

地点，为沈惟时书《前赤壁赋》卷。现据考证，刘珏此卷《大草李白少年上人怀素歌》和沈周《前赤壁赋》是同日宴集之作，两卷互有关联之处。

——刘珏的绘画

刘珏工书画，潜心研究历代名家名画，其山水画师于王蒙、董源、巨然等，《姑苏志》称他的画“皆能得古人笔意”。天顺（1457—1464）间，刘珏与杜琼、徐有贞、马愈、沈贞吉、恒吉并称，写山水，近世莫及。刘珏绘画风格苍润，所作山水画多表现林谷溪流、深泉乱石。其绘画的笔法、构图、皴法是聚众之长，而独自成家，风格苍润，精妙高雅，其绘画题材多园林、纪游、居室，体现出多种风格的糅合。明末清初藏书家、学者姜绍书（？—约1680，字二酉，号晏如居士，江苏镇江人）在《无声诗史》称其“写山水林谷，泉深石乱，木秀云生，绵密幽媚，风流蔼然，几于升巨然之堂、入仲圭之室矣”。明代书画收藏家、文学家张丑（1577—1643，原名张谦德，字叔益，苏州昆山人）在《清河书画舫》评论“刘珏廷美以书画显天顺间”。王稚登在《吴郡丹青志》将其画列为“逸品”。

刘珏绘画作品迄今见于著录的甚少，明末常熟陈三恪《海虞别乘》中，记载有刘珏“（书画）颇自矜惜”，可见其作品数量不会太多。现能确定的传世作品有10幅画和2幅书法。主要有《仿梅道人夏云欲雨图》《水村烟树图》《山阴雪霁图》《清白轩图》《烟水微云图》《秋溪叠嶂图》《清溪放棹图》《溪山草阁图》《秋山图》等。其题材可分两类：一是以室名为题材的作品，二是园林题材作品。

《仿梅道人夏云欲雨图》，绢本，墨笔，纵165.7厘米，横95厘米。《仿梅道人夏云欲雨图》画幅上有沈周的题诗，画面布局结石矾头明净，峰峦折落有势，山径脉脉可通，蓊郁的树木点明了夏景的特色。路上行人匆匆，渲染了避雨的心情。画法为湿笔淡墨长披麻皴，再加浓墨苔点，与矾头相映发。笔道细秀绵密，墨气风流秀逸。相比元吴镇的厚重粗犷，别具清丽幽媚之格。

刘珏《仿梅道人夏云欲雨图》

《清白轩图》，纸本，墨笔，纵97.2厘米，横35.4厘米，是以其居室名为题材的传世作品，今藏于台北“故宫博物院”。首先映入人眼帘的是，悬崖峭壁，气象峥嵘，巍峨矗立。山间树木丛生，郁郁葱葱。山下一平如镜的湖面上，建一优雅恬静的水筑。画家本人与禅友西田上人相对而坐，昂首畅谈。另外一友人薛时用则独自凭栏翘首远望，似为周围的湖光山色陶醉。水阁四周清烟缭绕，乱石嶙峋。石缝中长出的棵棵树木显示出顽强的生命力。乾隆皇帝曾有题诗称赞此图，诗云：“面水背山地，延清致爽居。爱僧非佞佛，酌酒且论书。树态生风后，峰容濯雨余。维摩逢覆釜，得意两如如。”刘珏与沈周祖父沈澄、伯父沈贞吉、父亲沈恒吉以及沈周本人亦师亦友，刘珏绘《清白轩图》，沈澄亦题诗：“十里东风吹暮春，方袍来贺锦袍新。闲花尽笑忘形醉，谁道山僧是故人。”沈恒吉亦题诗。

《烟水微茫图》，纸本，墨笔，纵139.4厘米，横44厘米。此轴构境深邃，笔墨浑成，一片苍翠秀润之气，当是刘画之佼佼者。在此图的右上方有刘珏五言诗一首，最上方为徐有贞行草五言题诗和跋文。根据徐有贞跋可知，此画作于成化二年（1466）夏至后的一天，刘珏与徐有贞乘船至相城沈周家，在沈周家中作画、题文和跋文，为后人传达了吴门文人雅士的生活情景，特别是“江南不可思，动予情依依”的艺术情怀。

刘珏《秋山图》(局部)

《秋山图》，纵33厘米，横632厘米，作于成化三年(1467)。这幅画采用了平远的画法，画面里群山连绵不绝，山林树木葱郁，湖面波澜不兴，几间屋舍错落有致地坐落在这绝美的山水之间，屋主归隐于此，终日将旖旎风光尽收眼底，过着惬意自得的生活，恍如居于世外桃源。此画参加了北京保利2011年秋季拍卖会，在中国古代书画专场上最终流拍，专家估价为1000万元人民币。

刘珏的绘画架起了元代文人绘画和明代吴门绘画的桥梁，特别重要的是刘珏与沈周家关系非常密切，于沈周有直接的师授关系，应该说他对沈周的绘画产生了重大的影响。刘珏在中国文人绘画史中占有重要的地位，其画作对于研究吴门画派有着重大的意义。

斯人已逝　长留人间

刘珏为官清廉高洁，坚持秉公执法，但在日常生活中，救人之急、成人之美，从来不吝啬。在刘珏的一生中，只要他得知晚辈、名士处于困顿而自己无力解决时，他都能想尽办法帮助，竭尽全力照顾，务必帮他们克服困难。这些人中有以后显贵者、平庸者，有感谢者、不感谢者，而对于刘珏来说，从来没有因帮助了别人而在脸上显露洋洋得意之色，也没有常常挂在嘴边或在旁人面前说起，因此被人认为是君子和长者。

当初刘珏在朝为官时，朝廷念及刘珏德高辛劳，特予褒奖，授予他散官(与职事官所任职务称号相对，为有官名而无职事的官称)承德郎(文散官名，明正六品初授承直郎，升授承德郎)，同时追封其父亲同样的官衔。其母赠为太安人，妻为安人，乡里百姓以此为荣。

刘珏有同乡好友祝颢。祝颢(1405—1483)，字维清，苏州长洲人，祝允明祖父，明代官员。正统四年(1439)进士，授刑科给事中，弹劾持大体，不讦人私。累官山西布政司右参政，兴学重教，有“教人与治人不同，贵在随材成就，毋强以文辞”之语。60岁致仕，吏材精敏，政绩颇著，精于书画诗文，著有《侗轩集》。刘珏和祝颢曾先后在朝廷为官，分别从事行政和司法工作，晚年同时回到乡里，两人感情非常深。刘珏的住宅距离长洲县城东边约15千米，每次进城一定要从祝颢的家门前经过，两人常坐下来随意小酌，谈笑风生，往往流连忘返，不忍离去。有一次，刘珏对祝颢说：“年轻的时候我仰慕名节，所以自号‘节斋’，现在我想把它改为‘完庵’，你看如何？”祝颢问他原因，刘珏说：“天完美地高高在上，地完美地存在下面，而人受之于父母，通过父母结合而生下来，应当圆满地归去，如果不是这样认为，就是自己伤害自己。我同别人没有两样，自幼好学，年轻的时候进入仕途，年老了归来，一生的名声、事业几乎没有亏缺和遗憾，如白玉返璞归真，应当回归自然、回归真实，所以用完完全全‘完庵’来称呼自己，难道这样不可以吗？”祝颢感觉他讲得很有道理，觉得刘珏越到晚年学识越是长进，其高远的志向让人无法估量。

明代苏州著名文人沈周对刘珏十分尊敬，成化二年（1466）六月廿日，刘珏与沈恒吉等人游上方山，作《上方石湖图》。刘珏曾给沈澄、沈恒吉父子的题诗，其中有“方外有山栖惠远，人间无处觅钟期。千金旧纸丹青在，一片闲情父子知”之句。

成化八年（1472）初，刘珏卧病在床，沈周《有怀刘完庵》诗中有“仙人不死药，求之不可得”之句。刘珏逝世后，沈周悲痛不已，含泪写下《哭刘完庵》，诗云：“故人不见见新丘，满目斜阳水乱流。残纸独余书法在，旧囊那有使金留。半生知己酬清泪，一夜伤心变白头。寂寞小山丛桂里，空怜鸡犬忆仙游。”彼此感情可见一斑。刘珏出生于永乐庚寅（永乐八年，即1410年）正月十三日，过世于成化壬辰（成化八年，即1472年）二月初八日，享年63岁。夫人高氏。生子三：刘正（娶沈恒吉女儿，即苏州书画家沈周妹沈庄）、次子刘直，高氏出；刘

沈周画像

中，侧室顾氏出。其儿媳妇皆出自名门望族。孙子七人：刘传、刘傅、刘保、刘侃、刘伸、刘似（另有一人不知名），孙女11人，曾孙子2人。另有养女一人，嫁给戴淮。

三年后的十二月初四日，刘珏葬于家乡长洲县金鹅乡紫字圩之高地。此为刘珏祖坟所在之地。其墓前有罗城、御祭碑以及景泰六年（1455）母亲吴氏诰命碑，墓地规模极大。1921年，相城施兆麟曾请吴中保墓会立碣保护，1958年遭毁坏。

这里还有一件事情值得记载，足见刘珏为人之豁达。成化初年，海南岛文昌县的邢宥[邢宥（1416—1481），明代政治家、学者，原籍汴梁（今河南开封市），历任四川道监察御史、浙江台州和苏州知府、浙江布政司左参政、右佥都御史、都察院左佥都御史等。至清代，有海南探花张岳崧，将邢宥同海瑞、丘濬誉为海南三贤。]任苏州知府。邢宥在苏州时曾经以"梅花"为题，请刘珏题诗。刘珏随即咏绝句云："岁寒相见在天涯，玉色珠光带露华。笑杀玄都狂道士，种桃何不种梅华？"邢宥得到诗歌非常开心。邢宥在苏州为官时口碑很好，不过有一件事显得不够大度。当时苏州连年荒灾，粮食歉收，于是邢宥将未开垦种粮的陂塘荒地都要叫老百姓交税，老百姓不乐意，有人写讽刺诗："量尽沙边到水边，只留沧海与青天。渔舟若过闲洲渚，为报沙鸥莫稳眠。"邢宥听到后，认为这首诗歌是刘珏写的，因而对刘珏产生了怨愤。当时有人劝刘珏去邢宥处解释清楚。刘珏说："他又能把我怎么样？我不去。"后来刘珏去世后，邢宥始终没有去吊唁，众人对此皆有非议。

刘珏的墓志铭由好友祝颢撰写。祝颢为好友的过世十分悲哀，伤痛之余，难以下笔，故本不想为他写墓志铭，但想到刘珏后人的诚恳请求，感到无法推脱，于是从刘珏的另一个朋友钱昌（字允言，明代苏州人。沈周之友，好诗，与钱溥等结社吟咏。有《未斋集》）处，看到了他写的刘珏生平详细事迹材料，据之写成墓志铭。其开头写道：

呜呼！人情莫悲于生别，而老尤甚，古有是言也。盖暮景之人，悲感易集于其亲知，生别且然，而况与之永诀者乎？则吾于完庵之殁，何如其情也？顾有诗哭之矣。

其最后写道：

鸣呼完庵，素尚名节。行高四知，艺进三绝。钟鼎弗名，泉石是娱。众方驰驱，已独舒徐。完璧收光，韫椟而藏。我铭孔彰，其亡不亡！

王鏊在《姑苏志》中对刘珏的评价是：“操履清白，人不得以私干之。”这个评价是十分中肯的。

（陈建东）

主要参考文献：

1.（明）陈三恪撰；陈其弟校注.海虞别乘［M］.上海：上海科学技术文献出版社，2018.

2.常熟市地方志编纂委员会办公室标校.重修常昭合志［M］.上海：上海社会科学院出版社，2002.

3.李嘉球.吴门画派的先驱刘珏［N］.姑苏晚报，2021-02-08.

4.（清）姜绍书.无声诗史［M］.

5（明）祝颢.刘完庵墓志铭［Z］.

6.（明）王鏊.姑苏志［M］.

7.（明）王锜.寓圃杂记［M］.

8.（明）张丑.清河书画舫［M］.

9.（明）王稚登.吴郡丹青志［M］.

10.艺术泛舟.明代画家传：刘珏，吴门画派祖师级人物，书文画三绝，影响深远［EB/OL］.（2020-02-24）［2022-09-22］.https://baijiahao.baidu.com/s?id=1659404703345896584.

王鼎

疾恶如仇　急公好义

王鼎（1438—1504后），字元熏（一作元勋，《绣屏风馆诗集》作符熏），号鹤峰，又号铭庵居士，明代常熟梅李人。自小聪明，10岁能作《听琴赋》，格律工整。成化五年（1469）中进士，历官南京刑部主事、刑部郎中、湖广参议、广东左参政等。为官刚正不阿，秉持正义，急公好义，为时人所称赞。王鼎工于诗文，能去宋元习气，有《铭庵诗集》《铭庵诗文集》等。

恪尽职守　公正为官

常熟王姓，支脉较多，王鼎一族，被称为“梅李王氏”。其祖先为南宋初年大名鼎鼎的文人王伯广。王伯广（生卒年不详），字师德，常熟梅李人，南宋绍兴十二年（1142）进士。曾任湖州德清县尉，后授温州教授，再调常州教授。王伯广少时即才华出众，长大后精于诗，亦善作骈体文，其文当时即脍炙人口，还常与南宋词人、书法家张孝祥交游，时有诗书往还，著有《听雨集》等。王伯广有《宝严寺》一诗：“平湖镜净中，背贴青峰峦。去郭二十里，金碧辉波澜。是曰宝华镜，万象郁以盘。壮哉窣堵坡，一瞰天地宽。谁怀堕尘鞅，几欲招飞鸾。我生渺何能，山水情所安。扁舟几来斯，不为开愁端。意到自行乐，樽酒那追欢。何时结青莲，超适心外观。尘迹身两忘，浩然天地间。”此诗因讴歌宝严寺周边的

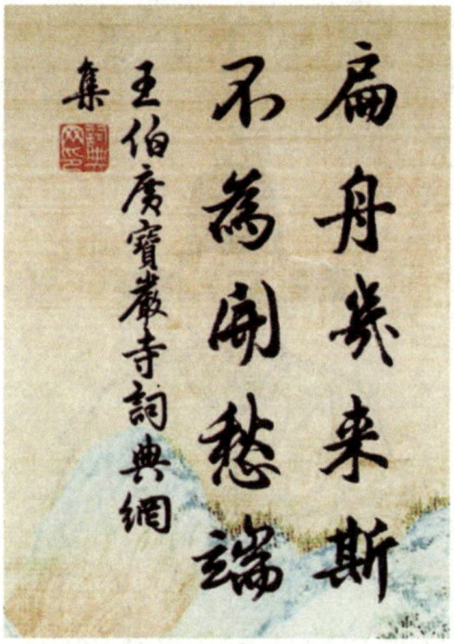

王伯广诗句书法

美丽风光，并抒发诗人旷达超脱的情怀，为该寺庙文化增添光彩，故千百年来为各地宝严寺争相援引。王伯广另撰有《宣风楼记》，该楼旧时位于常熟城区，龚立本《(崇祯)常熟县志》记载:“(宣风)楼在赏心亭西。绍兴中令曾槃建，后叶知几改曰‘庆丰’。”王伯广在文中开宗明义:“楼以‘宣风’名，纪政也。”指出宣风楼用于记载宣扬历代政事。全文纵横捭阖，文笔优美，为常熟历史上散文佳作。

至明代，王伯广的后裔王鼎一支成为军籍。所谓军籍，也称军户，为中国古代世代从军、充当军差的人户。东晋、南北朝时，士兵及家属的户籍隶于军府，称为军户。军户子弟世袭为兵，未经准许不得脱离军籍。北魏军户亦有用俘虏充当的。宋朝将应募充军的人户称为军户，军士年老退伍后除籍。至元、明两朝，军户制度最为完备。另外，明代还有匠籍(将手工业者编入一种特殊的户籍)等。根据相关资料记载：有明一代，有进士2万多名，其中军籍进士6506人，匠籍进士800多人，比例基本相当于各自在户籍中的比例。甚至在明中期，军籍进士比例一度超过40%，远远超过人口比例。军籍、匠籍出身登科后即为士大夫阶级，都视为正途，并不受歧视，既可以做大官，也可以成一方文宗、儒学领袖。例如：南昌府陈奎、陈冠父子分别在弘治和嘉靖年间高中进士，都是军籍；而嘉靖年间考中进士的军籍王育仁，其子万历年间就是民籍身份了；嘉靖十一年(1532)，抚州府匠籍吴悌三甲登科，后官至南京刑部右侍郎，其子吴仁度于万历十七年(1589)以民籍身份考中进士。

王鼎曾祖为王佐，祖父为王衡。其父亲王纲，娶妻徐氏，生七子：鼎、彝、冠、冕、卣、鄩、旒。明天顺己卯年(1459)，王鼎中举人。成化五年(1469)，年届32岁的王鼎中己丑科张昇榜进士。这一科进士中，共有两名常熟人，另一位就是瞿俊。瞿俊(1437—1504)，字世用，号学古，常熟五瞿(即今藕渠)人，为常熟瞿氏家族第一位进士。瞿俊历任江西崇仁知县、

瞿俊画像

江西监察御史、云南监察御史、广东按察副使兼海南兵备道等，为官体恤百姓，不避权要，且严于律己，管理部下极严，有廉名。

王鼎中进士不久，被授予南京刑部主事。当时，有一南京的卫指挥使触犯了刑法，即将被判重刑。于是他用重金贿赂了刑部尚书，要求重新审理。尚书得到好处后，即指示王鼎重审。王鼎认为判决公正公平，量刑适中，坚决不同意重审。对此，尚书也只好作罢。时南直隶应天府江浦县有张某，因为财产纠纷杀害了自己的亲弟弟，其弟媳妇写了诉状告到衙门，张某推脱是自己的儿子杀害了自己的弟弟。其弟媳妇坚决纠正："是我的大伯杀了我的丈夫，绝对不是我的侄子。"王鼎仔细分析了两人的言语，通过细致的调研，查到了张某杀害其弟弟的证据。其弟媳妇没有后代，王鼎于是对她说："我帮你把杀害你丈夫的凶手伏法了，现在你没有后代，我把你大伯家的孩子过继给你，将来为你养老送终，你以为如何？"其弟媳妇称谢："这样实在是太好了，感谢青天大老爷！"随即，王鼎将此案的处理结果报告了刑部尚书，得到了上司的同意，张某被依法判处极刑，其子归其弟媳妇抚养。不久，由于工作出色，王鼎升任刑部郎中，旋即又升任湖广左参议，总督钱粮。王鼎在任期间，十分注重民生。当时湖广遭受水灾，百姓多诉苦。王鼎随即叫下面核准数字，按照受灾轻重情况及时进行赈灾，同时又规定重灾区停止征粮。同时，王鼎还八方调度，把未受灾地区的粮食及时调剂到灾区，及时缓解了灾情。这期间，王鼎居然未动用国库存粮，这不能不说是一个奇迹。当时，五开卫［明洪武十八年（1385）置，属湖广都司。治所即今贵州黎平县，后废。明洪三十五年复置］有一个叫田洪的地方豪强，经常胁迫地方长官，蛊惑人心，权倾一时，且态度十分恶劣。王鼎把他抓捕，让他写出自己所做的罪恶，共有10宗。王鼎说："这种人完全可以判死刑。"后通过仔细调查，核实罪证，把田洪处决。湖广省藩府（明代承宣布政司又称为藩府）经常向湖广总督府预借用作俸禄的粟米，已经习以为常，王鼎到任后坚决予以纠正。从此以后，再也没有此类事情发生。另外，湖北藩府等衙门按照惯例，每年都要向下征收“隶役银”，相当于给仆役的银两。实际上，高官都是把收到的“隶役银”送给上级，以求媚好。王鼎发现这一问题后，认为这是非法的，随即致书上级，建议制止这种行为，最终得到了上级的赞许。这些都充分显示了王鼎的正义。

王鼎科举齿录（局部）

不久，王鼎升任广东承宣布政使司左参政（相当于现在的常务副省长）。当时，由于天灾人祸等种种原因，广东省边远地区政府粮库的粮食亏空严重，对当地的社会稳定和民生安全产生严重威胁。王鼎到任后，采取厉行勤俭节约、开源节流以及鼓励全省农民种植稻麦等措施，使这一情况得到根本的扭转。不到半年的时间，粮库的粮食日渐充足，士民由是十分感激。当时，两广总兵府属下有许多参随，养活这帮人要耗费地方不少钱粮，王鼎发现后把这些人裁撤过半。被裁撤的人到两广总督闵珪处哭诉，闵珪心中很不乐意，和王鼎产生嫌隙。这时刚好王鼎的母亲去世，于是王鼎上书回家，守制尽孝。

情谊深厚　义济好友

王鼎为人刚正不阿，注重品行，有情有义。南台御史何舜宾，素与王鼎友善。何舜宾（1427—1498），字穆之，号醒庵，明萧山（今浙江省杭州市萧山区）人，成化五年（1469）和王鼎同科进士，曾任南京湖广道监察御史，管理畿甸渠道等。

在萧山城区西侧黛色的群山中，荡漾着一片浩渺的碧水，犹如天宫遗落人间的一面宝镜，清澈而明净，清代诗人周起莘称之为“涵虚天镜落灵湖”，这就是湘湖。湘湖的前身是一个浅海湾，经过几千年的沧海桑田，成为一个潟湖。随后，湖水淡化，变成淡水湖，称作“西城湖”，此最早载于北魏郦道元的《水经注》。至北宋，西城湖渐渐湮废殆尽，成为一片低洼、土硗之地。北宋熙宁、大观年间，均有县民奏请废田还湖、筑湖蓄

今日湘湖

水，但因湖畔豪绅的反对，都没有结果。直至政和二年（1112），新任萧山县令杨时“视山可依，度地可圩，以山为界，筑土为塘”，才在西城湖原址筑起了一个人工湖，实现了人民的夙愿。因其“山秀而疏，水澄而深，邑人谓景之胜若潇湘然”，遂称之为“湘湖”。

明代以后，由于人为的原因，湘湖渐渐被蚕食。至洪武末年，湖民苏原九因所种之官田坍入江内，借口弥补官田，将上湘湖近江的湖地开垦为田；永乐初年，湖民韩望等也将湖中高地开垦为田，直至景泰四年（1453），才由县丞李孟淳将其全部复湖，罚谷1600石，并晓示禁垦湖中高地。天顺年间，湘湖虽历经前人疏浚，而附近豪家仍肆意侵围，致使淤塞甚重。特别是湖畔巨族孙全等占湖为田。于是，退居萧山的吏部尚书魏骥主动承担起清占复湖的重任，共清退湖田7318亩，对孙氏未退完的湖田，授意其门人何舜宾办理。当时，何舜宾因事受牵连充军广西庆远卫，后在路途中遇赦回到家乡萧山，但见湘湖年久淤塞，周围百姓深受其害。何舜宾见此憾然曰:“吾不能治渠，当治湖。”于是上书县衙，告发占湖围田者。

时萧山知县邹鲁［当涂（今属安徽省马鞍山市）人］，原来也是御史。同样因为犯了错误，贬为萧山知县。当初他在朝廷时，因为曾遭到何舜宾的指责，故怀恨在心。先前，萧山县侵湖豪户孙全等重贿邹鲁，邹鲁即诬陷何舜宾:“盗署事印以奏，非署事官奏；且身絓戍逃，无遇赦牒，滥冒冠带，应押原卫廉理。”上报惩治，被驳回。事后，邹鲁谋害何舜宾之意不变。当邹鲁知何舜宾已备好反对侵湖为私田的入朝奏章时，再次设计陷害。

何舜宾有个门人叫童显章，此人掌握了邹鲁不法之事的证据。邹鲁想除掉这个手握自己把柄的人，就设计陷害童显章，将他下狱判处绞刑。童显章的判决在宪司审核时因疑点重重，被发回重审。某天，当被押解的童显章经过何舜宾门口时，童显章进入何舜宾家寻求帮助。这正是邹鲁想要的结果，他借口何舜宾劫取朝廷要犯，带人将何家团团围住，而后破门而入，逮捕了何舜宾和童显章。紧接着，何舜宾被以逃避充军的名义押解回广西。邹鲁这个人心狠手辣，他要的不仅仅是何舜宾倒台，他还要何舜宾死。他派出了心腹胡纪等12人，要他们在途中杀害何舜宾。胡纪等人先是在路上不给何舜宾吃喝，折磨这个70多岁的老人。随后，在余干县昌国寺，他们脱下衣服蒙在何舜宾头上，把他活活闷死。邹鲁杀了何舜宾后，又怕何舜宾家人报复，于是想灭掉其全家，以绝后患。于是，他又开始了对何舜宾儿子何竞（字邦植）的抓捕。何竞得知消息后，万般无奈，只好带着母亲朱氏和妻子等家人逃到常熟王鼎的家中藏匿起来。王鼎大义凛然，给何竞一家吃、住、穿，并发誓要为何舜宾报仇。在常熟时间一长，何竞感到不太好意思，就向王鼎提出要回到萧山去报仇。王鼎对何竞说："你现在还没有后代，报仇是一件十分危险的事情，搞得不好要付出生命的代价，等你有了孩子再说吧。"待何竞夫人生下了一个孩子后，王鼎慷慨地赠给何竞200两银子作为盘缠和活动经费，何竞便悄悄一人回到了萧山。

就在这时，邹鲁通过上下活动，升任山西按察司佥事。按察使是明朝地方的大员，明朝地方主要大员分为布政使、按察使、都指挥使。其中布政使掌管一省民政，按察使掌管一省司法，都指挥使掌管一省军政，合称三司。"佥事"为副手、助手的意思，官职在四品和五品之间。何竞得知消息，担心他这一走，将来自己很难再找到合适的机会替父亲报仇，于是请了几十位族人喝酒。席间，何竞跪倒在地，哭着给大家磕头，请他们帮助自己报杀父之仇。于是大家一起抄家伙，埋伏在邹鲁的必经之地。等到邹鲁经过时，众人跳出，打走其仆从，把邹鲁从车子里拖出来，扯去其衣服，棍棒齐下。随后，众人弄瞎了邹鲁的眼睛，拔光了邹鲁的头发。最后，何竞带着邹鲁找到浙江按察使司，想替父亲的死讨一个说法。同时，请同族的伯父何泽上京城诉冤。

这种为报仇袭击地方大员的事，之前很少出现。浙江按察使司的佥事萧翀是邹鲁的死党，于是用酷刑逼供何竞。何竞在公堂上大喊：“你们一定要杀我，我不是一个怕死的人。哪一个人没有父母，而且我已经向朝廷诉冤，在朝廷判决未到之前，你们哪一个敢杀我？”说着，咬下自己手臂上的一块肉扔到公案上，把口中的鲜血喷在萧翀的脸上，一时满堂皆惊。后刑部收到何竞的诉状，以邹鲁于路途中不给何舜宾吃喝导致何舜宾死亡的罪名判处他绞刑。而何竞以普通百姓袭击朝廷五品以上官员导致他失明的罪名，也被判处绞刑。涉案人员共100多人被逮捕问罪。

何竞的母亲朱氏认为儿子替父亲报仇，不应受此重刑。在这种情况下，王鼎再一次资助朱氏上京城击鼓鸣冤。这次，明孝宗朱祐樘特地委派大理寺正曹廉会巡按御史陈铨复查此案。曹廉问：“你们为何要殴打县官？”何竞回答：“竞知父仇，不知县官，但恨未杀之耳。”曹廉以邹鲁致死何舜宾无据为由，遣县令揭何舜宾棺验之。验者报何舜宾身上有伤，而解役任宽也如实汇报，且拿出何舜宾临死时所托付的血书。曹廉还引用唐代梁悦的故事说服大家。（梁悦，陕西省富平县流曲镇昌宁村人，史称孝子梁悦。唐宪宗年间，12岁的男孩梁悦为了替父报仇，杀死仇人秦杲。此举在当时被传为佳话，人称之为“孝子梁悦”。此案在定罪性质上引起较大争议，后梁悦被流放于循州，最终遇赦回归故里而终。）于是众人皆信服，改拟邹鲁问斩，何竞流放3年，明孝宗批准了这一意见，时为弘治十四年（1501）二月。以后，遇到大赦天下，邹鲁免死，何竞赦归。

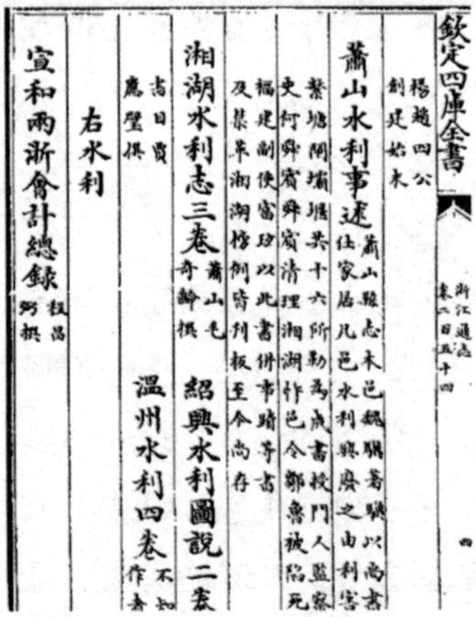
欽定四庫全書
浙江通志卷二百五十四
四
楊越四公創建始末
蕭山水利事述 蕭山縣志本邑魏驥著驥以尚書仕家居凡邑水利興廢之由利害
繫焉湘湖共十六所勒為成書校門人監察史何舜賓舜賓清理湘湖作邑令鄒魯被陷死
福建副使富玹以此書併事蹟寄吉及崇本湘湖條例皆刊板至今尚存
湘湖水利志三卷 蕭山毛奇齡撰
紹興水利圖說二卷
吉日賁鹿堂撰
溫州水利四卷 不知作者
右水利
宣和兩浙會計總錄 程昌㝢撰

《四库全书》中何舜宾和湘湖的介绍

邹鲁被治罪后，被豪家孙权等所侵占湘湖田1327亩、堰池96口、地26片、瓦窑房屋210间全数清退，湘湖得以复清。何舜宾父子墓域在萧山县城西门外高田园，共占地1亩6分。清乾隆十六年（1751），乾隆南巡时有旨，“凡忠臣孝子茔墓务行保护”，何氏父子墓“立石永禁，其地开入德惠祠公户”。

在这件事上，天下人都说何竞是孝子，同时赞赏王鼎的高义。后来，浙江省有文人写有杂剧《湘湖记》记述这件事。邑人徐祯卿（1479—1511，字昌谷，一字昌国，常熟梅李人，著名文学家。与李梦阳、何景明等人并称“前七子”，诗宗白居易、刘禹锡，后诗风趋汉魏盛唐，在打破“台阁体”诗风一统天下的态势中独有建树）记载了这件事的始末。浙江宁波人董光宏（约1629年前后在世，字君谟，少时尊王阳明致知之学，行事必求不欺于己。万历间中进士，历参议副使、参政陕西按察使、江西布政使，入为顺天府尹，迁大理卿，加兵部侍郎，著有《秋水阁墨副》等）为何舜宾作传。邑人严澂［严天池（1547—1625），字道澈，号天池，明代古琴家。武英殿大学士严讷次子。曾任福建邵武知府，减苛税，兴水利，有治绩。为官清正，誓言不带邵武一文钱回家］把这件事勒石铭记。

明代文学家邑人管一德在《皇明常熟文献志序》中写道：

吾吴自鲁成公世始通中华，而常熟文献之传，则已肇于三代……他如立朝则李文安、严文靖之正直忠厚，陈庄靖、赵用贤之耿介刚毅；奉使则张洪东入扶桑，南穷缅甸；言路则陈察上批逆鳞，下绳墨吏；廉介则鱼侃饘粥不给；义侠则王鼎为友复仇；艺苑则吴文恪之详明，瞿文懿之尔雅，桑悦之宏放，杨仪之赡丽，丁奉之淹洽，邵圭洁之古练，孙楼之警敏，俱能润色虞山、增深琴水，庶可以追巫公、迹虞仲，而俎豆言氏之傍。以至近世修文砺行之属，尤不可殚记……

管一德在文中列举了常熟历史上的许多著名人物，其中专门提到了王鼎帮何竞为父复仇事。

多有善事　荣耀家族

王鼎在从政时，有一次经过徐州吕梁洪［吕梁洪，位于今江苏省徐州市铜山区东南古泗水（废黄河）中。据《水经·泗水注》，泗水经吕县（即今铜山区东南）南，水上有梁，谓之吕梁，其下巨石齿立，波流汹涌，故名。往来航行，视为畏途。东晋太元九年（384），谢玄攻苻坚，既平兖州，患水道险涩，粮运艰阻，遂堰吕梁水，树栅，立埭，以利漕运。明嘉靖时，重新加以修凿，运道始便]。当时，王鼎看见一条船坏在河中央，无法行驶，出于同情，王鼎招呼众人出钱把船修好。后发现坐船的是山东省的学博（教授五经的学官），王鼎又出钱给他作为盘缠。还有一次，王鼎住宿在常德驿时，听到房子的走廊里有人在呻吟，跑过去一看，是一个生病的千户（明代卫所兵制，设千户所，千户为一所之长官，驻重要府州，统兵1120人，下分为10个百户所），因为病得比较重，被同伴抛弃在驿馆。王鼎当即命驿馆的工作人员将千户救起，并留给他一些银两用于治病。还有一次，王鼎任职所在地区发生严重的水灾，于是他向都御史力争，使得受灾地区免岁征16万石。

徐复祚（1560—1629），原名笃儒，字旸初，后改纳川，号謩竹、三家村老，别署破悭道人、阳初子、洛诵生、休休生、三家村老、忍辱头陀、悭吝道人等，明代南直隶苏州府常熟县徐市镇人，明代戏曲家、戏曲理论家。徐复祚以诸生入国学，博学能诗文，工词曲。有很多戏曲著作，今存杂剧《一文钱》，存传奇《投梭记》《红梨记》《宵光剑》三种。另外，徐复祚有笔记《三家村老委谈》（又名《花当阁丛谈》），为戏曲理论著作，论曲精当。有意思的是，徐复祚在《三家村老委谈》记述了有关王鼎的两件趣事：

其一：

王铭庵鼎，字元勋。三子，其伯与季均与仲不睦，即塾师亦不相往来。一日，伯家失盗，越仲居而又劫其季，以为疑。而仲家数年前，延一浙师兼善医，从一仆名某，至是盗遗药一囊，比劫而出，自数其类，则闻有塾师仆名，于是信以为其人盗魁也。行文所在，逮其人来，官为严讯，遂自诬服，叩其党与，则曰乌合，不能有所指也。众皆疑其诬，而卒不可释。未逾月，则有江北盗事发，供称前月劫常熟王参政家，见在某物某物皆其家得也。执事者行文来取人，领赃，于是始知其受诬。铭庵乃亲诣府狱，泣请之归，礼之。逾月，赠以百金而去。阳初曰："若元勋，先生者，可谓不远之复矣。"元勋尚有赠金何竟报仇，事甚奇，载邑乘。

这个故事记述了王鼎家的琐事，同时也体现了王鼎作为一个朝廷高官之为人真诚、猥自枉屈和有错必改、待人诚恳的君子之风。

其二：

吾邑王大参铭庵，官某地时，遇久旱，祈祷不应。或云："木商某有奇术。"则遣隶呼之。其人曰："为民请命，而倨召我乎？"大参异其言，乃具刺往，其人始来。问曰："雨可得乎？"曰："可。""何时可得？"曰："得欲迟，迟得；欲速，速得；欲立致，立致。"问所需，则请洁一室，妇人首饰一具，上下衣一袭，设酒二席，多具纸笔朱墨，余非所须也。陈既讫，随作一符，命一隶曰："往某方，见年少妇人，纳符其怀，彼当随尔而至。"已而，果然妇人来，装以衣饰，相对饮酒，别无他。少顷，又作一符，曰："雷至后，必怒击一人，汝急以符压其身。"须臾，风云骤起，雷电交作，震死庭中一隶。如法，以符压之。大雨如倾，霶霈盈尺，三时始霁，死者随亦得苏。就室视之，其人则已遁去。惟妇兀坐如痴，唤之乃醒，问前事，不知也。大参尝语人，此月孛法，昔有人行之，犯良家妇，曾构死狱。予欲从授其术，惩是而止。道士徐月林亦炼月孛法，其作用殊不同。

这个故事带有近乎传奇的色彩，王鼎为了为民求雨，专门亲自持名片去请高人，通过礼贤下士，最终求得大雨。

月河桥，位于常熟梅李镇南街，横跨月河塘上，始建于宋代，明弘治九年（1496）王鼎重建。月河桥系单孔石拱桥，南北走向，由武康石、青石、花岗石混筑。桥长12.8米，宽3.43米，矢高4米。拱券采用分节并列式砌置法，由7节石板组成。拱底南嵌砌石镌刻"紫薇桥"。据梅李旧志记载："月河桥，因参政王鼎居此地。弘治间更名紫浙，在梅李南街。桥北有王氏参莲坊。曾云：'月河桥东通盐铁，西通黄陆泾。'"又据《（光绪）常昭合志稿》载："月河桥，明参政王鼎更名紫薇。"拱底北嵌砌石镌刻有铭文"直隶苏州府同知万祥，常熟县知县杨子器，县丞刘绪、范轼，主簿吴淮，典史徐让，仪官吕螗监工，石匠高永吉，大明弘治九年拾贰月重建"等题记。原桥心石已失，堆石混搭。

1982年11月17日，月河桥列为常熟县文物保护单位。2007年3—6月，月河桥分解重修。为方便行人，两坡各设踏步20级。

王鼎的父亲王纲后以王鼎贵，被朝廷赠以刑部郎中。其制曰："朝廷任用才能，以励为臣之惠；因推恩典，以遂为子之孝。故亲虽不存，而命必

昔日月河桥

及焉。尔赠南京刑部广东清吏司主事王纲，乃南京刑部河南清吏司郎中鼎之父。善积厥躬，庆延于后，致有令子效用于时。子今进官禄，不逮养。揆厥本原，宜申恤典，兹特加赠尔为奉政大夫本部河南清吏司郎中。尚克承之，永慰冥谨。配徐氏，赠太宜人。”

王鼎妻薛氏，相夫教子，贤惠有加。当年朝廷曾有《性命宜同录》封赠王鼎夫人薛氏为安人，其中曰：“惟均此人伦之常道，古今之通义也。尔南京刑部河南清吏司郎中王鼎妻封安人薛氏，温禀慈惠，妇道恪修。夫既有迁秩之荣，尔宜膺申命之贵，兹特加封为宜人，服此隆恩，永光闺阃。”

清乾隆癸卯（1783），有人从王鼎裔孙王观寄借得《赞鹤峰先生诰命》一通，其中曰：“奉天承运，皇帝制曰：朕惟秋官之属，专理刑狱，而大小之讼，莫不由焉，必得仁恕明敏之士以任之，乃克有济。尔南京刑部河南清吏司郎中王鼎，发身科第，擢属刑官，历岁滋深，勤慎弗懈，迨长郎署，贤誉益新，是用进尔阶奉政大夫，锡之诰命，以示褒荣。尔其益端乃心、励乃行，笃于祗慎，必使刑不滥，而民不冤。庶副朕钦恤之意，尔亦永有终誉。钦哉。初任南京刑部广东清吏司主事，二任本部河南清吏司署员外郎事主事，三任广东清吏司署员外郎事主事，四任河南清吏司署郎中事主事，五任今职。制曰：夫妇京体恩典。”

诗文留世　名重乡里

王鼎工于诗，在当时传颂一时。著有《铭庵集》1卷、《铭庵诗集》(一作《铭庵诗文集》)。明弘治年间桑瑜等人纂修的《常熟县志》(简称《桑志》)已有“常熟八景”之说，实为后来的“虞山十八景”之滥觞。这其中三景的题咏，即为王鼎所作。

虞山叠翠

山晕太古色，日高苍龙飞。
吾生好观物，心赏与时违。

弦歌旧俗

弦歌虽古里，不作曩时声。
薄俗谁能变，吾当着意听。

东郭春迎

东郊重春事，百戏杂歌嘲。
贤令能加礼，欢声动四郊。

除此之外，王鼎热爱自己的家乡，有大量的题咏家乡之作。这里举例几首：

维摩寺

暂依禅榻息台机，墙外东风尽掩扉。
欲上高峰寻旧迹，轻衫短帽不禁吹。

大慈教寺和武功伯徐有贞韵

万里乾坤一叶舟，今来又上釜峰游。
佛前灯火传三世，钟外楼台望十洲。
梁殿只如今日建，汉江犹似昔时流。
长吟欲作留衣别，徐铉题诗在上头。

河阳山

身世平生此石均，只应猿鹤似心交。
漫劳神物护丹鼎，岂有文章夺凤巢。
山鬼吹灯扃夜户，石泉分茗趁满庖。
苦吟未就浑志寐，云外霜钟莫浪敲。

西门发舟咏常熟山

福地流传事事幽，殿堂都在岭东头。
浮云北去长天暝，横浦西来绕树流。
仙子井空犹碧草，昭明台古翳荒丘。
英雄不悟兴亡恨，龙虎争雄昔日休。

沈周，字启南，号石田，晚号白石翁，明代绘画大师、书法家、文学家、医学家，长洲人。沈周与文徵明、唐寅、仇英并称“明四家”，是吴门画派的创始人，他师法元四家，并上溯董源、巨然，同时旁涉南宋院体画和浙派等，形成了独特的个人风格，传世作品有《庐山高图》《魏园雅集图》《仿黄公望富春山居图》《沧州趣图》等。另外，著有《石田集》《石田稿》《石田文钞》《石田咏史补忘录》《客座新闻》《续千金方》等。沈周和王鼎是要好的朋友，两人的诗歌唱酬也非常多，这里选录几首沈周写给王鼎诗作：

立春夜，小宴赵氏客楼，鸣玉出西曹送别卷，因次王秋官元勋韵，留别鸣玉云

高楼作小宴，吾棹拟明东。
零乱一灯影，萧骚双鬓蓬。
腊醅还夜贳，冰砚及春融。
匝树何悲鹊，留泥聊信鸿。
思归年欲尽，起视月方中。
更读西曹卷，诸篇气吐虹。

和陈允德韵就题所赠王元勋画

皋桥一把臂，雨后石淙淙。
社酒杯杯蚁，春城树树禽。
诗淹归客计，山结野人心。
看试临分笔，重峦更远林。

和王秋官元勋病中寄维颙韵

卧起风林叶乱飞，淡云新月雨依微。
庭前除草惊虫语，窗下烧茶阻鹤归。
禊饮久违王逸少，画颠犹类米元晖。
缄题为报相思候，白苎都宽旧着衣。

和王元勋所寄武挥使韵二首

其一

雨浥江城不动埃，鹤汀凫渚湿生苔。
云开落日千峰出，江引寒潮百里来。
报尽邮签初倚棹，拨残灯火细传杯。
将军油幕闲无事，座上惟应酒令催。

其一

百雉昏鸦望海城，城边系缆夕阳晴。
烟荒古戍秋无警，风杂寒笳夜有声。
莫信杜陵多好句，惟于郑国见高情。
酒杯不尽深留恋，江水茫茫别思生。

雅集亭，位于致道观（致道观位于今常熟古城区西门军营附近，已废）北麓，据常熟旧县志记载，弘治甲子（1504）秋，常熟邑令计宗道同吴门杨循吉、沈周，及章韶凤格（景泰辛未进士，大理寺卿）、桑廷璋瑾（景泰丙子举人，处州府通判）、桑廷瓒瑜（天顺己卯举人，温州府通判）、沈观澜海（成化丙戌进士，重庆府知府）、陆昌泽润（成化丙戌进士，温州知府）、王元勋鼎（成化己丑进士，广东参政）、周元泽惠（成化辛卯举人，

雅集亭

绍兴同知）、狄天章云汉（成化乙未举人，临清州判）、钱世恒承德（成化乙未进士，山东副使）、冯良玉玘（成化辛丑进士，福建副使）、邹性之韶（弘治癸丑进士，山东参政）、蒋子修钦（弘治丙辰进士，御史，赠光禄少卿）、陈汝昌言（弘治丙辰进士，抚州知府）、钱士弘仁夫（弘治己未进士，工部员外）等一共16人，在雅集亭饮酒唱和，即兴赋诗。沈周后专门绘有《虞山雅集亭图》，计宗道专门为此次盛会作记。

在这次活动中，王鼎作有《虞山雅集次和杨君谦》。[杨循吉（1456—1544），字君卿，一作君谦，号南峰、雁村居士等，南直隶苏州府吴县（今属江苏省苏州市）人，明代官员、文学家。31岁时致仕归里，结庐于支硎山下，以读书著述为事，自言："君以我乐山林耶？我非忘世爱陇亩。衙门晨入酉始出，力不能支空叹愀。"] 此诗流传至今：

西蜀春星杜老堂，此轩高桧与天长。
且寻萧统读书处，莫问夫椒是战场。
空谷叶声流晚翠，远湖云影斗秋光。
品题消得罗池客，名胜如今定不凉。

明弘治九年（1496），王鼎应常熟邑令杨子器之邀，作有散文《阴阳学记》。[杨子器（1458—1513），字名父，号柳塘，浙江慈溪人，明成化年间进士。弘治九年至弘治十三年任常熟知县，多德政。兴水利，筑堤防；召回流亡在外的人耕作；立"岁征法"，奖励提早纳粮；允许农户将"折粮银"先从事副业，待春半粮贵时交纳；又整顿徭役，按籍定役；讼狱审理及时。杨子器在常熟任职时，刻天文图、地理图碑，亲到县学授课。后杨子器升任吏部考功司主事，对边疆事务多有建言，官至河南左布政。杨子器善写诗文，曾与邑人桑瑜等纂修《常熟县志》。] 王鼎在文章开头即点明作文宗旨："为政有大要，曰'敬天勤民'而已。"根据该文的记载，杨子器到任常熟后“慨然于县治之西撤去淫祠（金神庙），更而辟之”，改为阴阳学。王鼎在文中说：“于时侯未久于任，人政似未通和。其在下者，喧然诋之；中焉笑之；上焉无所与，亦无所訾。是皆未知吾侯敬天勤民之意如此其急且切也。於戏！不铸钟期之耳，千载无伯牙；不具孙阳之目，天下无良马。此唯可与知者道也。”显然，由于宣传解释工作做得还不够到位和急于求成，杨子器的这一举动并未受到常熟士民的普遍欢迎。为此，王鼎还进一步对杨子器提出了善意的意见和建议：“虽然善始者必欲善终，举事者必谋自慊。侯能虑其所终，本之以诚信，行之以刚健，虚其心以察纳雅言，则天下之善归之矣。”全文言辞恳切，分析精辟，上下纵横，不失为一篇劝人善事、善作、善成和善政的上乘佳作。至今读来，尤感亲切。

王鼎当年的住宅，位于常熟梅李镇，据清代钱陆灿《常熟县志》记载，梅李有参藩坊，即为王鼎旧宅所在地。又据梅李清代旧志记载：“宅内有大小二池，俗呼王家鱼池。王鼎墓在梅李镇南，现已毁。”

又据《重修常昭合志》记载，王鼎有子王访，字启道，性行端和，好山水，善词翰，与杨仪、赵钦友善。

附：阴阳学记（王鼎撰）

为政有大要，曰“敬天勤民”而已。天有日月星辰，阴阳寒暑，悬象于上，推移阖辟，而不能正历以纪之，顺理而节宣之。慢神明，忽祭祀，纵心自恣，动违天常，是未知所以敬天也。民有耕耘收获之候，饱暖安逸之欲，乐生恶死之情，不识不知，视好而作，而不能时以授之。省刑罚，薄赋敛，轻徭役，爱养而安全之。乃至月朔不告，愆序惑民，横征之政作，钩距之术工，旷日之役兴，怙势肆虐，与奸为市，是未知所以勤民也。若是者，安在其为知要乎？弘治丙辰，慈溪杨侯来莅吾邑。先宰昆山，茂著政绩，朝野知名。捧檄来此，曾不逾月，见阴阳学久废不治，慨然于县治之西撤去淫祠，更而辟之，俾堂寝、门庑、缭垣、庭宇靡不完固，焕然而一新。于时侯未久于任，人政似未通和。其在下者，喧然诋之；中焉笑之；上焉无所与，亦无所訾。是皆未知吾侯敬天勤民之意如此其急且切也。於戏！不铸钟期之耳，千载无伯牙；不具孙阳之目，天下无良马。此唯可与知者道也。考之于《尧书》:“命羲和，钦若昊天，历象日月星辰，敬授人时。”夫昊天而曰“钦若”，是尧之所以敬天也。人时而曰“敬授”，是尧之所以勤民也。曰“敬天”，曰“勤民”，真古今为政之首务，万事之根本。天子舍是，而无以治天下；诸侯舍是，则无以治国；卿大夫舍是，则无以辅王侯。和神人而受禄于天，庆流后裔，三代而下，英君谊辟；良臣吉士，虽世不乏人，求其所以敬天勤民者，盖千百而什一也。何怪乎休征嘉瑞之罕闻，而流离怨尤之日至也。逮我圣祖，龙飞海宇，扫除腥秽，乃于礼制乐作之余，内设钦天监以总历象之权，外建阴阳学以分授时之政。上应天道，则五星如连珠，日月如连璧；下浃人事，则四海讴歌，万方按堵。其敬天而勤民，盖二帝不足侔，三王所羞比也。奈何行之既久，法度具在，人心不古，有司之政率多驰骛虚名，昧于责实。其克敬天心，切勤民者，寂寥无闻焉。我杨侯盖深知天道民事之切，于政不可不首举而施行之，且欲假象以托意，故有是役。民不劳而功易成，使官有视事之所，生有游艺之托。凡岁时、气节、民事早晚之所关，若祭祀、饮射、读法之类，皆有所征焉。侯又时督而警省之，作其勤而惩其怠。故其官与徒，咸皆精白一心。辨时序事，察云物之变，别丰荒之象，则请于侯，时教诏民以为趋避。侯于天人之际，能拳拳敬慎如此。若其他政事，岂有本治而末乱、大之得而小之失者？侯治邑，可方古之褒德。侯异日功名事业，将不在其下也。惜乎今之所谓当道者，未能有以振之。予窃慕其为人，胸中有权衡，灼知轻重缓急，不肯与时上下随俗浮沉，真有定见君子也。虽然，善始者必欲善终，举事者必谋自慊。侯能虑其所终，本之以诚信，行之以刚健，虚其心以察纳雅言，则天下之善归之矣。噫！时有污隆，政有醇伪，安得天下而皆若人哉？予为此记，不能不为之浩叹。征予文者，杨侯任斯学者世官徐汉良云。

（陈建东）

主要参考文献：

1.（宋）孙应时纂修；（宋）鲍廉增补；（元）卢镇续修.至正重修琴川志［M］.北京：方志出版社，2013.

2. 常熟市地方志编纂委员会办公室.常熟人物选［M］.上海：上海文艺出版社，2012.

3.（明）桑瑜.（弘治）常熟县志［M］.弘治十二年（1499）刻本.

4.（明）姚宗仪.（万历）常熟县私志［M］.万历四十五年（1617）抄本.

5. 常熟市地方志编纂委员会办公室标校.重修常昭合志［M］.上海：上海社会科学院出版社，2002.

4.（明）管一德撰；常熟市地方志编纂委员会办公室，常熟市图书馆编.皇明常熟文献志［M］.扬州：广陵书社，2017.

6.（清）潘镐.梅李文献小志［M］.

7. 杭州市萧山区人民政府地方志办公室.萧山市志［M］.杭州：浙江人民出版社，2013.

8.《梅李镇志》编纂委员会.梅李镇志［M］.上海：上海辞书出版社，2006.

9. 江苏省常熟市《梅李镇志》编纂委员会.中国名镇志·梅李镇志［M］.北京：方志出版社，2018.

10. 常熟市梅李镇人民政府.梅李镇志［M］.苏州：古吴轩出版社，1995.

施雨

外柔内刚 爱民孝亲

施雨（1495—1566），字润之，号文峰，明代南直隶州常熟县人。历为县学生、国子生，明嘉靖七年（1528）戊子科应天府乡试第130名举人，嘉靖十一年壬辰科林大钦榜二甲第51名进士，历任刑部主事、濮州通判、濮州同知、山东乡试同考官、南京刑部浙江清吏司主事、南京刑部山东清吏司郎中、南京工部员外郎、广东按察司佥事兼潮惠兵备道等。施雨家学渊源深厚，为人博而好学，为官刚柔相济，亲民爱民。

家世溯源

《桑氏家谱》

施雨祖上本姓桑，世居练塘桑家庄，他的曾叔祖桑瑾、桑瑜，堂叔祖桑悦都是当时的著名文人，这个家族在明代是常熟有名的望族。由于施雨的曾祖桑玘入赘进士施显家族，所以改姓了施。施雨为官后曾想恢复桑姓，但当时改姓是要经过朝廷批准的，施雨也确实上书朝廷作了申请，但不知何故，最终没有得到批准。

常熟桑氏，现最早可追溯至桑益。五代十国后周朝周世宗时，其手下有天雄军节度使桑某，卒后朝廷谥“忠肃”。忠肃公七世孙桑益，字君谦，号杨屏，南宋高宗时曾任监察御史，宋室南渡时，由开封迁至浙江嘉兴秀水县。

元代时，桑益五世孙中的长孙桑富和三孙桑宽，又迁到江苏松江府华亭县（今上海松江华亭）。桑宽后任江南都水庸田使司［官署名，元至元二年（1336）置，主要负责种植稻田事，衙署设在苏州］副使，因公事常到常熟，见常熟山水秀丽、民风淳朴，便从华亭迁到常熟焦尼溪，成为常熟桑氏的始迁祖。后世称这一支为常熟山塘泾桑氏。

施雨家族的相关世系，如下所示：

1. 桑宽→桑茂卿→桑原善→桑显祖→桑侃→桑琳→桑悦

2. 桑宽→桑茂卿→桑原善→桑显祖→桑侃→桑玘（施玘）→施荣→施伦→施雨→施元孝、施元敬、施元道→施峤、施屿、施岵

3. 桑宽→桑茂卿→桑原善→桑显祖→桑侃→桑瑾、桑瑜

始迁祖桑宽，字仁夫，号举斋，元仁宗延祐元年（1314）进士，历任镇南王府使、湖北道廉访使、江南都水庸田使司副使。娶常熟州王亨甫女，生两子茂卿、子祥。桑子祥曾任义兵千户，讨伐刘福通有功。红巾军攻打常熟时，桑子祥奉命抗敌。他统率有方，英勇顽强，曾手刃贼兵数十人，使红巾军不敢逼近，保护了常熟百姓免遭兵乱。后奉父命，继外祖父家为嗣。

二世祖桑茂卿，博学多才，为时人称道，曾作《省己箴》以自勉，并着有《武谷篇》以教育子孙。生有一子桑原善。

三世祖桑原善，字良谷，移居常熟城内南市里。元至正二十七年（1367），朱元璋手下大将军徐达攻打苏州，命令再攻不下就屠城。此时，桑原善和无锡张飞卿联名上书徐达，称国家军队应该慰问受苦的人民，讨伐有罪的统治者，而不是屠戮无辜百姓。徐达深以为然，遂下令禁止屠城。几天后，徐达攻下苏州，面对得以存活的全城百姓，徐达拿着桑、张二人的书信说：“没有这封书信的话，你们都已经是白骨了！”入明后，桑原善曾任云南曲靖府推官，任内遵守礼法，做事周全，任满告老还乡，以教授子孙为乐。

四世祖桑显祖（1367—1446），字宗道，号野云，精通易学，品行优良，时人称为德士。在百姓因不堪赋税而难以生存时，他变卖家产，代为

偿还，还说：“毁我一家，救活万家，我感到高兴啊！”桑显祖娶王厚佐女，生三子桑徹、桑侃、桑信。

高祖桑侃，字用如，号乐闲，生有六子：桑琼［字廷瑞，号钝斋，景泰四年（1453）癸酉科举人，任中书舍人，早逝］、桑琳（字廷贡，号鹤溪）、桑玘、桑瑾、桑瑜、桑球。

曾祖桑玘（？—1508），字廷珪，号艾庵，练塘桑家庄人。桑玘入赘施家，其夫人即为进士施显之孙女。施显（1367—约1400），字孟微，明洪武二十年（1387）丁卯科应天府乡试解元，洪武二十一年戊辰科会元，殿试二甲第九名进士，是明代常熟第一位进士。历任翰林院庶吉士、前军都督府断事、北平按察司监察御史、江西道监察御史、广西道监察御史等职。施显之子施绪，字功永，精通医术，一生活人无数。施绪无子，只生有一女。桑玘原来习儒业，后跟随岳父施绪学医，成为当地名医。因德高望重，晚年还曾担任过寿官。桑玘生有两子：桑荣（施荣）、桑华（施华）。

曾叔祖桑瑾（1439—1515），字廷璋，号瀹斋，明景泰七年（1456）举人，曾任处州（今浙江丽水市）通判，任内兴水利、捕大盗，政绩卓著，后因病退休，门人私谥“渊静先生”。一生著述甚富，有《三经集说》《读易备忘》《萝窗杂记》《读史景忠节义》《林同舟稿》《瀹斋诗文草》等。桑瑾娶妻王氏，生四子翘［字民奇，一作民起，号草溪，弘治八年（1495）举人，曾任江西万安知县、福建泉州府通判］、蕃（字文郁，号南园，县学生）、欣（字民熙，号勤斋）、介（字民表，一字于石，号白崖，嘉靖十年举人，曾任山东滋阳、广西天河知县）。

曾叔祖桑瑜（1439—1515），字廷瓒，明天顺三年（1459）己卯科举人，曾任温州府通判，任内十分关心百姓，曾多次为民请命，减轻百姓负担。年未五十即辞官归家，著有《吟窗选萃》《检斋集》，任《（弘治）常熟县志》总纂。桑瑜娶妻苏氏，生一子一女，子桑髦，女嫁徐球。

祖父施荣（桑荣），字文耀，号竹窗，娶妻杨氏，生两子桑彝（施彝）、桑伦（施伦）。

堂叔祖桑悦（1447—1503），字民怿，号思亥，明成化元年（1465）乙酉科举人，会试得副榜。历任江西泰和县训导、柳州通判等。后丁忧归家，遂不再出。桑悦为人狂妄自大，自认为文章天下第一，所著《南都赋》《北都赋》当时颇为有名，纂有《（弘治）太仓州志》。桑悦在柳州时结识柳州解元计宗道，计宗道视桑悦为老师。后来计宗道到常熟任县令，对桑悦十分尊敬。桑悦晚年贫困潦倒，计宗道对他关爱有加，经常接济。桑悦去世后，计宗道还亲自为他料理了后事。桑悦娶章珪女为妻，生一子两女。一子桑阜，早逝；两女一嫁吴樟（吴讷四世孙），一嫁归应祥。

桑悦写有一篇非常有名的《独坐轩记》，文笔优美。现抄录如下：

予为西昌校官，学圃中筑一轩，大如斗，仅容台、椅各一。台仅可置经、史数卷，宾至无可升降，弗肃以入，因名之曰"独坐"。予训课暇，辄憩其中，上求尧、舜、禹、汤、文、武、周公、孔子之道，次窥关、闽、濂、洛数君子之心，又次则咀嚼《左传》、荀卿、班固、司马迁、扬雄、刘向、韩、柳、欧、苏、曾、王之文，更暇则取秦、汉以下古人行事之迹，少加褒贬，以定万世之是非，悠哉悠哉，以永终日。轩前有池半亩，隙地数丈。池种芰荷，地杂植松、桧、竹、柏。予坐是轩，尘坌不入，胸次日拓；又若左临太行，右挟东海，而荫万间之广厦也。且坐惟酬酢千古：遇圣人，则为弟子之位，若亲闻训诲；遇贤人，则为交游之位，若亲投膝而语；遇乱臣贼子，则为士师之位，若亲降诛罚于前。坐无常位，接无常人，日觉纷挐纠错。坐安得独？虽然，予之所纷挐纠错者，皆世之寂寞者也。而天壤之间，坐予坐者寥寥，不谓之独，亦匆予同。作《独坐轩记》。

文章的大意是：我做西昌县县学的学官，在县学菜园里建造了一个像斗样大小的屋子，仅能容下一个写字台和一把椅子；写字台也仅能放下几卷经史。客人来了没法迎接，不能施礼请进室内，因此将此屋起名叫作"独坐"。我教课空闲的时候，就在这小屋内休息。在这里我首先研究尧、舜、禹、汤、周文、周武以及周公、孔子的思想学说和治世的方法；其次窥探张载、朱熹、周敦颐、程颢和程颐兄弟的思想学说的内涵；再其次就咀嚼品味左丘明、荀卿、司马迁、班固、扬雄、刘向、韩愈、柳宗元、欧阳修、苏洵、苏轼、苏辙、曾巩、王安石的文章；最后再有时间，就拿秦汉以后古人的行为事迹，稍加评论，以定他们万世的功过是非。悠闲啊，自在啊！我就用这种办法来打发每天的日子。小屋前有半亩池塘，几丈空地。池中种有菱角儿、荷花，空地混植着松、桧、竹、柏。我坐在这小屋里，尘埃俗气进不来，胸怀感到日益开阔，有如左边对着太行山、右边连接着东海而且又处于遮盖万间的广阔大厦之中。还有，我坐着只是和久远年代的古人打交道：若是遇到圣人，我就把自己的座位当作弟子的座位，我感到自己好像是在亲身经历圣人的训导和教诲；若是遇到贤人，我就把自己的座位当作交往朋友的座位，我感到自己好像是在亲身和朋友促膝交谈；若是遇到乱臣贼子，我就把自己的座位当作法官的座位，我感到自己好像是对眼前的坏人亲自审判施加惩罪。我觉着自己的座位并不是一个固定的座位，接触的人也不是固定不变的人，每天都感到人事纷繁纠缠，坐在这里怎么能说是独坐呢？虽然如此，可我感到纷繁纠缠的，却都是世人感到孤寂冷清的，天地之间，坐我这座位的人极少，不称作“独”，也没谁和我是同志。于是写了这《独坐轩记》。

桑悦在这篇文章中起笔点题，先写出何为名“独坐”，然后写出独居一室，以读书为乐，可谓独坐而不独，为下文张本。再写独坐轩之优美环境，正可怡情适志。最后，写出身居斗室，却如处于临太行、近东海、荫万间之广厦，与古人应接不暇。全文顿挫生姿，令人感觉到作者之开阔胸襟。尾末又语意深沉，写出虽然“坐安得独”，但毕竟与正神游者均为“世之寂寞者”，怀才不遇、内心之忧郁难遣尽在寥寥数言中。全文逶迤写来，起伏变化，摇曳多姿。

施雨之父施伦（？—1532），字天秩，号梦云，自小胸怀大志，后考入县学学习。施伦天性至孝，母亲杨氏去世后因悲伤过度而得了重病，此后只得放弃功名养病，并把精力都放在培养儿子身上，希望儿子能功成名就。施伦后以子施雨贵，赠刑部主事。施伦娶妻缪氏（？—1549，后以子贵封太安人），生两子施雨、施霓（字望之，号文涧，县学生）。

有意思的是，桑家虽然是明代常熟名门望族，家族出了很多举人、官员、文人、医生，但在现在的常熟进士榜上却没有桑姓之人，因为他们家族唯一的进士施雨却不姓桑。但是，进士毕竟是稀罕人物，所以桑家历代修谱还是将施雨列在家谱之中。

初历官场

施雨出生在这样一个世代文化氛围浓厚的家族，自幼聪明好学，加上学习刻苦，所以学习成绩一直很好，后来顺利考入常熟县学。明嘉靖四年（1525），施雨升廪生（由官府每月发放廪膳的县学生），不久因文采斐然而声名鹊起，后在参加府试时更是因成绩优异而得到时任苏州知府胡缵宗[1480—1560，字世甫，一字孝思，号可泉，甘肃天水秦安人，正德三年（1508）戊辰科进士，嘉靖二年任苏州知府]的赏识，胡对他关怀有加。又经过几年的发愤苦读，施雨相继考取国子生、举人、进士。

很不幸的是，施雨考取进士这年秋天，父亲施伦不幸因病去世了。施雨当时还在礼部实习，闻讯连夜赶回常熟，抚棺大哭道："父亲啊父亲，你一直希望我能考取进士，今天我通过努力终于考取了，但您却不幸去世了，没有享受到我中进士的喜悦。天哪，为什么悲痛来得这么快呢？"随后他强忍悲痛办理了父亲的后事，又按当时的规矩在家为父守孝，守孝三年期间几乎没出过一次门。

守孝期满，施雨出任刑部主事。任内，他日夜刻苦钻研法律条文，很快就成了这方面的专家。正当他想大有一番作为时，却遭上司连累而被贬了职。

原来，当时昭圣慈寿太后（即弘治皇帝明孝宗朱祐樘的皇后张氏，是朱祐樘唯一的妻子）有个弟弟叫张鹤龄，于明弘治五年（1492）继承其父张峦爵位，封寿宁伯，后来升寿宁侯，嘉靖初又升昌国公。按理说，一个外戚到这个地步了，就该遵纪守法、享受荣华富贵了。可这人非但不遵纪守法，还和他的弟弟张延龄（封建昌侯）狼狈为奸、横行不法，甚至到了杀人放火、无恶不作的地步。由此，惹得嘉靖皇帝大怒，于是在嘉靖八年（1529），张鹤龄被削除封爵，降为南京锦衣卫指挥同知，带俸闲住。但他不真诚认错，依然不知收敛，于是在嘉靖十二年被抓了起来。由于嘉靖皇帝本来就不待见昭圣慈寿太后（具体原因详见嘉靖"大礼议"之争，此处不予展开），他就想杀掉张鹤龄，后在众大臣的求情下才免他一死，下令永久关押，关在京城监狱中。当时刑部有个郎中觉得他是太后亲弟弟，也许将来会有翻身之日，就偷偷地照顾他，经常违反规定让他出狱活动。但不久被人告发，嘉靖皇帝知道后再次大怒，下令将这位郎中狠狠打了一顿并罢了他的职。由于施雨是这位郎中的部下，于是受到连累，遂被贬官至濮州任通判。

为政濮州

《（嘉靖）濮州志》

施雨贬到濮州先任的是通判，《（乾隆）濮州志》有明确记载，《（嘉靖）常熟县志》也记载的是通判，但不知为何，到了《（康熙）常熟县志》就记载为同知了，后来的《重修常昭合志》等皆沿用此说，根据推测应该是后来因功升任的。

作为常熟人，受常熟历来重视教育的影响，施雨在濮州特别重视文化教育。他把平时一些不重要的事务都委托下属管理，自己则集中精力抓教育，选人才，甚至经常到学校亲自给学生们讲课，和学生们讨论。在他的努力下，濮州学风大盛，后来培养出了很多人才。

施雨在濮州任上时，有一次嘉靖皇帝巡幸承天府［嘉靖十年（1531）由安陆州升置，治今湖北钟祥市，为嘉靖皇帝父亲朱祐杬封地］途经濮州，知州等人到郊外迎接，施雨则留在州衙负责后勤接待，他把一切事情安排得妥妥帖帖。这期间有太监乘机向他索贿，他不为所动，坚决拒绝。这事后来传到民间，百姓们就说："想不到施濮州（对施雨尊称）平时看上去像个文质彬彬的书生，遇到事情却如此强干啊！"

兖州府下属曹县和单县（今山东曹县和单县）有很多无赖少年，他们经常啸聚在一起抢劫过往客人。由于这些无赖往往昼伏夜出，当地官员虽然也想捉拿他们，但却屡屡失败。后来上司调施雨代理这两个县的知县，并命令他一定要想办法将这些无赖抓获。施雨到任后，先张贴公告严禁抢劫，并要求参与抢劫的人赶快自首，凡自首者可酌情从轻处罚；如不自首，则一旦抓住会加重处罚。又发动广大人民群众举报。不到三个月，这些少年强盗纷纷自首或被抓，两县抢劫之风就此被彻底刹住，当地治安大为好转。

今日濮阳风光

在濮州通判任内，施雨还担任过嘉靖十六年（1537）丁酉科山东乡试同考官。当时担任过苏州知府的胡缵宗正任山东巡抚（嘉靖十五年十二月任），乡试推荐同考官时，胡缵宗给山东布政使写了一封推荐信，信中将施雨比作古代的伯乐而极力推荐。布政使接信后欣然同意，当即聘请施雨任同考官。施雨本来学识渊博，精于选士，最终他不负众望，在这一科乡试中，选拔了很多具有真才实学的优秀人才。

施雨在濮州任上勤政爱民，深受当地百姓爱戴，他与时任濮州知州杨祜［1504—？，字汝承，号丹泉，浙江杭州钱塘人，嘉靖八年（1529）进士，嘉靖十四年以刑部员外郎贬任］、濮州通判蒋瑜（1498—1540，字纯卿，别号二峰，浙江东阳人，嘉靖五年进士，以御史贬任）都是由京官贬来，任上为濮州做了很多好事实事，被濮州人亲切地称为“濮州三贤”。

铁面无私

施雨因政绩突出，后升任南京刑部浙江司主事。此后，又先后担任过南京刑部山东司主事、南京工部员外郎和南京刑部郎中。

在刑部任职期间，施雨因为精通法律，办事认真负责，被上司分派审理了很多案子，从来没有发生过一起冤枉好人、放过坏人的事。当时的刑部尚书对他非常信任，每次遇到施雨汇报案件审理情况，总是说：“就按你的意见办吧。”有人问他为什么对施雨这么信任，这位尚书回答道：“施雨精通法律，请问你们有超过他的吗？他审理的案子有过错误吗？”问的人当即无话可说。

明嘉靖二十三年（1544），施雨出任广东按察司佥事兼潮惠兵备道。［按察司，全称为提刑按察使司，主管一省司法事务，一把手为按察使

（正三品），下设副使（正四品）和佥事（四品或五品不等）等官员。副使和佥事是按察使的佐官，类似于布政司的参政、参议，负责分道巡察地方上的兵备、提学、抚民、巡海等事物。潮惠兵备道，就是负责潮州府和惠州府两个地方的整饬兵备的道员，负责监督当地军事，并可直接参与作战行动。]

潮州和惠州两府境内山寇和海寇多，这些强盗往往凭险侵扰百姓，百姓为此苦不堪言。施雨到任后跑遍境内，访贫问苦，急百姓所急，想百姓所想，尽心尽力为百姓办实事好事。他还整肃纲纪，严惩奸胥猾吏，广东的官场风气由此大为好转。

作为当地负责军事的专职官员，施雨又大力整顿驻军，淘汰老弱病残，加强日常训练，使军队面貌焕然一新，战斗力大增。他带领驻军戢暴安良，抓获和严惩了很多山寇和海寇，使得社会治安也大为好转。

当时在广东和江西交界处的和平县岑冈（今和平县上陵镇岑岗村）盘踞着一伙强盗，为首的叫李鉴，手下有好几千人。由于此处地形险要，加上这些强盗都是亡命之徒，此前官府多次征剿都失败了。施雨到任后经多方调查，决定改剿为抚，并准备亲自出面招降他们。当时手下官员纷纷表示反对，认为这是不可能的事，而且会非常危险。但施雨主意既定，遂极力说服了众官员。为表示诚意，他一人一骑独自前往，到达岑岗强盗老巢时已是黄昏，李鉴带领手下上千人打着火把，分立道路两侧，表面上是欢迎，实际上想给施雨一个下马威。哪知施雨面不改色，从容而入。在他多方劝说、恩威并施下，李鉴深为感动，最终表示愿意接受招降。这股为患

今日岑岗村

地方多年的强盗终于被施雨收服，当地百姓对施雨感激万分，而施雨的手下官员则对他钦佩不已。

有一次，潮州府程乡县（今广东梅县）官府抓住了一个大盗，关在当地监狱中。这个大盗手下有很多死党，这些人见老大被抓，就谋划通过劫狱把他救出去。这个消息被一位衙役知道了，这位衙役马上去报告了施雨。施雨得到消息后，表面上像往常一样不做任何布置，暗中却提前安排兵力做好防卫，然后派人将这个大盗从另外一条道路押到刑场直接杀了。那些强盗闻讯后，害怕得纷纷逃走了。

孝悌爱亲

施雨因父亲早逝，对母亲十分孝顺，但因自己长期在广东任职，而母亲却在家乡生活，所以他十分想念母亲，常常想要早点辞官回家侍奉母亲，还自称“陶庵子”以表明心迹。明嘉靖二十五年（1546）秋，正逢嘉靖皇帝四十大寿，按当时惯例，施雨也进京祝贺。事后，他顺道回到常熟看望母亲，久久不愿离别。回到广东任上后，他的顶头上司广东按察使因为一些私事对他有看法，非但不因功推荐提拔他，反而处处为难他。施雨本是个外柔内刚之人，两人矛盾由此越来越大，最终施雨被削职归家。对此事，施雨一点也不觉得难过，反而因为能回家照顾母亲而开心，他对别人说：“本来我想辞官回家，朝廷还不一定同意，现在他一句话就遂了我的心愿，这是我们母子的幸运啊！”回家后，施雨对母亲关怀有加，经常陪母亲聊天，还要求夫人薛氏给母亲做好吃的，其母亲非常开心。

明嘉靖二十八年（1549），施雨母亲因病去世，当时施雨已是55岁的老人了，但他仍像小孩一样日夜哭泣，悲痛不已。

施雨对弟弟也十分关心爱护。他的弟弟施霓因为未能考取功名，也无一技之长，后来一直在家照顾母亲，自己基本没什么钱。施雨母亲去世时再三吩咐施雨要照顾好弟弟，施雨一口答应。后来施雨不但将家中祖先留下的财产全部给了弟弟，平时还常常拿出钱来接济他，为此施霓对哥哥感激不尽。

施雨在家平时喜欢读书吟诗，还以教育子孙为乐，有时也参与一些社会活动。他曾于明嘉靖四十四年（1565）为家乡练塘九图崇庆庵撰写过一篇《重修崇庆庵土谷神祠碑记》，记述常熟县令冯汝弼免除崇庆庵庵田粮赋，后任县令钮纬、王叔杲继续免除的事。

施雨原来家住在县衙隔壁，因为比较狭小，又无地扩造，后来就在城西山脚下重新造了新房。此地风景秀丽、视野开阔，施雨非常喜欢，常约上三五好友在此饮酒作诗，其乐融融。

施雨娶妻薛氏，生有三子元孝、元敬、元道。

长子施元孝，字子纯，号仰峰，工文辞，但多次参加乡试都未能考取举人，施雨就叫他外出历练以长见识。施元孝于明嘉靖四十年（1561）在顺天府考取举人，生有一子峤。

次子施元敬，字子钦，号绍峰，早逝，生有一子屿。

三子施元道，字子达，号念峰，生员，生有三子峤、屿、岵［峤、屿与他两位兄长的儿子同名，不知何故，《海虞桑氏世谱》（1919）如是载］。

施雨的第二个儿子施元敬不幸英年病逝后，施雨哭得两眼都失明了。后来大儿子施元孝考取举人，施雨闻讯后很开心，过了一段时间，眼睛竟然复明了，这件事在当时被传为美谈。

关于施雨生年，《嘉靖十一年进士登科录》载他时年33岁，则可推算出他生于1500年，但其行状载为生于弘治乙卯年（1495），今以行状为准，登科录所载当为官年（向官府申报的年龄）。

施雨于明嘉靖四十五年（1566）十月十五日在家中因肺病去世，享年72岁。曾任监察御史的邑人陈瓒（1518—1588，字廷祼，号雨亭，嘉靖

今日练塘

三十五年进士，官至刑部左侍郎，卒赠右都御史，谥“庄靖”）为他撰写了《广东按察司佥事施公雨行状》，后收录于《国朝献征录》。同时，明代名臣邑人瞿景淳为其撰写了墓志铭。

（陈建华）

主要参考文献：

1. 常熟市地方志编纂委员会办公室标校．重修常昭合志［M］．上海：上海社会科学院出版社，2002.

2.（民国）桑向荣．海虞桑氏世谱［M］.1919年刻本．

3.（明）陶尚德．南京刑部志［M］．

4.（清）黄之隽，（清）赵弘恩．（乾隆）江南通志［M］．

5.（明）孙王森．嘉靖十一年进士登科录［M］．明嘉靖刻本．

6.（清）邵世昌修；（清）柴摟纂．（乾隆）濮州志［M］．

7.《练塘镇志》编纂委员会．练塘镇志［M］．北京：中共党史出版社，2000.

8.《尚湖镇志》编纂委员会．尚湖镇志·练塘卷［M］.上海：上海辞书出版社，2007.

9.（明）郭棐．广东通志［M］．

10. 常熟市碑刻博物馆编．常熟碑刻集［M］．上海：上海辞书出版社，2007.

黄时雨

精明强干　足智多谋

黄时雨（1546—1604），字化之，号润寰，明代南直隶州常熟县人，县学生出身。万历元年（1573）癸酉科应天府乡试第119名举人，万历二年甲戌科三甲第12名进士，历任刑部江西司主事、刑部浙江司员外郎、刑部山西司郎中、惠州知府、广东高肇兵备副使、广东按察司副使、云南布政司右参政（未赴任）。黄时雨为官十多年，忠于职守，兢兢业业，正直无私，受到世人的尊敬。

出自江夏黄氏

黄时雨家族，祖上出自历史上著名的江夏黄氏。黄姓源自华夏古国之一的潢川黄国，在今河南潢川县的古中原境内。据《史记》与《黄国故城志》所载，黄国建国创始人为嬴姓伯益长子大廉，古黄国共存续了约1500年。公元前648年，潢川黄国被楚国灭亡，黄姓族人有少数逃到河南中部，大批则被迫内迁到楚国腹地，定居在湖北黄冈、黄陂、黄安、黄梅、黄石等县。其中有一支内迁到江夏安陆（今湖北云梦县东南一带），后来发展成汉代最著名的江夏黄氏。至战国时期，黄国贵族后代黄歇事楚顷襄王，于楚考烈王元年（前262）任楚相，被封为春申君。后黄歇改封于吴（今江苏省苏州市一带），他的13个儿子有的就定居于今江苏、上海一带。由此，

黄歇塑像

黄歇成为中国大姓黄姓的始祖。江夏成为海内外黄姓华人公认的总郡望和发祥地，故有“天下黄姓出江夏，万派朝宗江夏黄”之说。

黄时雨六世祖（以父亲为一世祖，祖父为二世祖，以此类推）黄礼从无锡迁居常熟湖桥，是为迁常始祖。其家族世系为：黄礼→黄用正→黄仲伦→黄钦→黄玺→黄祖相→黄时雨→黄佐玄、黄仪玄、黄代玄。

黄时雨烈祖黄礼，从无锡移居常熟湖桥，隐居不仕。

天祖黄用正，邑庠生，早逝，娶妻陈氏，生子黄仲伦。

高祖黄仲伦，邑庠生，早逝，娶妻卫氏，生一子一女，子黄钦，女嫁邑人周某。

曾祖黄钦，号溪隐，四岁丧父，由祖母陈氏、母亲卫氏抚养成人。天性至孝，曾割股疗母疾。娶妻包氏，生两子黄琳、黄玺。

祖父黄玺，号守溪，从湖桥迁居城中。娶妻周氏，生两子，长子黄北川，次子黄祖相。

父亲黄祖相（？—1596），字良佑，号闲溪，曾担任县里小吏，后辞官经商。虽小富却生活简朴，热心公益，乐善好施，轻财重义，后以子时雨贵封惠州知府、中宪大夫。墓在兴福寺北，邑人顾云程撰行状。黄祖相娶妻陈氏（？—1574），生三子一女，三子黄堂、黄时雨、黄重，一女嫁邑进士李遇春之子李梦庚。

黄时雨生于明嘉靖二十五年八月二十一日（1546年9月15日），自幼聪明好学，28岁考取举人，29岁又连捷成进士，可谓是春风得意。

智取岑冈成名

黄时雨中进士不久，母亲就因病去世了，他悲痛万分，此后在家为母守孝。

守孝期满，黄时雨被授予刑部江西司主事，后又相继任刑部浙江司员外郎、刑部山西司郎中。在刑部，黄时雨遇事明辨有主见，处理公务公正公平。当时张居正任内阁首辅，独揽大权，经常对各部事务指手画脚。但黄时雨个性刚强，并不像其他人一样对张居正唯唯诺诺，而是坚持自己的原则，曾平反了不少郡县上报的案子。黄时雨在刑部5年，以其精明强干而被人称为“小司寇”（刑部尚书别称“大司寇”）。

明万历十年（1582），黄时雨外放出任广东惠州知府。惠州古称惠阳，在古代即有“岭南名郡”“粤东门户”和“半城山色半城湖”之称，是客家人集中居住地，境内还居住有大量以瑶族人为主的少数民族。

明弘治末年，由于朝政日益腐败，社会矛盾不断加剧。至正德元年（1506），广东惠州府和平县境内曾发生池仲容农民起义，人数最多时发展到1万多人，占据浰头一带38个村寨，起义持续了十多年，后于正德十三年被王守仁带兵镇压，池仲容被杀害。但王守仁在镇压这次起义时，有一个地方因其险要异常而久攻不下，最终只得放弃。这个地方就是池仲容部下李鉴和其子李文彪占据的和平县岑冈。其后东南倭寇入侵，朝廷将重点放在抵御倭寇上，使得李鉴部得以重新坐大。李鉴死后，李文彪占据岑冈长达50多年，势力一度扩大到广东和平、龙川、兴宁，江西之龙南、信丰、安远诸县。其间，李文彪忽降忽叛，令朝廷头痛不已。

三浰简介中介绍池仲容生平事迹

嘉靖四十五年（1566），李文彪病死，李文彪部将江月照和儿子李珍等接任头领。

明万历十四年（1586），江月照带人四出劫掠，他们杀商、夺民产、没商货，严重威胁官府的统治。时任两广总督吴文华决心铲除这颗毒瘤，他先是派出两位指挥使赶到岑冈，想要招降江月照。结果江月照根本不愿意，反而将两位指挥使痛打一顿，然后以箭贯耳，让两人回去复命。吴文华闻讯大怒，当即下令某副总兵率兵进剿。这时，黄时雨连忙上书吴文华道："岑冈地势险要，叛军又经营多年，易守难攻，当年王守仁尚且不能攻下，若动用大军进攻，胜负难料啊。如今我已想出一条妙计，请大人给我一段时间，我必定能攻下此地。"吴文华听了觉得有理，于是收回了成命，改而命令黄时雨负责此事。

吴文华画像

黄时雨得令后，先派主簿邱懋赶到岑冈进入江月照大营，试图再次劝降他，但江月照依旧冥顽不灵，将朝廷大骂一通后赶走了邱懋。实际上这只是黄时雨的第一招，其目的是探听叛军虚实。

当时江月照为防备官军，在岑冈四周安排了大量探子，时刻探听官军动静。黄时雨经过一番调查，抓住了其中4人，先威吓要杀了他们，4人一听，连忙讨饶。黄时雨就对他们说："要活命也不难，你们必须按我说的办，以便将功赎罪。"这4人当即答应。黄时雨随即叫人制作了很多1寸左右大小的小纸片，上写"免死"两字，叫这4人带上后回去，并告诉他们："大军即将进剿，你们回去后将这些纸片分发给那些愿意投降的人，只要他们在这纸片上写上自己的名字，将来官军就会凭这纸片放过他们。没有这纸片的，则定斩不饶。"这4人回去后按此照办，不久竟然有3000多人表示愿意投降。由于事情做得隐秘，江月照等匪首竟然一无所知。最终在黄时雨分化瓦解下，叛军发生内讧，江月照被手下抓住，在送往府衙途中服毒自杀。黄时雨又下令将叛军遣散为民，这颗为祸多年的毒瘤终于被拔除。

公正无私留名

黄时雨精于审案，他审理案件严格以事实为依据，从不偏听偏信，特别是对一些大案、要案，更是慎重，既大胆推理，又小心求证，确保把每一起案件办成铁案。在他任内，他经手的所有案件，审理结果都十分公正公平，诉讼双方都能满意。黄时雨在任内还平反了若干冤案。

有一次，当地一个豪强家族的人涉嫌某案，官府正在调查他，他闻讯后多次托人找黄时雨说情，但每次都被黄时雨拒绝了。不久，黄时雨因事请假回到常熟，这人竟然带着重金，千里迢迢也从惠州赶到常熟黄时雨家中，想要行贿黄时雨，结果再一次被黄时雨严词拒绝了。黄时雨对他说："朝廷法律严明，哪些事情可以做、哪些事情不可以做都有规定，你自己应该也了解。一切按法律规定办，你找我，我也没法帮你。"最终这人被依法惩处。

黄时雨在惠州任上还组织清理过田赋，免除铁税800余两，从而在一定程度上减轻了老百姓的负担。

黄时雨还曾于明万历十三年（1585）在惠州府治右侧建过一座文昌祠。文昌祠又称文昌阁、文昌庙，是中国一种传统的祭祀建筑，祭祀传说中掌管文运功名之神的文昌帝君，可保一方文风昌盛。旧时，每年二月初三日为文昌帝君神诞之日，官府和当地文人学士都要到文昌祠奉祀，祈求当地科举昌盛，个人早获功名。

惠州文昌阁

过去，惠州一向有买卖妇女的恶俗，出生于常熟这样一个文化昌明之地的黄时雨，对此深恶痛绝。他到任后不久，即下令严禁，有违者，查处后严惩不贷。由此，这一恶俗慢慢得到了遏制。

黄时雨在任上还做过一件功德无量的好事，就是奏请朝廷赦免王度的后人。王度（1356—1402），字子中，原为惠州府博罗县人，后迁居惠州府归善县。因博学多才，于明洪武二十二年（1389）以明经科受荐，任山东监察御史。在靖难之役中，王度与方孝孺一起誓死保建文帝。朱棣称帝后，杀方孝孺，诛其十族，王度也遭贬斥，被贬守卫贺县千户所。不久即因再次得罪朱棣而被杀，受到牵连的亲属共155户，全部被流放外地。嘉靖五年（1526），经上报朝廷同意，广东提学副使欧阳铎和惠州知府顾遂在惠州为王度建孤忠祠祀之。此时，王度已在事实上获得平反，但其流放各地的亲属后人仍未能获赦。至万历十二年（1584），黄时雨向朝廷上书，请求赦免王度亲属的后人，朝廷当即同意。这些流放在边远荒凉之地的王度亲属后人，终于能够返回家乡。同时，朝廷还赐予王度直系后人王朝堂秀才的身份。

王度塑像

因为在惠州任上政绩卓著，黄时雨后入祀惠州名宦祠。

有功东西交流

明万历十五年（1587），黄时雨升任广东高肇兵备副使（高、肇，指广东高州府和肇庆府。兵备副使，是按察使司副使整饬兵备道的简称）。任内，黄时雨于万历十九年在高州府和肇庆府之间东北二路官道建了很多供人休息的亭子，因为两亭之间相隔五里，所以称为“五里亭”，亭子建成后，大大方便了过往人员。

利玛窦画像

黄时雨在任广东高肇兵备副使期间，还与后来大名鼎鼎的意大利传教士利玛窦有过交往。利玛窦（Matteo Ricci，1552—1610），字西泰，意大利天主教耶稣会传教士、学者。明万历十年（1582）来到中国，先后在澳门、肇庆、韶州、南昌、南京、北京等地传教，直至万历三十八年在北京逝世。利玛窦在华传教28年，是天主教在中国传教的最早传教士之一。利玛窦在肇庆传教时，黄时雨正任广东高肇兵备副使，经常来往肇庆、高州两地。肇庆当时还是两广总督驻地，利玛窦到此地就是想寻找机会获得两广总督的支持，以便在广东乃至中国内地传教。利玛窦刚到肇庆传教时，当地有很多人是反对的，这其中就包括时任两广总督的郭应聘，他对耶稣会来华传教十分反感。后来在肇庆知府王洋的帮助下，利玛窦在肇庆逐渐站稳了脚跟。但当地百姓士绅还是与他们有隔阂，称他们为“番僧”，还不时与他们发生一些冲突和矛盾。为此，利玛窦就经常去结交当地的各级官员，送上一些西洋小礼品，以求得支持。这一期间与利氏往来的人有知县谭君谕、继任的肇庆知府郑一麟、高肇兵备副使黄时雨、巡按御史蔡梦说、肇庆同知方应时等等。

有一次，利玛窦在肇庆某地传教时与当地乡绅发生了矛盾，这些乡绅不许他在当地传教。为此，利玛窦找到了黄时雨，请求他帮助。鉴于当时朝廷有同意外国人在华传教的旨意，黄时雨当即判决乡绅无理，教团无罪，及时化解了矛盾，保护了传教士。利玛窦在事后还送给黄时雨一枚在当时十分稀有的三棱镜，以表示感谢。

当然，从今天来看，利玛窦在中国的传教是利远远大于弊的，因为他在传教的同时，还向中国社会传播了西方的天文、地理、几何、物理、化学等知识以及人文主义的观点，开创了晚明士大夫学习西学的风气。与此同时，利玛窦还向西方传播了中国文化，促进了中西文化的交流。利玛窦后被美国《生活》杂志评为公元第二个千年（1000—1999）内最有影响力的百名人物之一。而黄时雨在支持利玛窦这件事上，也算是做出了小小的贡献。

参与平叛海盗

明万历十六年（1588），黄时雨升任广东按察司副使，任内曾参与平定海寇李茂、陈德乐之乱。

李茂（约1534—1589），海南北部琼山（今海南省海口市琼山区）人，18岁时被海盗掳至海外，后加入海盗林容部，成为其手下重要将领。明隆庆三年（1569），林容与另一海盗许瑞互相攻击，战败被俘。李茂收集残部逃往临高，后成为首领。此后经过不断征战，势力逐渐壮大。明军多次征讨，却始终未能彻底消灭这股海盗。后来在朝廷的招抚下，李茂和部下陈德乐等选择归顺朝廷，期间还协助官军抵御过倭寇进犯。

但李茂、陈德乐最终贼心不死，归顺朝廷后不久，两人依旧与原部下勾勾搭搭，行不法之事。特别是大肆盗抢海南珍珠（当时海南出产的小珍珠质量很高），时人称他们为“澳党”。从某种意义上说，李茂的投降实际上是为了更加方便地盗取海珠。而且他们还勾结明军部分将领狼狈为奸，共同盗窃海珠。珍珠的掠夺和贸易，为李茂集团提供了巨额的财富。

时间一长，朝廷对此大怒，明万历十七年（1589）正月，两广总督刘继文派兵将居住在琼州府的李茂、陈德乐抓捕，但余党陈良德等却乘隙逃出。刘继文令总兵李栋全力讨伐，当年三月，在珠池附近擒拿了陈良德等。至五月，终于在抱虎湾全歼李茂的余党。最后李茂、陈良德被押解至军门斩首，而陈德乐早已于狱中自杀。李茂海盗势力就此被剿平。在此过程中，黄时雨也全程参与了决策部署。

行孝致仕归里

明万历十九年（1591）二月，黄时雨升任云南右参政。黄时雨对父母十分孝顺，因母亲早逝，他就将一腔孝心都倾注在父亲黄祖相身上。在上任云南前，他听闻父亲身体欠佳，就向上司请了假回家省亲。到家一看，父亲主要是得了足疾，其他尚无大恙。父亲见他回来，当即对他说：“我没什么大病，你赶紧赴任吧。”黄时雨回答道：“我今天能有这么一点小成绩，都是父母养育的结果，可惜的是母亲没能看到。现在您身体不太好，年纪也大了，我怎么忍心为了一点俸禄而远离您呢，我想直接辞职不干了，今后就在家服侍您吧。”父亲见他去意已决，最终也同意了。这年，黄时雨才46岁。此后，黄时雨就一直在家照顾陪伴父亲，直至父亲去世。

黄时雨与邑进士顾云程相友善。顾云程（1547—1619），字务远，号襟宇，常熟古里军墩人，明万历元年（1573）举人，万历五年进士，历任浙江定海、淳安、嘉兴知县，云南道御史，江西按察司佥事，贵州参议，云南副使，四川参政，山东布政司参政兼霸州兵备道，山东布政使，南京太常寺卿。黄时雨与顾云程很小的时候就相识，两人从小一同读书，一同游玩，后来又同于万历元年考取举人。由于两人平时经常往来，所以两家长辈也熟识。尤其是黄时雨父亲黄祖相对顾云程非常好，将他当作自己的侄子一样。而顾云程也对他为人仗义、正直无私的品格非常敬重，所以两人也非常谈得来。万历二十四年黄祖相去世时，顾云程正任山东布政司参政兼霸州兵备道，黄时雨专门写信给他，告知父亲去世的消息，并请他为父亲写一篇行状。顾云程闻讯非常悲痛，随后写下《闲溪黄公行状》。

黄时雨与钱谦益之父钱世扬也有交往。钱世扬（1554—1610），字士兴，一字孝成，又字偁孝，号景行，明万历十九年（1591）辛卯科副榜，好谈古今忠节奇伟之事，后以子谦益贵封礼部侍郎，著有《春秋说》10卷。正因为有这层关系，后来钱谦益和黄时雨的几个儿子也有交往。后来黄时雨夫人顾氏在万历末去世后，钱谦益应黄时雨儿子请求，为顾氏撰写了《诰封恭人顾氏墓志铭》。

游朴画像

黄时雨与福建人游朴关系也不错。游朴（1526—1599），字太初，明福建福宁（今福建柘荣县）人，万历二年（1574）进士，历任成都府推官、大理寺评事、刑部郎中、广东按察司副使（1589年任，负责盐税征收），官至湖广参政，为官清正廉洁，办案公平公正，著有《藏山集》。

黄时雨与游朴既是同科进士，又都在刑部任过职（是否共事过待考），后来又都任广东按察司副使，成为同事，可以说，两人是非常有缘分的。由此，两人关系也很好。万历十九年（1591）二月黄时雨被任命为云南参政时，游朴作《黄化之擢云南参政》相贺：

十年五岭敝征袍，更向南中拥节旄。
汉使旧传金马重，昆池行抚石鲸高。
歌闻槃木天垂尽，师渡泸江地不毛。
六诏只今勤旰食，大夫莫赋北山劳。

明万历三十二年（1604），黄时雨去世于位于常熟城里塔前的家里，年仅59岁，后葬于兴福寺北，与父母墓在一块。

黄时雨娶妻顾氏（约1550—1619），侧室某氏，生六子，其中长子名佐玄、三子名仪玄、四子名代玄。除第五子为侧室所生外，其余皆为顾氏所生。

顾氏15岁嫁给黄时雨，为人勤劳善良贤惠。黄时雨年轻时家里并不富裕，顾氏嫁到黄家后，为了让黄时雨安心读书，她日夜操劳，将一家老小的衣食住行安排得井井有条。她还十分孝敬公婆，将两位老人照顾得无微不至。应该说，黄时雨后来能高中进士，与顾氏的辛勤付出是分不开的。黄时雨后来长期在外为官，顾氏一直随侍身边，将全家生活安排得舒舒服服，还与小妾和平相处，使得黄时雨能安心工作。有一次，家里不小心发生火灾，当时小妾所生第五子还在室内，顾氏不顾危险，冲进屋内将小孩救出。后来，这孩子对顾氏一直爱戴有加，将她当作自己的亲生母亲。顾氏去世后，这个儿子悲痛异常，哭着说道："我母亲去世了，我活着还有什么意思呢？"不久，竟然因悲痛过度也去世了。

黄时雨长子黄佐玄，号梦寰，太学生，曾任浙江都司断事。

三子黄仪玄（1576—1637），字叔参，号方堂，小时曾随父居惠州，后入南京国子监读书。为人忠信质直，喜欢替人排忧解难，去世后由女婿、邑进士赵士春志墓。黄仪玄娶妻张氏（1577—1659，为邑进士张文麟之孙张希九之女），侧室某氏，有三子二女：士祥（继子，原为弟虞卿子，邑庠生）、士鼎（？—1654，张氏生，邑庠生）、士登（侧室生），长女（张氏生）嫁进士赵士春，次女（侧室生）嫁某。

四子黄代玄（？—1639），字报西，号金坛，天性至孝，去世后由妻侄、邑进士赵士春志墓。黄代玄娶妻赵氏（为邑进士赵用贤第六女），生有四子廷直、廷钺、廷均、廷平。

外甥黄怀李，字柱源，为遗腹子。母亲黄氏怀他时，父亲李梦庚突然去世，黄氏回到娘家待产，不久生下儿子，因而姓黄。为了不忘自己的父亲，故取名怀李。黄怀李天性孝友，曾前后3次被推荐担任乡饮宾，并得到官府旌表，年八十三卒。

孙子黄士登，字伯升，为人乐善好施，终身不懈，曾被推荐担任乡饮宾，多次受到官府嘉奖。

孙子黄尚廉，早卒。娶妻徐氏，生一子基芳。黄尚廉去世时，徐氏才29岁，儿子才8个月。徐氏后截发自誓，守节终生。至清康熙十八年（1679），徐氏受到朝廷追旌。

孙女黄氏（1600—1635），少工楷法，喜读书，通晓大义。嫁邑进士、翰林院编修赵士春，生二子一女，长子赵延先、次子赵万林。钱谦益志墓。

曾孙黄朝元，字非百，一作飞伯，虽家境贫困却刻苦好学，清康熙三十五年（1696）丙子科举人，后长期留滞京师，想要考取进士，最后去世于京城。其妻沈氏，在黄朝元去世时年仅30岁，后守节20余年，受到朝廷旌表。

（李志敏）

主要参考文献：

1.（明）姚宗仪.（万历）常熟县私志［M］.万历四十五年（1617）抄本.

2.（明）冯复京.圣明常熟先贤事略［M］.

3.（明）戴熺，（明）欧阳璨等修；蔡光前，陈于宸等纂.（万历）琼州府志［M］.

4.（明）瞿九思.万历武功录［M］.

5. 明实录闽海关系史料［M］.//台湾银行经济研究室编辑.台湾文献丛刊第296种，台北：台湾银行经济研究室，1957−1972.

6.（清）钱谦益.牧斋初学集［M］.

7.（明）张应遴.海虞文苑［M］.

8.（清）张四科.保闲堂集［M］.

9. 常熟市地方志编纂委员会办公室标校.重修常昭合志［M］.上海：上海社会科学院出版社，2002.

徐待聘

勤政为民　夙夜在公

徐待聘（1555—1626），字廷珍，号绍虹，明代南直隶州常熟县人。万历十九年（1591）辛卯科举人，万历二十九年辛丑科三甲第67名进士，历任浙江乐清知县、上虞知县、江西分宜知县、刑部主事、工部主事、南河工部郎中、湖广按察司副使分巡荆南、陕西按察司副使等。徐待聘无论在何地、何职任上，都能勤勤恳恳，充分发挥自己的聪明才智，忠实履职。

源自南州　高士徐氏

陈蕃塑像

徐待聘家族，远祖可追溯到汉代徐稚，也就是王勃《滕王阁序》中“人杰地灵，徐孺下陈蕃之榻”的徐孺子。

徐稚（97—168），字孺子，豫章南昌（今江西省南昌市）人，东汉名士。由于他学识渊博，又虚己待人、和睦乡里，年轻时就声名远播。徐稚对当时的现实有着清醒的认识，不愿与腐败朝廷同流合污，所以隐居家乡，力事农耕，淡泊明志。时任豫章太守陈蕃，敬重徐稚气节，其太守官衙从不接待宾客，唯独徐稚例外。陈蕃特为他在署内设一榻，专供徐稚来访时就座，徐稚一离开就把这榻悬挂起来。徐稚虽不以学术著称，但他的高风亮节为世人所敬仰，后人曾在南昌建高士祠、孺子亭以表纪念。这就是“徐孺下陈蕃之榻”典故的来源。

南宋建炎年间宋室南渡时，徐稚后裔承事郎千十四公跟随南渡，卜居常熟。到了元代，千十四公裔孙徐立（又名徐琼，有弟徐元、徐端）兄弟先居住在浒浦，徐立出赘李氏家族（李开山后裔）后移居李墓（即后来的徐市），为徐市徐姓始祖。徐立定居徐市后，于元至顺二年（1331）三月把原来在浒浦、但已塌毁的佑圣道院移建到徐市。至元四年（1338）正月，当时的常熟州知州班惟志应徐立之请，专门撰写了《常熟州东李塘佑圣道院之记》记述这件事，文中对徐立兄弟的孝行大加赞赏。

徐家在徐市定居后，繁衍生息，到明代已成当地望族，这个家族在明清两代出了很多人物，如进士有徐祯卿（自徐市迁至梅李，再迁往吴县，明弘治十八年进士）、徐栻（嘉靖二十六年进士）、徐应聘（移居昆山，万历十一年进士）、徐待聘（万历二十九年进士）、徐定国（顺治三年武进士）、徐斌（顺治三年武进士）、徐元文（移居昆山，顺治十六年状元）、徐乾学（移居昆山，康熙九年探花）、徐秉义（移居昆山，康熙十二年探花）、徐兆玮（昆山回迁常熟何市，光绪十六年进士），举人（不含后来中进士的）则有4位：

状元徐元文画像

徐炳德（万历三十一年举人）、徐待任（万历三十四年举人）、徐文勋（万历四十年武举人）、徐国桢（崇祯九年武举人）。此外，还有不少由诸生入仕的，如徐楼（庐陵县县丞）、徐柱（兴化府经历）、徐明德（宝源局大使）、徐志德（太医院吏目）、徐振德（光禄寺署正）、徐待征（福建都司断事）、徐汝良（武英殿中书舍人）、徐待举（福建都司经历）、徐元发（礼部儒士）、徐锡玠（礼部儒士）、徐锡鼎（金吾卫经历）、徐锡球（铜梁县县丞）、徐锡祉（晋王府审理）、徐锡禧（杭州府通判）等。

徐待聘家族世系为：徐稚→……→千十四公→……→徐立→……→徐孜→徐鲲→徐天民→徐侯、

徐儆、徐伋、徐俸、徐仿、徐栻→徐懋德（徐侯子）、徐树德（徐伋子）、徐一德（徐伋子）→徐待聘（徐树德亲子，徐懋德嗣子）、徐待任（徐一德子）→徐锡祚、徐锡胤、徐锡云、徐锡全（4人皆徐待聘子）→徐淑、徐潢（二人皆徐待聘孙）。

徐待聘的高祖徐鲲，后以孙徐栻贵赠正议大夫、兵部右侍郎兼都察院右佥都御使。徐鲲将李墓改名徐墅。

曾祖徐天民，后以子徐栻贵赠正议大夫、兵部右侍郎兼都察院右佥都御使，去世后葬于徐市。据说徐天民墓前有一棵古桧，他安葬时，这棵古树已枯死，后来曾两次复活，第一次复活不久徐栻中了进士，第二次复活不久徐待聘又中了进士。徐天民娶妻吴氏，继娶张氏，生六子侯、儆、伋、俸、仿（倣）、栻。

本生祖父（亲祖父）徐伋，字世贤，号怀隐，例授征仕郎。为人正直坦荡，生子徐一德、徐树德。

嗣祖父徐侯，字世卿，号凤塘，七品散官。为人谦卑有礼，待人诚恳，一生不与人争执。与弟徐儆十分友爱，兄弟两人五十年共享钱财，不分彼此。徐侯对水利有研究，曾撰《白茆利病书》上书给官府，后来官府在治理白茆塘时采用了该书很多意见建议。徐侯生子徐懋德。

叔祖父徐儆，字世美，号东桥，又号东塘，监生。为人古道热肠，喜欢热心帮助邻居，颇受人称赞。

叔祖父徐栻（1519—1581），字世寅，号凤竹，明嘉靖二十六年（1547）进士，为明代徐氏家族官位最高者。历任宜春知县、南京监察御史、饶州同知、浙江按察司佥事、浙江按察司参议（期间曾任戚继光的监军）、广东提学副使、云南参政、云南按察使、山东布政使、右副都御史、江西巡抚、浙江巡抚、南京工部右侍郎、南京工部尚书。徐栻在任时勤于政事，治绩显著，史载其“扬历中外，敏练通达，与人交，款洽有情”，并且“崇尚节俭，以身先之”，由此可见其声誉之佳。

本生父（生父）徐树德，字用之，号琴江，贡生，著有劝善书《慈心功德录》《善恶报》。徐树德生子待聘，待聘后过继给堂伯父徐懋德为子。

嗣父徐懋德（1518—1584），字勉之，号虹江，曾任光禄寺典簿厅录事，以徐待聘贵赠中大夫、湖广布政使司右参政兼按察司佥事。著有《光禄职掌须知》若干卷。去世后葬于徐市，邑人赵用贤为其撰墓志。

堂弟徐待任（1566—1623），字廷葵，明万历三十四年（1606）举人，曾任婺源教谕、沔阳知州。在任不畏强暴，政绩卓著，卒于任上。

大器晚成　名闻浙江

受家族特别是叔祖徐栻的影响，徐待聘从小就好学，立志要通过读书考取功名，像叔祖一样光宗耀祖。但他的科举之路十分辛苦，虽然他人很聪明，学习也刻苦，但直到37岁才考取举人，47岁才考取进士，这个年龄在明代算是比较晚的了。

徐待聘中进士后，首任浙江乐清知县。乐清多山，地瘠民贫，他上任后对待工作十分认真负责，他修学校、重教育、兴水利、劝农桑、均赋役、灭盗贼，做了一系列实实在在的事情。临离任时，他还把几年来的工作心得汇成一书《乐成六仪》，从职守、城池、风俗、约保、里役、驿铺六个方面对乐清存在的问题以及对策作了详尽论述，为后人治理乐清做了有益的贡献，也为今人了解明代乐清留下了宝贵资料。

徐待聘在乐清知县任内，还曾担任过明万历三十一年（1603）癸卯科浙江乡试同考官，选拔了很多具有真才实学的士子，沈守正就是其中之一。沈守正（1572—1623），浙江钱塘人，又名沈迂，字允中，更字无回，万历三十一年举人，官都察院司务。工画，擅诗文，著有《诗经说通》

今日乐清

《四书丛说》《雪堂集》。沈守正曾于万历三十二年为徐待聘所著《乐成六仪》写过一篇序文。

明万历三十二年（1604），徐待聘因能力出众、政绩突出，由乐清调繁（调任政务繁剧的县任职）至上虞。上虞一向是浙东大县，公务繁剧。徐待聘到任后，先是召集耆老了解情况，然后又带人到各乡实地考察，在考察基础上，急百姓所急，想百姓所想，做了一系列惠民实事。

明万历三十二年（1604），重建通济桥。通济桥，俗称大八字桥（因为桥堍另有一小八字桥，两桥成直角），位于上虞县衙（当时县治在今丰惠古镇）南一百步处，跨于丰惠镇东西流向的街河上。桥为南北向单孔石拱桥，全长20.9米、宽4.7米、净跨6.4米、矢高4米。拱券采用条石并列砌筑，结构紧凑，风格雄浑。贯通桥面的长系石两端雕有兽头，美观别致。此桥初为宋代吏部官员王义昭所建，原名通利桥，元代至元中改为通济桥，为上虞老县城交通要道，后来塌毁后给两岸百姓出行带来极大不便。徐待聘到任后，组织居民寿来泰等重建了此桥。值得一提的是，此桥至今保存完好，2003年8月被上虞市人民政府公布为上虞市文物保护单位。

今日上虞通济桥

明万历三十三年（1605），建龙山陡门闸。陡门闸原位于上虞县十四都江口上，用于控制水流，可灌溉田亩1000多亩，后因年久失修而毁坏，此后每逢旱灾，当地百姓苦不堪言。徐待聘到任了解到这个情况后，急百姓所急，拨款重建了此闸。

明万历三十五年（1607），徐待聘见上虞文庙庙门、两庑、启圣祠、两斋、乡贤祠［始建于嘉靖八年（1529），由当时上虞知县左杰拨款建］等历经近80年，已经破损严重，棂星门和围墙则完全倒塌，十分痛心，遂捐出自己的俸禄，并通过动用县里赎金（罪犯犯了罪花钱减免部分责任的罚金）先后组织修缮，并在儒学甬道中新建了一座仪门，使得儒学看起来更加庄重。工程完工后，上虞人倪涑撰记记其事，略曰：

吾虞徐侯，已试乐清，有成绩，下车见学宫圮坏，喟然叹曰："是先圣之依凭，英才之所聚集，而榱崩栋折，人将厌之，如教育何？"即鸠工庀材，诹日戒事，逾年而告成。堂殿、门庑、祠亭、斋室、垣池、庖廪，焕然改观，而黝垩丹漆之辉煌，棁题楶桷之完美，瓦墁碱甓之坚致，又皆以新耳目而垂永久，于是绍介而属记于余。余惟循吏莫盛于两汉，彼其广陂湖、卖刀剑、种桑柘、蓄菱芡，非不蔚然信史，而所传文翁则独详，其化蜀一事它无及焉，岂不谓士习重而教育先与？即前汉吴公治平第一，千百世所沿说而侈谭者，亦独举洛阳一年少耳，则其平日之敦育又可知也。敝邑文雅或不为蜀郡后，拓而克之，又安知无通达治体如贾生者，此侯所以汲汲于下车之初也。侯名待聘，辛丑进士，吴之海虞人，时万历三十四年，岁在柔兆敦牂壮月既望。

在任内，徐待聘还曾组织疏浚过玉带河、夏盖湖等，大大减轻了水患，方便了百姓灌溉和出行，当地民众对此赞叹不已。

徐待聘在上虞任职3年，《上虞县志》载他"雅好文学，惠民息竞，核漳汀湖侵占，清玉带溪壅淤，度西溪湖地形，又广置义冢，政余课士不倦"。对他的政绩大加赞扬。

浙江省
上虞縣志
中國方志叢書·華中地方·第五四四號
據 明·徐待聘等修 明萬曆三十四年刊本 影印
成文出版社有限公司印行

《（万历）上虞县志》内封

由于徐待聘克己奉公，清廉勤政，又为当地办了大量实事好事，后被祀于上虞名宦祠。

徐待聘喜爱文学，在这方面造诣很高，又十分重视文化传承，在乐清任上撰写了《雁山志胜》，在上虞任上组织纂修了《（万历）上虞县志》。

《雁山志胜》成书于万历二十九年（1601），

共4卷，卷一记述雁荡山之名胜及人物、土产、杂事，卷二、卷三记述雁荡山之庙宇，卷四为徐待聘自作诗文。

《(万历)上虞县志》成书于明万历三十四年(1606)，共20卷，为徐待聘聘请上虞县教谕当湖人马明瑞，上虞人葛晓、车任远纂修，徐待聘自己也直接参与了纂修，还以“徐待聘曰”的方式对很多人物、事件等作了点评，可谓是别具一格。徐待聘还为这本志作《新修上虞县志序》，全文如下：

古者方舆志载，或疏风俗，或纪岁时。耆旧先贤典刑，斯在《阳秋》(即《春秋》)、《梼杌》，瘅瘅犹彰，要以各标所重，旒缀绪余，炳然成一家之言。若桑、郦(指《水经》作者桑钦和《水经注》作者郦道元)著《水经》，以水植干，而奇闻异迹亦靡不条附焉，斯可概睹矣。

虞于浙为望邑，山水清淑，人物秀衍，妫姒以降，郁乎有闻。维是襟江负海，陂涧四集，水之功用，尤洽于邦。邦之生齿，含嗫膏腴，奚啻钜万，输庾奏帑，以佐大官，分毫皆灌注之力，宜莫急于水利者。

余从乐成量移，受事之初，数延见父老，问疾苦，咸若志意壅阏，生计稿竭，将无屯于膏而阻于泽，水之用失欤？爰讨夏盖、上、白、皂李、漳汀诸湖之故道，暨玉带诸溪之废址，大都棘口，若有所讳。而志乘残缺，了不能悉。为检《薛氏通典》及郡志，则具言山、会诸湖之利，后以涨河葑泥，反致为害。因知此即谢康乐请岯崲湖为田之弊。岯崲在虞境内已久湮，而至今有盗湖者，夫亦谢辙相寻乎？

乃按湖而为之，周览陂渠高下之势，一视汉马臻南北堤与石闼阴沟之法，修筑闸堰。旱则蓄以沾溉，涝则决而注之海，不令湖额侵于豪右，漫自潴溢，水之权遂为我民操。虞虽岁岁苦旱乎，而岁获善有良，以得水之用甚大，谓七十二湖非虞利源不可也。

夫诸湖几为禾黍之场者，以无征，无征以无志。况枚举邑务，则典故之因革，俗尚之淳漓，户口钱谷之数，山田盈缩之额，关梁险易之由，水陆物产之宜，以至丘陵、祠庙、灾祥变故之纷赜，又无一非所当究心者，奈何以卮言视志，置弗讲乎？

顾旧志，正统初为郭南氏所私纂，是非舛错大不理于口。南又举宋、元志付之祖龙，二百年来，盖扼腕信史之不复见也久矣。

万历丁丑，余从祖凤竹公栻抚浙，始檄部中修郡邑志。于时前令朱公维藩属葛、陈两先生秉笔，又以弹射者众，虽尝具草，竟未成书。脱余复墨守，失今不辑，将文献愈无征，缺略愈甚，代起者愈无从考信。辄不量肤鲁，不避劳怨，毅然谋以新之，敢儌天地之灵。

访民间，得永乐古志抄本，并陈、葛两先生志草，二志较郭颇有裁。于是敦请学博当湖马君明瑞，虞征士葛君晓、车君任远总其成。又进文学范延爵等数辈分理焉。凡汉晋迄胜国时事，强半参伍二志而折衷之。嘉、隆之近者，务采乡评、惬舆论而止，固不敢以成心负手，亦不敢以屈笔负人。而编内最条析者，则水利为重。纵无桑、郦征引诡博，而要其指挢凿凿，将使湖利尽归之民，不为康乐所请，意固有独至也。

籍成，余窃有大惧焉。纪事惧遗，陈政惧疵，稽古惧谬，辨俗惧淆，综言惧不文，臧否惧失真。昔马迁绝代奇才，又登龙门、探禹穴、扪九疑、浮沅湘，历天下之大观而后作《史记》，尚不免寸割之讥，矧戋戋者耶？幸诸君子编摩校雠，悉无隐虑，草创润色，竞效众长，道法祖于圣经，类例仿之列史，搜罗散失，刊落芜秽，体严而事核，词约而义精，虽不能追踪作者，附于不朽之业，而彰往告来，庶足传信无穷也已。

或者訾以无当于用，且二百年来鲜克举者，乌藉吴侬者哆口为！嗟乎，后之视今，犹今之视昔。且弗论披图牒者，尚友循良，景行耆硕，班班可考，彼姚丘、舜井、孟宅、曹江有不烂焉指诸掌者乎？而余实假之梯航，则于虞之山川人物，岂曰小补云乎哉！

是役也，经始于乙巳之九月，告竣于丙午之八月，为卷二十，为目六十。余不敏，亦搦三寸管从诸君子后，竭其狂瞽。余宁以先从祖一人之私，欲终此局？余知与虞修坠典而已，为僭为滥，余诚无辞；知我罪我，又何计焉。

明万历三十四年岁次丙午仲秋八月吉旦

赐进士第知绍兴府上虞县事琴川徐待聘廷珍甫撰并书于浙之棘闱中

治水治乱　尽职有为

徐待聘离任上虞后，又先后担任过江西分宜知县、刑部主事、工部主事。明万历四十五年（1617）调任南河工部郎中，长期驻守南河公署（明代管理运河南河段的衙署，设在高邮），负责管理淮安、扬州两府境内之大运河（即南河）。徐待聘在任内尽职尽责，经手管理的巨额资金、物资清清楚楚，从来没发生差错，也从不贪污、挪用一分一厘的钱财。任内还不顾年老体弱（到任时已63岁了），多次赴一线参与河道抢险、加固、新建工程。

明万历四十七年（1619）八月，徐待聘奉总河侍郎王佐命，修筑高邮西门审港口起往南大运河石堤，共长五百九十八丈，于天启元年（1621）六月筑完其半。同年十月，江都三汊河淤塞三百二十三丈，界首镇南淤塞三百零五丈，界首镇北淤塞三百二十二丈，严重影响河道运输。徐待聘当即奔赴现场，带领百姓进行疏浚，不久全部疏通，使得粮食运输顺利进行。

明万历四十六年（1618），徐待聘督率淮安府同知刘天惠修筑黄浦闸（运河上的一个闸门，在宝应县北部）下北岸堤坝五千九百零七丈，工程翌年竣工。

明天启元年（1621）夏，淮安暴雨成灾，黄河、淮河水暴涨数尺，导致山阳里外河及清河多处决口，河水灌入淮安城内，街道上水深数尺，几可行舟。灾情发生后，徐待聘督率河防同知赵廷琰，会同淮安知府宋统殷、山阳知县练国事等全力救灾，带人堵塞缺口，直到翌年才全部将缺口堵上。同年，高邮县界首镇段运河淤塞三百二十丈，徐待聘督工疏浚。

徐待聘因为治水有功加上清廉勤政，后来高邮人民在南河公署西侧建了一所七贤祠，纪念徐待聘、黄日谨、何庆元、李之藻、彭期生、徐标、叶应震七位治理南河有功的明代工部官员。

徐待聘后来升任湖广按察司佥事，分守荆南。明天启元年（1621），世袭永宁宣抚司（治所在今四川省叙永县）长官奢崇明发动叛乱，先后率兵围攻重庆、成都、遵义等地，明廷大震。由于荆南临近四川，为防备万一，徐待聘在得到奢崇明叛乱的消息后，立即整顿防务，训练士卒，措

王之寀画像

筹兵饷，做好一切防备叛军进犯的准备。在他严密的防范下，荆南一带民心安定，生产生活秩序几乎没有受到影响。值得一提的是，奢崇明叛乱直到崇祯二年（1629）八月才被彻底平定。

徐待聘最后升任陕西按察使。当时的陕西巡抚是忠实巴结阉党魏忠贤的乔应甲［1559—1627，字汝俊，号儆我，山西猗氏县人，万历二十年（1592）进士，天启五年（1625）任陕西巡抚，翌年离任］，他奉魏忠贤之命，坚决要追原侍郎王之寀（？—1625，字心一，陕西朝邑人，万历二十九年进士，任清苑知县，后在任刑部右侍郎时因反对阉党而被害，崇祯登基后获平反）的“赃”。

徐待聘觉得王之寀是冤死的，对他十分同情，所以乔应甲命他去具体负责所谓的“追赃”时，徐待聘多次寻找借口拖延不办。乔应甲为了迎合阉党，就多次催促徐待聘办理。为此，徐待聘与乔应甲发生了激烈的争吵，乔应甲气急败坏，竟然“揎袖攘臂”，当面对徐待聘大骂不止，但徐待聘仍坚持己见，毫不退缩。此时的徐待聘已72岁，本身身体就不太好，受这事刺激，更是郁郁不乐，不久就病倒了，拖了一段时间后就去世了，时为天启六年正月初七日（1626年2月3日）。一年后，69岁的乔应甲也病死在山西家中。

回归故里　入祀乡贤

因为陕西到常熟路途遥远，过了很长时间，徐待聘的灵柩才运回常熟，后于明崇祯四年（1631）葬于徐市李墓塘北新庙桥附近。

徐待聘晚年与钱谦益交好，两人经常饮酒赋诗，乐而忘返。徐待聘安葬前，其次子锡胤找到钱谦益，请他为父亲撰写墓志铭，钱谦益当即应允，乃作《明故陕西按察司按察使徐公墓志铭》，文中对好友不幸去世深表痛惜。

今日徐市集镇

徐待聘老宅在常熟东乡徐市，他曾于明万历十三年（1585）在老家徐市佑圣道院左侧建过一座徐氏家祠，祀明工部尚书栻以下诸祖先。徐待聘在城里西子游巷也有一宅。徐待聘后来入祀常熟乡贤祠。

徐待聘一生勤奋，在紧张的工作之余著述甚多，除前文已述的《雁山志胜》《乐成六仪》《（万历）上虞县志》外，还撰有《清邕阁诗》《南北游草》和《爨余选集》等。

徐待聘擅诗，今摘录几首以飨读者：

灵峰寺

灵峰不断石门开，到处岩峦翠作堆。
万丈丹梯藏太古，数声金磬发层台。
无风飞瀑常疑雨，有洞藏真半是苔。
何日乘鸾最高处，箫声吹彻月明来。

讵那亭

抠衣重上讵那台，飞瀑悬崖绝胜哉。
已怪石边翻彩蛛，忽惊谷底动晴雷。
九天雾雨收不去，五色珠玑呼可来。
便拟乘风入寥廓，白云深处独徘徊。

能仁寺

古寺重修日，昙花几度鲜。
钟声松树里，山色酒杯前。
门掩龙湫雨，桥分燕尾泉。
举头思旧德，延伫转凄然。

石梁洞

小桥深去石峻增，洞口飞梁石可登。
绝涧松翻涛响急，断崖泉涌雪花腾。
漫疑变幻为三界，已觉虚无上一层。
指点谢公山下景，云深雾锁碧层层。

徐待聘娶妻陈氏，生四子三女，四子锡祚、锡胤、锡云、锡全。

长子徐锡祚（1573—1629），一名于祚，字于王，酷爱晚唐宋元诗，辑元诗3000首，取名《情绮集》。又曾仿效宋代李龏《剪绡集》集唐人诗句为百绝，一时流传甚广。徐锡祚还著有《梦雨庵集》，他与钱谦益交好。

次子徐锡胤（清代为避雍正皇帝胤禛讳，锡胤后写作锡允），字尔从，号文虹，与钱谦益友善，钱谦益曾作有《次韵徐叟文虹七十自寿诗四首》。喜诗作，如《半野堂燕集次牧翁韵奉赠我闻居士》："舞燕惊鸿见欲愁，书签笔格晚妆楼。开颜四座回银烛，咳吐千钟倒玉舟。七字诗成才举手，一声曲误又回头。佳人那得兼才子，艺苑蓬山第一流。"徐锡胤又喜欢戏曲，家里养有戏子，经常亲自教他们演戏，名闻一邑。当时瞿式耜家有东皋园，水石台榭，风景绝美，邑人遂有"徐家戏子瞿家园"之语，并称之为"虞山二绝"。

孙徐淑，字天英，号水南，岁贡生，曾任赣榆训导，并曾代理过赣榆知县，有政绩。著有《读易参解》（一作《易经参解》）24卷、《天官书》1卷、《焚余草》2卷、《种菜集》8卷。

孙徐潢，字天俊，徐淑弟，清高自傲，著有《学古集》1卷。

（陈建华）

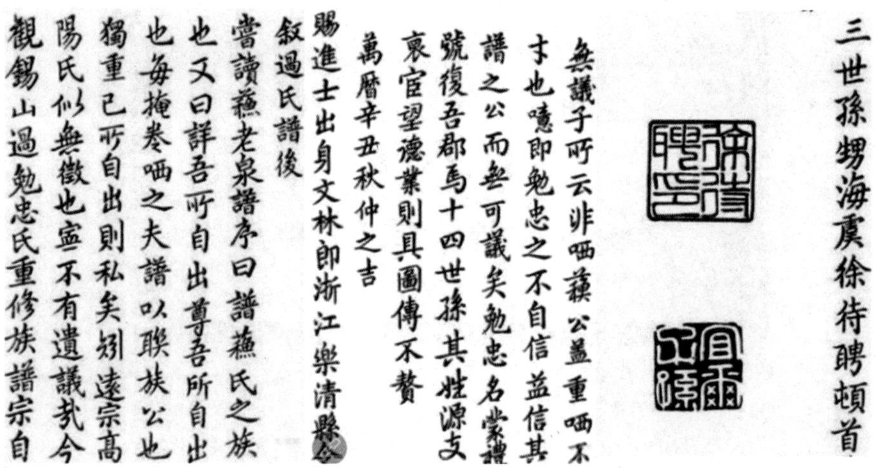

三世孫甥海虞徐待聘頓首

無議予所云非哂蘇公蓋重哂不才也噫即勉忠之不自信益信其譜之公而無可議矣勉忠名棠讀號復吾郡馬十四世孫其姓源支裒官望德業則具圖傳不贅

萬曆辛丑秋仲之吉

賜進士出身文林郎浙江樂清縣令

叙過氏譜後

嘗讀蘇老泉譜序曰譜蘇氏之族也又曰詳吾所自出尊吾所自出也每掩卷哂之夫譜以聯族公也獨重己所自出則私矣矧遠宗高陽氏似無徵也寧不有遺議哉今觀錫山過勉忠氏重修族譜宗自

徐待聘手迹

主要参考文献：

1. 常熟市地方志编纂委员会办公室标校.重修常昭合志［M］.上海：上海社会科学院出版社，2002.

2.（明）朱国盛.南河志［M］.

3. 明实录：神宗实录［M］.

4.（清）李登云，（清）钱宝镕.（光绪）乐青县志［M］.

5.（明）徐待聘.乐成六仪［M］.

6.（明）徐待聘修著.（万历）上虞县志［M］.

7.（民国）欧阳绍祁.（同治）分宜县志［M］.

8.（清）永瑢，（清）纪昀主编.四库全书总目提要［M］.

9.（清）张德盛修；（清）邓绍焕等纂.（雍正）高邮州志［M］.

10.（清）左辉春.（道光）续增高邮州志［M］.

11. 赵乐强，王纪芳，阮柏林编著.历代诗人咏乐清［M］.北京：中国文史出版社，2007.

12.（清）钱谦益.牧斋初学集［M］.

13.（清）王应奎.柳南随笔［M］.

翁大中

鞠躬尽瘁　匡时泽民

翁大中（1638—1706），字林一，号静庵，清代江苏常熟人。康熙三十六年（1697）中进士，知上杭县，在任减浮赋，修桥梁，赈饥荒，禁溺女，禁宰牛，兴利除弊。翁大中为政洁清自矢，在上杭任职5年，德教洋溢，善政厘然，颇得颂声，最终卒于官。上杭民众醵金归其榇，入祀名宦。

古人守一官，惠泽不及民。
今人爱官职，惟思富仓囷。
苟无匡时志，朝野理亦均。
辛峰有大云，酝酿无边春。
追踪陶与翁，施教洛及闽。
融融化枭风，荡荡平畦畛。

这是翁同龢为曾氏《归耕图》题写的几句诗［全诗见《瓶庐诗稿》卷五《己丑秋暂假归里，同人觞之于虚霩园，盖曾氏之园也。明年春，君表奉其曾祖勉耘公〈归耕图〉遗像求题，敬次先公韵二首（君表将归即以送之）》］。曾济任福建汀州府宁化县知县，遗爱在民，翁同龢认为他可以与同为知县而志在匡时、泽及黎民的两位常熟前辈相提并论。“陶”，诗有自注：“子师公。”子师是海南昌化知县、常熟有清一代廉吏陶元淳的字。“翁”也有自注：“吾七世祖上杭公。”上杭公，就是翁大中。

科举路漫漫

翁叔元画像

翁大中属于常熟翁氏家族老大房一支，其父为其家族八世祖翁长庸。翁长庸（1616—1683），清顺治年间进士，曾任户部山东司主事，奉敕督榷芜湖钞关，又出为山东滨乐分司运同，后充山东乡试同考官，迁长芦转运使司运，又擢河南布政使参政，分守河南道。

别看翁长庸后来风光，早先可没少吃苦头——因为他是异姓入嗣［据家谱记载，翁长庸本姓邹氏，为海虞东始庄（今属常熟莫城）邹达所次子，生下不久就因父亲病故而出继翁后，由有女无子的翁万春抱养。详见翁长庸《蓼野年谱》］。明崇祯十一年（1638）九月七日，翁长庸长子翁大中生。当时翁长庸刚刚成为秀才两年，一家几口的生计，全靠教私塾的微薄收入维持。但长子的出世还是给他带来了希望，尤其是因为出生前一天，翁长庸做了一个桂花盛开的梦，他认为这也许是预示孩子将来能科举“折桂”的好兆头，给他取名为“殿棻”（后来又因奏销案一度改名“嗣麟”，应顺天乡试时改名“大中”，见下。为方便起见，本文概称“翁大中”）。

翁大中没有辜负父亲的厚望，读书异常刻苦。清顺治十一年（1654）科试，17岁的翁大中考取秀才。他与年长5岁、顺治七年考中秀才的堂兄翁叔元最为投契，翁叔元称与翁大中的关系是“相依为命”（见《铁庵年谱》康熙三十六年条），两人经常一起读书。翁叔元曾这样记述他们在翁长庸汝州官署夜读的情况：

翁长庸题写匾额“龙飞首简”

署中有浣花堂，轩楹洞敞，围以竹石，清阴周遭，几阁萧闲，余与大参之长君林一、次君鹤津读书处也。晨鸡夜灯，寒暑不辍。每漏下三鼓，与林一步空庭，明月在天，四顾寥寂，则相与慷慨扼腕，论心道古，或时悲感，泣数行下。酒后耳热，歌呼呜呜，有时发声唱《牡丹亭》一曲，高吟长啸，旁若无人，忘其身之在数千里外也。(《铁庵年谱》康熙三年条)

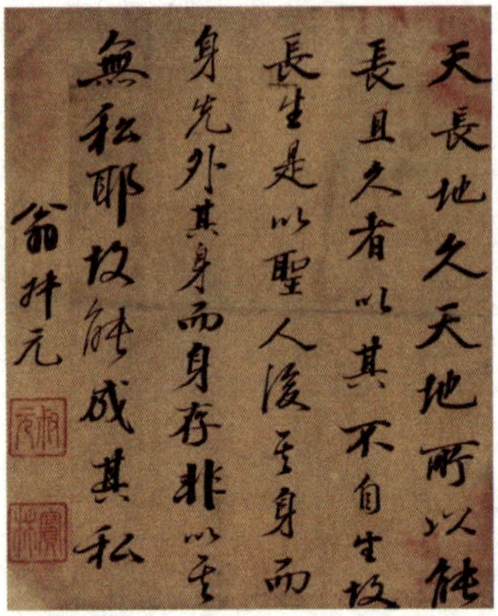

翁叔元手迹

清康熙十一年（1672），翁叔元顺天乡试中式。4年后的康熙十五年，以殿试第三人及第，当时正发生“三藩之乱”。康熙十六年，因兵饷匮乏，朝廷准许贡监俊秀交纳白银二百两直接参加丁巳科顺天乡试。正好翁大中在京城坐馆教书，翁叔元想方设法凑齐银两，把“翁嗣麟”改为“翁大中”，替他交款报了名。翁大中把握住了这个机会，一举成为举人。

没有想到是，从举人到进士这段路更加漫长艰难，一走就是20年。很多人几经尝试失利后会选择放弃，但翁大中屡败屡战，愈挫愈勇。他苦练写作技巧，积稿无数。后来，他曾选了一部分积稿，和长洲人吴世恒（本姓陆，字予载）的文稿合刻一书行世。清代大臣、学者、藏书家郡人（昆山籍）徐乾学在该书序言中说：

举业之敝，至今日已极。其故在求得而患失，喜逸而恶劳，苟且因循，趋逐时好，群然相习以成风，靡然而不知所底。有贤且智者焉，不以得失撄其怀，穷年矻矻，弗顾世俗之訾訾，而覃精研思于其中，则其学问识解及文章尺度必能深造乎古人之域，而一时文体亦因之以变。如以众人皆然，我何为独异，其甘居于下士之至愚，而举业之敝坏又谁起而救邪？

徐乾学画像

吴门陆子予载，为予兄弟总角交。虞山翁子林一，则山愚先生令嗣，执经于予者也。二子与苏子苞九、翁子宝林相友善，所处至厄穷，独能沉研钻极，深求圣贤之指归，务为通经博古、明体达用之学，一时或姗笑之，不顾也。亡何，宝林为予壬子所录丙辰第二人及第，苞九以乙卯隽京兆，予载、林一则又同登丁巳贤书。而向日姗笑之者，又从而叹羡欣慕之不置。由此言之，人患不能立志耳。诚能覃精研思以从事于斯，虽不以得失婴其怀，究亦未尝不得，而诡随者亦未必尽得也。苞九、予载、林一行将试南宫，抡大魁，本其学问，纾其蕴抱，古人所谓骋骒骥于千里，仰齐足而并驰，诸子不多让矣。兹以予载、林一合刻其稿问世，请序于予，为述之如此。(《憺园文集》卷二十二)

20年漫漫长途，是对一个人意志的考验，也是对品格的考验。凭翁大中的父亲、堂兄的人脉关系，他并非没有捷径可循，但他却只愿接受通过自己的奋斗赢得的结果。

清代康熙年间状元、理学家、曾任朝廷侍讲的郡人南畇先生彭定求为翁大中墓志铭的撰写者，他在《皇清敕授文林郎福建上杭令林一翁君墓志铭》说：

君淬厉学问，湛深经术，不屑为俗下浮靡之习，饥驱四方，备尝艰苦。及从兄铁庵公既贵，君在京师适馆课徒，亦绝不向朱门干谒。故巨公之倡导声气者，落落不与推挽，且曰："此固不识时务者尔！"自君荐贤书，迟回二十年，卒博一第，惫綦甚矣，而喜愠终不形于言色。

清康熙三十六年（1697）会试，年已60岁的翁大中终于金榜题名。

德政孚人心

沉沦下僚几年之后，翁大中迎来了独当一面的机会。清康熙四十一年（1702）四月，他来到福建省汀州府上杭县出任知县。这一年翁大中已经65岁了，留给他实现抱负的时间有限，不能不异常珍惜。

上杭地处武夷山脉南麓和博平岭山脉之间，境内丘陵山地占八成，耕地不足一成，向来被视为“岩邑”，“旧称难治”（《皇清敕授文林郎福建上杭令林一翁君墓志铭》）。翁大中之前，清康熙三十一年（1692）至康熙四十年间，由四川新繁县的举人杨岱担任县令，施政乏善可陈，却留下了许多弊

今日上杭

政。康熙四十年杨氏被罢职之后，上峰让永定知县、河南许州举人吴梁临时兼理县事。吴梁倒是一个好官，“简刑清赋，杭民讴之”，只是苦于身兼两职，且兼职时间也不长，而上杭积弊甚多，无力全面清除。办理交接事务时，吴梁握着翁大中的手，诚恳地说：“杭罹胥害久矣！公善治之，宜洞悉积弊，除去冗役，简其徭赋，民其德矣。”意思是说，上杭县的老百姓遭受各级小官吏侵害已经很久了，请你好好治理，洞察上杭县历年积存下来的弊端，尽量去除老百姓为官方服役的繁杂事务，减轻他们的徭役和赋税。如果你能做到这样的话，老百姓一定会记住你的恩德的。翁大中听完后，郑重地点头答应。吴梁离开上杭的那天，百姓“攀辕呼号，祖帐三十里外，遮道不得行，留一宿乃去”（邱陵《德政记》）。翁大中看在眼里，感动在心里，暗暗下决心要做一个像吴梁那样得民心的父母官。

翁大中牢记吴梁的殷殷嘱托，首先从整治胥吏入手。说巧也真巧，刚刚安顿好，就有一个衙役怀藏银两前来谒见，翁大中厉声呵斥：“尔以我为何如人也？我洗食数十年，焉用此为！”随即，翁大中吩咐手下把他抓起来一顿杖刑。这样一来，胥吏们都知道了新知县的厉害，再也不敢胡作非为。

翁大中为政，始终以爱民、便民、利民为本，例子真是不胜枚举。到任伊始，他就深入民间，了解百姓疾苦，摸清有哪些积弊，裁撤冗役，轻徭薄赋，很快民间就称他为“及时雨”。上杭过去有所谓“平头银”，时间久远得已经没有人能说清创自何时何人，每年开征赋税时征收八百余两，缴官公用，实际就是地方官的“小金库”。粗看似乎不是大数目，但这是实额之外的加科，对百姓来说，也是一个沉重的负担。翁大中感叹说：“完成正供，已经竭尽全力，百姓哪里还能承受这一笔！”命令刻碑永禁，民心大悦。过去按照惯例，在百姓纳粮的时候，衙门的胥吏拿着簿册和秤，任意勒索。翁大中察知其中弊端，出示命令允许里甲自封投柜，这样上下均平，里甲不争，远近百姓，额手称庆。

早在清康熙二十年（1681），有个叫张承泰的人，发善心给境域上长坝渡口购置了义田，收入作为渡夫的工食。后来义田被土豪侵没，影响了渡口的运行，给出行的商旅民众造成不便。翁大中了解情况后，勒令土豪交还了田地。当时，上杭接连遭遇旱灾，米价大涨，翁大中请示上司，开仓平粜。粮价与市价之间的差额，他个人赔补。至于那些连平价米也买不起的灾民，翁大中就用自己的俸禄买米熬粥，按户分授，救活的人不计其数。

至清康熙四十四年（1705）夏，境内旱情严重，田禾枯焦。68岁高龄的翁大中忧心如焚，光着脚带领乡绅父老，连续三天在烈日中徒步求雨。果然，不久“霖雨百里，水深数尺”，旱情顿解。人们认为，这是知县诚恪所致。上杭人喜欢打官司，有的人不惜吃断肠草自杀，让对方承担逼死人的罪名。由此，往往株连无辜。遇到这类事情，翁大中一定亲自前往验勘，看是逼死还是自裁。对于确实逼迫致死且应抵偿的，按律定拟；查无证据的，一概免罪，毫无冤屈。此后，个别本来要轻生诬赖别人的人，眼看只能白白送命，也就不再做那样的傻事了。

当时，上杭民间为了田亩坟茔的界域而起纷争是常事，翁大中也必定亲临其地，合情合理地解决问题。以前县里官员胥吏下乡查勘，有所谓供应的陋规，数额有十二两、二十四两不等，翁大中一概拒绝。还有，上杭民间素有男女双方预订婚约的习惯，其中一方因贫穷或其他原因无法按约嫁娶，引起另一方不满而产生矛盾，直至要打官司解除婚约的，翁大中总是耐心劝解调停，捐助完聚。由此，人们说朝廷命官成了月下老人。旧时上杭风俗重男轻女，女婴溺死的要占到十分之二三。翁大中严行申饬，并刊文劝化，援引《太上感应篇》条款，让人明白珍惜生命的道理，很多女孩因此得以保命。翁大中还规定：贫民死而无力殓葬的，允许提出申请，由官府提供棺殓。上杭有一条南溪，渡口水势湍急，船只往来，非常危险，时常发生船毁人亡的事故。明代正统元年（1436），曾建有浮桥，但久已毁坏不可用。翁大中得知后又捐俸重新建造，使这里成为通途。

翁大中爱民如子，但对影响安定、危害社会的势力却绝不姑息迁就。上杭县由于贫穷，小偷小摸一向很多，翁大中都是先给他们自新的机会。但总有一些人冥顽不灵，继续疯狂作案，“挖墙而入，席卷而出，勾引蔓延，民无安枕”。翁大中说：“是不可以化服也。”遂设计捕获，加以严刑，惩一儆百，盗风顿息。境内有个叫来苏的地方，地处闽粤交界，盗匪出没，行者止步不敢进。翁大中选中一个险要的位置，捐造营房，请上司拨兵丁守御，从此太平无事。

从有崇文重教传统的常熟走出去的地方官员一个共同点，是重视教育和文化，翁大中也不例外。他以教化为移风易俗的手段，每月朔望，他都会恭恭敬敬地到学宫肃谒孔子像，从早晨到日昃，一遍遍地宣讲《圣谕十六条》。乡村农民无法听到他的宣讲，他就自己动手，给这十六条作了详细注解，刻印成书，散发各处。上杭过去曾有义学，而且明代知县文国桢还购置过义学田。只是年代久远，义学早已停止教育活动，义学田虽然还在，但已经没有人说得清原委了。翁大中通过详细查考明白，恢复了义学田的功能。然后在上杭县城东南西北4个方向，择地各立一所义学。比如城北的琴冈书院，一度充守御千户所，翁大中请示上级改设为义学。又如，城东偏北的阳明书院本来已移作他用，翁大中也把它改为义学。然后，他从县学挑选了周莹等4位品学兼优的秀才分别负责教学。教师的束脩，由义学田租支付，不足部分，他每年捐出俸银四十两填补。每逢初一、十五，他亲自命题考核学生，收齐后送到县衙，评出等第，按名次奖赏。这样，学生们相互砥砺劝勉，弦歌之声，终夜不辍，读书形成风气。

遗风比两汉

清康熙四十五年（1706）二月十四日，翁大中积劳成疾，在任上溘然长逝。噩耗传出，整个上杭县笼罩在悲伤的气氛中，“通邑四民，奔走呼号，为之设奠哭灵，为之延僧礼佛，旬七之内，哀毁尽诚，如丧考妣”（佚名《功德寺集会引》）。本地士民百姓想起五年来翁大中为他们做的桩桩件件好事，他们要为他做更多的事情来回报。

士民们在祭祀唐代忠臣张巡、许远和宋代岳飞的大忠庙左侧，选了一块地，建起“翁公祠”，“春秋报赛，醵金集会，连类踵起，以毕致其讴思永念、缠绵无已之情”（同上）。每年九月初七翁大中冥诞，他们齐集于此，口诵祝文，焚香拜谒：“缅维我侯，与世不侔。度量浑厚，资性温柔。学罗经史，文射斗牛。来莅斯邑，惠爱普周。政教兼善，遐迩蒙休。倏然仙逝，瞻仰曷由。绘形以祀，少展绸缪。千秋报德，誉望常留。”（《庆诞祝文》）这所祠堂直到民国时期仍然保存完好（《（民国）上杭县志》卷十九）。

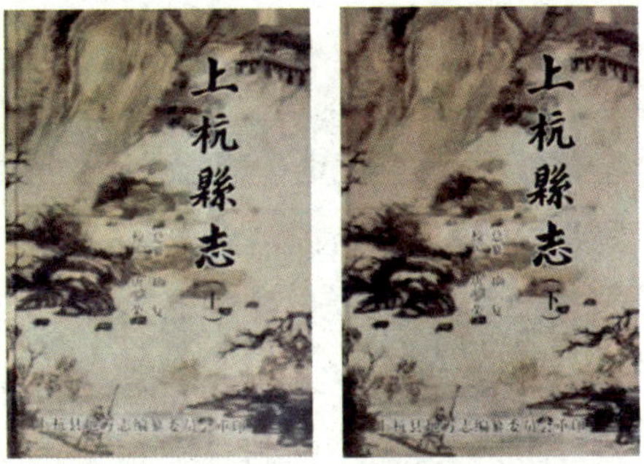

《上杭县志》（民国）

为了报恩于久远，上杭士民还让县学的诸生出面，呈文恳求浙江学政批示，使翁大中能崇祀名宦祠，文中说：

金转恳旋转，俾杭人士之忾慕尸祝万年。切生等山城猥琐，妄昧旧章，思昔圣贤森罗木像，春秋丁祭，备极隆仪。宗庙百官，肃冠裳而跄跻；宫墙数仞，瞻轨范之俨临。盖崇德报功，昭然典册；斯明禋秩祀，永厥钦承。惟今翁令贤良，理应奉祀名宦。佥叩宪天，俯允舆情，准赐详题，惠只字之褒嘉，嘘通庠之藻彩。庶使贤良治绩，留至德以升馨；茂宰英灵，配前型以昭格。儒林翘首，邑里倾忱。（《上杭县士民吁请崇祀名宦公呈并事实册稿》）

我们看翁大中的事迹，或许会产生疑问，他并没有做什么轰轰烈烈的事，何以民众如此感戴呢？彭定求在《皇清敕授文林郎福建上杭令林一翁君墓志铭》还写道：

汉史《循吏传》所纪治行高第，皆推本廉平，以经术润饰吏事者，故民多从化，生有荣号，死见奉祀。又观章帝元和诏曰：“安静之吏，悃愊无华，日计不足，月计有余。”由此言之，固非刀笔者流，一切趋于武健严酷所可胜任愉快。而后世则反是，此吏治之所以日坏，而民不得被休养生息之泽也。若上杭令林一翁君，余以为犹有两汉遗风焉。

史称两汉多循吏，彭定求说翁大中有“两汉遗风”，就是说他身上具有两汉循吏的某些特征。据史书上记载，汉代到了汉昭帝、汉宣帝时期，循吏迅速增加，祥瑞也接踵而至。此后，循吏在汉代的政治地位迅速提高。他们在地方治理中，多以教化为主，其治理模式各具特色，效果显著。

作为循吏的本质特征有很多，其中非常重要的一条，就是“推本廉平，以经术润饰吏事”。翁大中“独能沉研钻极，深求圣贤之指归，务为通经博古、明体达用之学”，本学道爱人之旨，行洁己润民之政，正是这个特征的鲜明体现。更重要的是，两汉循吏还应该是汉章帝说的“安静之吏”。安静之吏的基本特征是“悃愊无华，日计不足，月计有余”。所谓“日计不足，月计有余”，意思是按日计算觉得不足，按月计算又觉得有余。在短时间内，看不出他有多少了不起的政绩，积久才知道他的不凡。可惜，官场上更多的是汉章帝元和二年（85）正月的诏书中与安静之吏相对的“俗吏”。他们“矫饰外貌，似是而非，揆之人事则悦耳，论之阴阳则伤化”，“以苛为察，以刻为明，以轻为德，以重为威”，眼睛盯着上峰，心里只关注考绩，行事风格是“大干快上”。翁大中为政却一反时风，曾倬《常熟县志》以“慈和宁静”加以概括，可谓具眼。

（朱新华）

主要参考文献：

1.（清）彭定求．皇清敕授文林郎福建上杭令林一翁君墓志铭［Z］．拓片．

2.（清）彭定求．南畇文稿［M］．

3.（清）翁长庸．蓼野年谱［M］．抄本．

4.（清）翁叔元．铁庵年谱［M］．康熙刻本．

5.（清）佚名．上杭县士民吁请崇祀名宦公呈并事实册稿［Z］．抄本．

6.（清）顾人骥，（清）潘廷仪修；（清）沈成国纂．（乾隆）上杭县志［M］．乾隆刻本．

7.（清）徐乾学．憺园文集［M］．康熙刻本．

陶元淳

崖州"包公" 循吏典范

陶元淳（1646—1698），初名垣，字子师，号南崖，又号退庵，清代江苏常熟人。康熙二十七年（1688）中进士，其廷试对策为请减东南田赋，词极剀切，阅卷官抑之。任广东昌化知县后自奉俭约，关心民生，清除百年浮粮积弊。陶元淳时行村垄间，亲问疾苦，加恤穷民，多善政。翌年摄知崖州，当地守备黄某非刑杀人，陶元淳据诉词上报，黄某令甲士欲劫之，陶元淳不为所动，怒叱之。陶元淳在官生活清贫，喜接诸生讲论，以勤劳卒于官任，深受当地士民爱戴，后入祀昌化名宦祠。

一代循吏　青史留名

清康熙三十三年（1694）夏，陶元淳任广东昌化（今海南昌江）知县。康熙三十四年，代理崖州（今海南三亚）知州。康熙三十七年，陶元淳因病卒于琼，终年53岁。丧归时，有百余名琼州学子和民众，扶着陶元淳灵柩渡海送葬。琼人勒石纪念陶元淳，并将陶元淳入祀昌化名宦祠。

陶元淳官位不高，而在昌化、崖州的清廉爱民事迹名垂青史。陶元淳传见赵尔巽《清史稿》列传第二百六十三《循吏一》，传载："陶元淳，字子师，江苏常熟人。康熙中举博学鸿词，以疾不与试。二十七年，成进士，廷对，论西北赋轻而役重，东南役均而赋重，愿减浮额之粮，罢无益

陶元淳画像

之费。阅者以其言戆，置二甲。三十三年，授广东昌化知县，到官，首定赋役，均粮于米，均役于粮。裁革杂征，自坊里供帐始，相率以力耕为业。县隶琼州，与黎为界，旧设土舍，制其出入，吏得因缘为奸，元淳立撤去。一权量，定法度，黎人便之。城中居人，旧不满百家，至此户口渐蕃。元淳时步行闾里间，周咨疾苦，煦妪如家人。琼郡处海外，军将多骄横，崖州尤甚。元淳尝署州事，守备黄镇中以非刑杀人，游击余虎纵不问；且贪，索黎人献纳。元淳廉得其状，列款以上，虎私以金贿之不得，造蜚语揭之。总督石琳下琼州总兵会讯，元淳申牍曰：'私揭不应发审，镇臣不应侵官，必挫执法之气，灰任事之心。元淳当弃官以全政体，不能蒲伏武臣，贻州县羞也。'初鞫是狱，镇中令甲士百人佩刀入署，元淳据案怒叱曰：'吾奉命治事，守备敢令甲士劫持，是藐国法也。'镇中气慑，疾挥去，卒定谳，论罪如律。崖人为语曰：'虽有余虎，不敌陶公一怒。'而总督卒因元淳倔强，坐不检验失实，会赦免。复欲于计典黜之，巡抚萧永藻初授事，曰：'吾初下车，便劾廉吏，何以率属？'为言于总督，乃已。元淳自奉俭约，在官惟日供韭一束。喜接诸生，讲论至夜分不倦。屡乞病未果，竟以劳卒于官。昌化额田四百余顷，半沦于海，赋不及二千，浮粮居三之一，民重困。元淳为《浮粮考》，屡请于上官，乞豁除，无应者。乾隆三年，元淳子正靖官御史，疏以入告，竟获谕旨免焉。"

除了《清史稿》列陶元淳传外，《清史列传》卷七四、储大文《陶先生元淳墓表》、冯景《昌化令陶子师传》及《琼州府志》、《国朝先正事略》卷五十等均记载了陶元淳清廉爱民的事迹。陶元淳的事迹曾被编入高中课文，成为对后人的教育典范。

勤政为民　体恤百姓

陶元淳就任昌化知县，正值海南陵水、崖州一带刚遭兵乱，焚烧户口、田亩册等，又遇大旱，百姓逃荒，流离失所。城中居民不满百户，官府征收虚粮重赋，而士卒骄横，将校横暴，人民生活困苦不堪。陶元淳上任后体恤百姓，一方面考虑如何减轻百姓负担，安抚民众，使流离失所的百姓重返家园；另一方面考虑如何恢复昌化秩序，制止守军和乱兵为非作歹。陶元淳采取的措施是，一到任立刻着手丈量土地，编造户册，减少100余顷田虚粮，免除苛税，又查清当地奸民隐没侵占土地的情形，重新厘定赋役，使“民复业者千余家”，同时“度隙地，立墟市，招流亡，劝开垦，予以牛、谷，不起征”（《琼州府志》），为复业者免费提供一定年限的耕牛和种子，当地汉黎百姓受益者不可胜计。

陶元淳为减轻百姓的负担，生活节俭，减少行政开支。陶元淳好友冯景撰《昌化令陶子师传》称，陶元淳在任上“节衣缩食，署中尝至绝粮”，平日所吃，仅仅“韭菜一束”。《国朝先正事略》卷五十载，陶元淳关心百姓生活，常常“步行村落间，问民疾苦，煦妪如家人”。陶元淳努力使昌化面貌改变，“民始知有伏腊宴会之乐，于是闻风归附踵相错，城内外屋宇皆新”（冯景撰《昌化令陶子师传》）。陶元淳特许百姓“有冤者，得诣县陈诉，黎民乐业”（《琼州府志》）。当地200余顷田亩被水淹没已百年，而租税分毫未减，百姓累受负担，陶元淳通过调查研究，著《浮粮考》，呈报上司，力为申诉，请求免去百姓负担。

昌化隶属琼州，与黎族聚居区交界。为方便黎汉贸易，陶元淳统一了测定重量的器具。他还张榜黎峒，公告有冤者到县衙申诉。针对昌化民间的不良风气，陶元淳张榜晓谕，并召集父老反复劝诫根除陋习。经过他的一番努力，昌化面貌有了很大改观。

陶元淳的文集《南崖集》开篇即是陶元淳请求官府免除受灾百姓粮赋的上书，体现了陶元淳关心民瘼、为民请命的精神。《（雍正）广东通志》载，陶元淳了解到昌化民间有买卖小孩的坏风气，于是张榜晓谕，并召集父老

陶元淳访贫问苦图

反复劝诫，禁止买卖小孩。陶元淳在任期间还关心当地的文化建设，经常亲赴县学与诸生讲论学问，有时讲到三更半夜仍不归宿。

大义凛然　整肃军纪

陶元淳就任不久，就发现当地职掌混杂，军兵骄纵，守军胡作非为，于是写下《请严职守详文》，向上司据实直陈当地守军情况："卑职自到崖州，所见职掌混杂，军兵骄纵，不得不具实直陈。"直陈当地守军六大祸害：一是营将侮文之害，即当地守军将领不仅越权擅政，而且殴打地方行政官吏；二是营将征粮之害，即本应由地方行政办理的征收任务，守军横加干预，直接参与征粮，从中谋利；三是营将占丁之害，即营将滥引明代世袭兵制，设所谓"余丁"（"州城内遵道一坊，居民一百一十余户，当民役者只有两家，其余悉充'余丁'"），不仅一人当兵全家抗役，还把民众纳入兵营管理，以逃避政府赋役，而从中谋取私利；四是营将保村之害，即在黎村中设粮长，搜刮民脂民膏，其性质有点像今天的黑社会收"保护费"；五是营将虐黎之害，即强行要求黎族百姓缴纳当地特产等物品；六是营将穿黎之害，即到黎村进行贸易时，恶意欺压、讹诈和勒索黎胞，"一入黎村，辄勒索人夫，肩舆出入，酒浆鸡黍，攘攫罄尽。每岁装运花梨，勒要牛车二三十辆，所过村落，责令黎人放牧。或遇崇峒绝岭，花梨不能运出，则令黎人另采赔补"。当地守军情况都是陶元淳的调查实录，反映出陶元淳对军兵骄纵虐害汉黎百姓罪恶的愤慨。陶元淳到任时，崖州游击余虎、守备黄镇中已经作恶多端，民愤极大。守备黄镇中以"非刑杀人"，被群众告到知州衙门。

《（光绪）昌化县志》记载有陶元淳事迹

陶元淳准备秉公严办黄镇中案，余虎闻讯准备重金行贿，被陶严词拒绝。余虎行贿不成，黄镇中便派百多卫兵披甲操刀，直闯知州衙门，想以武力威胁陶元淳。谁知陶元淳从小跟冯行贞学习过枪法，文武双全，胆识过人。[陶元淳的老师冯行贞，字服之，常熟文学家冯班子。少喜读书，工填词，性倜傥不羁。善射，能以后矢射落前矢，投石于百步外无不中的。从安徽休宁程打虎及张老受枪法，驰突无敌。山行遇虎，以短枪毙之。康熙十四年（1675），因从康亲王南征有功，当得官，弃而南归，侨居吴中娄门外村落，教授经书，诗画自娱。年七十余卒。冯行贞以枪法授同邑陶元淳，在陶元淳之后，冯行贞的枪法即无传人。］陶元淳面对黄镇中披甲操刀的卫兵，全无惧色。他大堂上一拍公案，怒斥黄镇中："守备反耶？吾奉令治事，敢令甲士劫持，是无上官也！是无天子也！非反而何？"（《琼州府志》）黄镇中一听自己所作所为被定为抗拒朝廷的谋反之罪，这才慌了手脚，"气慑"而退，乖乖地听候处理。因此，当时崖州群众中流传这样的一句话："虽有余虎，不敌陶公一怒。"

秉公处事　竭忠尽智

余虎为救黄镇中以重金贿赂陶元淳不成，大肆造谣诽谤陶元淳，让广东总督闻知风声。总督便下文让琼镇总兵调查、平息，陶元淳得知后，当即上书申辩："私自告发别人不应该发文审查，武将更不能干涉文官政务。"陶元淳决意不到府城接受审问，果断地将黄镇中关入狱中。事后，总督因陶元淳的倔强而耿耿于怀，便找借口定了陶元淳"不检验失实"的罪名，恰好赶上大赦，陶元淳被免罪。不久，总督又想找其他借口来罢免陶元淳，当时的巡抚萧永藻到任不久，说："我刚上任，就要拿好官开刀，以后怎么带领属下呢？"便对总督言明自己的意思，终将陶挽留了下来。后来，陶元淳因事到琼州府，琼镇总兵闻讯立即告诫部下说："陶元淳来了，不要惹是生非！"可见陶元淳对贪官污吏的震慑之威。

不久，陶元淳在琼州病故，灵柩渡海归丧时，恰逢琼州学子赴广东省参加乡试，学子们自认是陶元淳的学生，大家一起护柩前行，没有人敢抢先一步。经过阳春时，有剽悍的兵卒要与陶元淳的灵柩争渡，考生们大声喝道："此吾师也，谁敢先者？"吓得兵卒惶惶而逃。

陶元淳在琼期间写了《浮粮考》《论昌化海防》《筹昌化营汛兵制议》《请禁崖州营将肆虐状》《议设土舍之患状》等旨在改良地方行政事务的

文章，见诸《皇朝经世文编》《崖州志》等，是留给后人的精神财富。康熙三十四年（1695）夏五月，陶元淳为好友王煐《忆雪楼诗集》作序，回顾二人交往的过程，对王煐为人、为官及诗歌成就给予很高的评价，同时表达自己“愿交天下雄骏博雅之士，每省择其尤者一二人，无则阙焉”，并甘心情愿“贫贱”地生活（王煐《王南村集》）。今昌江黎族自治县昌化镇新城村有治平寺碑，为县文物保护单位，原立于治平寺内，系昌化县令陶元淳撰文。寺毁碑存，为变质砂石质，高200厘米，宽80厘米，厚10厘米，额题“治平寺碑”，碑文15行724字，陶元淳所撰文记述了昌化地区的政治、经济、文化及县治迁建、重建治平寺及维持地方治安的训示。文记“东坡先生自昌化双溪馆下步寻溪源到治平寺”事，表达“恐重劳吾民”，而立碑意在“余惟名贤之遗迹不可久湮，向国欲复之而未逮，今因公家之事，以致其怀古之恩，而又利益于地方，则斯寺之额，舍治平无可者，于是伐石立碑，为亡记，以遗之”。[注：现据考证，治平寺当在浙江的昌化县。北宋太平兴国三年（978），吴越纳土归宋；太平兴国四年改吴昌县为昌化县，取吴昌地归化之义。其行政区域范围大致相当于今天临安区的西部，与安徽歙县毗邻，驻地在今昌化镇，1960年撤销。由此，当年苏轼游览过的北宋治平寺，当在今浙江省杭州市临安区西九十八里之昌化镇（当时为昌化县城）。]

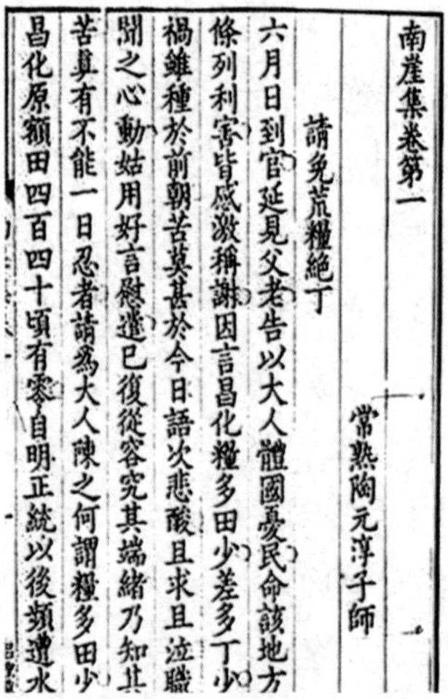
南崖集卷第一
常熟陶元淳子師
請免荒糧絶丁
六月日到官延見父老告以大人體國憂民命該地方
條列利害皆感激稱謝因言昌化糧多田少差多丁少
禍雖種於前朝苦莫甚於今日語次悲酸且求且泣職
覸之心動姑用好言慰遣已復從容究其端緒乃知其
苦真有不能一日忍者請為大人陳之何謂糧多田少
昌化原額田四百四十頃有零自明正統以後頻遭水

陶元淳《南崖集》记载其从政故事

何棅年龄比陶元淳大了25岁，但两人认识后关系不错，是亦师亦友的关系。何棅在任江西按察使司佥事提调学政［康熙二十三年（1684）十二月任］期间，陶元淳还曾专程赴江西看望过他。据《（道光）金溪县志》记载，当时陶元淳在何棅官署小住了一段时间，还协助何棅审阅金溪县童子试的试卷，陶元淳发现其中一名叫萧复远的学生文才十分了得，就对何棅说：“这学生真是旷世奇才啊！”何棅一看，确实写得好，就把萧复远定为金溪县第一名。

陶元淳不但为官爱民惠民，而且能文能

武，在繁忙的工作之余勤于著述，平生著有《南崖集》《明吏传》《志学集》等。这里选录其诗作数首：

和唐张谓韵二首

其一

道路非难作吏难，一洲鳌背立郊坛。
人言琼管曾开府，我道囚山合挂冠。
万里亲知春梦断，一生事业暮潮寒。
新恩已是投荒处，却望新恩福地看。

其二

如此途穷欲进难，朝天漫上越王坛。
局高不合伸强项，逐裸何须岸大冠。
徼外山河逢客醉，心头铁石向人寒。
长安日下犹言远，穷海孤臣那得看。

臬司刘公枉书惠存诗以志感

一官万里尹蒿莱，几个生前归去来？
况复劳心阳子拙，敢云流涕贾生才。
晴消瘴雾千山净，春到蛮花满地开。
从此不愁风土异，生还终望我公哀。

暮归僧寺和潘九仪韵

暝色城先到，人声野更稀。
山深难得月，水暗欲溅衣。
魑魅憎人过，虫沙得地飞。
迷途知未远，钟起唤君归。

清初，康熙帝平定三藩，征服准噶尔，实现了国家真正意义上的统一，文治武功一时称盛。然而，由于长期的战乱，国家对全国各省的山

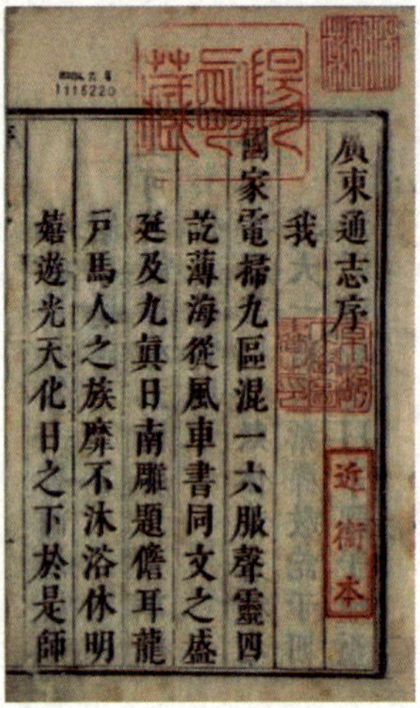
廣東通志序

我

國家電掃九區混一六服聲靈四
訖薄海從風車書同文之盛
延及九真日南雕題儋耳龍
戶馬人之族靡不沐浴休明
嬉遊光天化日之下於是師

清代《广东通志》书影

川城郭、户口土田、官制兵防，以及典章的沿革、层税的衡收、官员的升调等了解不深不实，造成施政无从下手。因而，朝廷于康熙十一年（1672）下令全国各级开始修志，《广东通志》就是在这个背景下开始纂修的。《（康熙）广东通志》30卷，清金光祖修，莫庆元纂，于康熙十四年（1675）启动，有康熙三十六年刻本。金光祖，满洲人，生员，康熙十二年任两广总督。莫庆元，番禺教谕。时朝廷诏谕各省州县纂修志乘，以备一统志采择。金光祖在其序中云："部檄至两广，臣光祖适备员总督，闻命拜手……因下檄两广诸司，俾如制从事。先诸州邑守，令臣开局纂修，书成上之郡刺史，刺史臣汇裁而润色之，挈领整纲，芟芜补缺，汇送方伯，方伯臣乃大会通都荐绅耆硕，校雠编摩，纫千腋以为裘，贯斗珠以成珞，洋洋乎若百川之归海也。是役也，凡数经寒暑，三易稿而东粤通志几竣事，寿梨有日矣。值滇黔煽乱，八桂阻兵，臣东征西攘，日无宁晷，西省志尚阙然，有待臣督臣也。宜合东西二粤成书上之太史……"

此志书自奉命纂修至成书，历二十余载成书。陶元淳当时刚好在广东工作，有幸参与了该志书的纂修。该志体例仿《大清一统志》，分郡县记述，材料富实。

教子有方　家风传承

陶元淳的一言一行影响着陶氏子孙的人生态度和价值取向，他教育两子陶贞一、陶正靖传承清廉爱民家风。陶元淳临终之前，将两个儿子叫到身边，传一杆秤和一面铜锣两样遗物。他告诉儿子，这两样遗物要传给子孙。秤代表处事公正，清正廉明；铜锣代表集思广益，绝不独断专行。陶元淳的两子不仅都考上了进士，而且为官清廉，都有父亲流传的家风。

陶贞一（1676—1743），字骏文，一字改之，号退庵，陶元淳长子。幼时就工古文诗词，徐乾学、何焯对他深为赞赏。陶贞一于清康熙五十一年（1712）中进士，任翰林院编修。但陶贞一想到母亲年老，想要乞假养母，但当时禁词臣不供官次，将有处分。有大臣要阻止陶贞一乞假。陶贞一说："若以养亲获罪，何恨？"于是乞假归家。雍正初，陶贞一被推荐参与修《明史》，分纂仁宗朝纪传稿。陶贞一又以养亲乞归，当时主修张廷玉留之不得。乾隆初，陶贞一就职半年就休致还乡养母亲。陶贞一还乡后，乐于从事有益家乡之事。《重修常昭合志》载，常熟县初议分常熟县、昭文县，陶贞一提出常熟县、昭文县的分县方案，"按分邑大势以东西分治条七议，上诸当事"，常熟县、昭文县的疆域因此确定下来。又如，白茆久湮议浚，陶贞一提出："宜浚白茆之里河至北港口，导之使归徐六泾入海，建巨闸以拒浑潮，则费省而功可久。"康熙年间，粮守道刘殿邦在虞山南麓梁昭明太子读书台畔构筑蹑云山房作游憩之所，康熙五十九年（1720）陶贞一与言德坚等集资1220两银，向刘殿邦买蹑云山房并山地各屋，用作邑人子弟读书场舍。其他有益家乡之事，陶贞一知无不为。

陶正靖（1682—1745），字稚衷，号晚闻，陶元淳次子。曾跟随其父宦昌化县，父因事外出谒见幕府，恰遇昌化县有寇警，县城城墙败坏，陶正靖于是召集匠人日夜修缮加固城墙，父归来高兴地称奇。陶正靖文笔与兄陶贞一齐名，为何焯、孙勷等赏识。清雍正四年（1726）常熟县初分为常熟县、昭文县两县，常熟知县李惟一聘陶正靖修《常熟县志》，稿成未刊，李惟一序，陶正靖跋，后散佚。雍正八年，陶正靖成进士，改庶吉士，授翰林院编修。雍正十年分校北闱。雍正帝去世，朝廷议礼，推翰林习掌故者二人，陶正靖同江右万宇兆所议均

陶氏家族祖居常熟健康巷

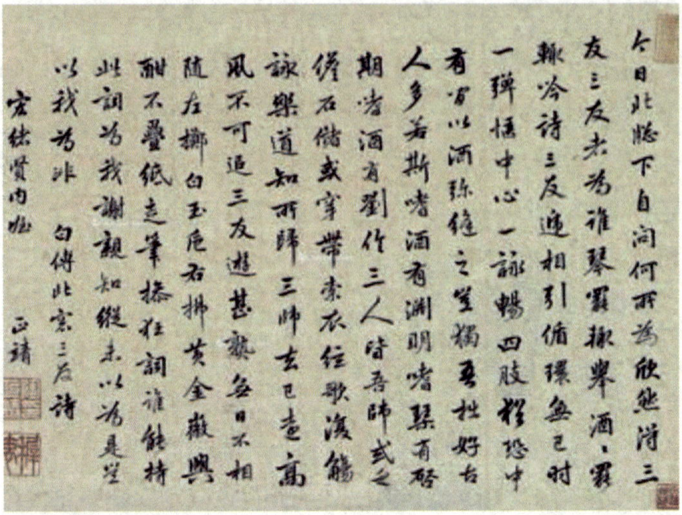

陶正靖手迹

被施行。乾隆元年（1736），陶正靖典四川乡试。乾隆二年，陶正靖又擢监察御史，首疏请豁昌化县浮粮，得旨应允，成就父亲志向。陶正靖凡所论奏，均得体要。论进经史说，也远稽古义，近陈时事。陶正靖论相业、人才、学制、幕僚等，均言人所难言。一年中，陶正靖又由鸿胪卿历右通政左佥都御史，不久又擢太常寺卿。他遇事敢言，有良吏才。后来，他因为召对论魏廷珍事忤旨而被罢归。归来后，他教授吴门，逾五年去世。陶正靖读书，务在实用，所作古文奏疏，雅健条达。性格高伉，在翰林院七年中，因掌院事的桐城张文和为兄陶贞一的房考师，陶正靖避嫌而不登张文和堂。西林鄂文端推重陶正靖，陶正靖勉强应召一次，以后就不再前往。陶正靖遇人无任何粉饰，是非所在，总是尽言不避。陶正靖笃于友谊，能够赴人之急，而自己又不注意治产。所以，陶正靖归乡时，囊中空空如洗。

2018年6月15日，《中国纪检监察报》刊登了题为《崖州“包公”陶元淳》的文章（作者黄国庆、李嘉佳），介绍了陶元淳清苦勤廉、履职尽责的故事。

（曹培根）

主要参考文献：

1.（民国）陶文炯等纂.常熟浔阳陶氏家谱（4卷）［M］.1933年铅印本.

2.（清）张雟，（清）邢定纶，（清）赵以谦.（光绪）崖州志［M］.

3. 常熟市地方志编纂委员会办公室.常熟人物选［M］.上海：上海文艺出版社，2012.

4. 常熟市地方志编纂委员会.常熟市志［M］.北京：方志出版社，2016.

5.（清）金光祖修；（清）莫庆元等纂.（康熙）广东通志［M］.

6.（民国）赵尔巽主编.清史稿［M］.

7.（清）穆彰阿，（清）潘锡恩等纂修.大清一统志［M］.

8. 常熟市地方志编纂委员会办公室标校.重修常昭合志［M］.上海：上海社会科学院出版社，2002.

蒋元枢

宝岛遗爱　公子留名

蒋元枢（1739—1781），字仲升，别字香岩，清代江苏常熟城区人。乾隆二十四年（1759）举人，先后任福建惠安、仙游、崇安知县，再调建阳、晋江，升同知，驻防厦门。乾隆四十年春署台湾知府，翌年兼任学政。蒋元枢在台湾为官三年（至乾隆四十三年六月），励精图治，兴利除弊，重视教育，注重教化，发展经济，大力开展基础设施建设，同时悉心筹划台湾与厦门等地的便民便商之政。蒋元枢还在台湾积极搭建海峡两岸全面协作和交流平台，建勋无数，政绩斐然，从而为加强清朝对台湾的统治，推动台湾经济社会发展，维护祖国统一做出了重要贡献。

出身名门　履职台湾

——城南蒋氏

常熟历史上有名的蒋家有两家：一是居住于常熟城南的“城南蒋氏”，另一是居住于青果巷的“青果蒋氏”。城南蒋氏家族原居住在常熟西北的港口（今属张家港市）一带，后移居常熟城区城南。明清两代，这个家族先后出过蒋以忠、蒋棻、蒋伊、蒋陈锡、蒋廷锡、蒋涟、蒋泂、蒋溥、蒋枏、蒋櫄、蒋士麒、蒋士骥等12位进士。又因蒋廷锡官位最高，所以又称为蒋廷锡家族，通常说的常熟蒋家一般就是指城南蒋氏家族。

虽然城南蒋氏家族在常熟八大姓中位列第八，但其地位显赫，所出人才、政绩和威望，足以和居首席的翁氏家族相匹敌，甚至可以说是不分轩轾。这在常熟历史上的大家族中是少见的。

蒋元枢画像

——人才辈出

蒋元枢来自城南蒋氏家族，他的高祖蒋棻、曾祖蒋伊、祖父蒋廷锡、伯祖父蒋陈锡、父亲蒋溥、堂伯父蒋涟和蒋洞等都是一代名臣，在明清历史上留下了浓墨重彩的一笔。其中，蒋棻号称"廉干第一"，蒋伊以向康熙进呈《十二图》和亲撰《蒋氏家训》闻名，蒋廷锡官至文华殿大学士（正一品），蒋陈锡官至云贵总督，蒋溥官至协办大学士（从一品），蒋涟官至太仆寺卿，蒋洞人称屯田侍郎……可谓是人才济济。

出生于这样一个官宦之家，蒋元枢从小受到良好的教育，且耳濡目染前辈优良的工作作风，为他日后从政奠定了良好的基础。

——多地历练

蒋元枢是清乾隆二十四年（1759）己卯科举人，多次参加会试无果。后以循例署知县分发福建省，历任惠安、仙游、崇安、晋江（开始实授）等地知县。乾隆三十七年四月，蒋元枢以"计典卓异"升任福建省泉州府厦门海防同知，驻防厦门。

厦门地处澎湖、台湾的咽喉，战略地位十分重要。据《（道光）厦门志》记载，清政府每年在台湾征收赋谷，运来福建充当军粮，叫作"台运"；凡赴台贸易商船，按照船只大小配载米谷，称作"配运"。从康熙二十四年至乾隆四十九年（1685—1784）的百年间，厦门—台南是海峡两岸的唯一对渡口（具体地点为厦门港玉沙坡与台南鹿耳门），所有物资均由台南港运抵厦门港后再拨船转运，这些事全由厦门海防同知承担和管理。

蒋元枢在任期间，精心策划，严格管理，屡举便商之措，为当地人民称赞。为了更好地彰显渡口功能，清乾隆三十九年（1774），蒋元枢在玉沙坡接官亭前（朝宗宫、风神庙旁）主持建造了一座石牌坊，亲笔题写"盛世梯

今日重修厦门接官亭

航”“天南都会”题词，盛赞这里的海上交通和繁荣局面。其后，有闽浙总督李侍尧在给乾隆皇帝的奏折中，称厦门“商船出入俱由此港”。

所谓接官亭，当时有两个用途，一是接圣旨之所；二是往来文武官员迎送酬接之所，一般旁边就有招待所之类的公馆设施。清代官员横渡台湾海峡时，在这里出境，从玉沙坡登船前，先往朝宗宫、风神庙拈香谒拜，祈求妈祖、风神爷庇佑一帆风顺抵达台湾。官员们由台返厦时，也有相应的礼仪。蒋元枢由于在海防同知上的政绩，颇为上级赏识。

——台湾知府

清乾隆三十九年（1774），因台湾知府李师敏病故，同年十一月初七日，闽浙总督钟音、福建巡抚余文仪推荐蒋元枢升任台湾府知府时，在上给乾隆的奏折中称赞道:“该员精明强干，任事实心。在闽年久，颇著循声，且现任厦门为渡台出入之地，声息相近，于台地风土人情亦所深悉……以同知蒋元枢升署台湾府知府，堪以胜任，实于海疆有裨。”同年十二月初二，乾隆批准:“台湾府知府员缺着蒋元枢升署。”

清乾隆四十年（1775）四月，蒋元枢由泉州府厦门同知署任台湾知府，至乾隆四十三年卸任，共计3年2个月。这期间，蒋元枢还有一个重要的兼职，即从乾隆四十一年十二月二十九日至乾隆四十二年四月二十九日，署理台湾道，共4个月。

重建郡城　修武备战

——历史记忆

据相关史料记载，台湾台南地区最早出现的城堡，应是明熹宗天启四年（1624）荷兰东印度公司在今赤崁楼（位于今台湾省台南市的中西区）

的位置修建的热兰遮城（又称安平城、安平古堡），是一座粗糙但能防火的城砦。同时，荷兰人还在市街周围建造竹篱，其北、东抵德庆溪岸，西抵台江海岸附近，南抵后来的普罗民遮城南侧不远处。清顺治十八年（1661）郑成功收复台湾后，台南市即成为全台湾岛的行政中心。至康熙年间，大将军施琅一举攻下澎湖，郑克塽投降，台湾又一次被收复。随后施琅上呈《恭陈台湾弃留疏》，力谏台湾之战略价值，由此台湾正式纳入大清版图，台湾府治即设于今日之台南市，为台湾首府，城市发展迅速。惟清廷施行台湾不筑城政策，居民之身家性命未获保护，官署的安全也没有保障。虽地方官员一再呈请筑城，但结果是台湾府设置的开始40年内始终没有筑城。

今日台南安平古堡

清雍正年间，朝廷逐渐认识到台湾的重要价值，于是时任台湾知县周钟瑄始修筑木栅。

——捐俸筑城

蒋元枢到任台湾时，当时的台湾府属福建省，下辖台湾、诸罗、凤山三县，全岛不满20万人口，且“人民尚未集，田土尚未辟”，可谓百废待举。蒋元枢励精图治，首先是加强台岛防御，重建台湾郡城，将原来的单层改建为双层，中间夹栽丛蔓，又在沿海地段加建堞楼炮台，以补木城所不及。还亲到属县考察，在险要之处垒石为堡，以防海盗出入。蒋元枢在《重建台湾郡城图说》中介绍：

查台郡自隶版图后，以地滨大海、土疏沙淤，未建城垣。雍正十一年，世宗宪皇帝颁谕督臣，深以台湾起建石城非宜，且附近府治有鹿耳门号称天险，备设炮台，拨兵巡视，自足以资捍御。复允督臣奏请，于现定城基之外栽种刺竹，藉为藩篱。实因地制宜，甚有裨益，庙谟宏远，著于甲令。

先是，雍正元年台邑周令创树木栅，周围二千一百四十七丈，辟建七门。乾隆初年，七门始易以石，但事属草创，未能完备。元枢抵台后，巡阅城垣，现存木栅岁久半多朽烂，城基间为民人侵占，历年既远，难以根究。所树刺竹亦多残拔，存者无几，殊无以资捍卫。元枢伏念台郡为海外重地，城垣为卫郡之要事，首宜修建，以护居民。除将旧栅修其残缺外，又将被侵旧址，遂为清厘，仍恐有碍居民庐墓，因其地势酌为变通，以期无扰。复念向来只有木栅一层，致被残拔，是以于旧栅之内，按照城基另建木城，比旧栅加高三尺。又于新旧木栅之中酌留空隙丈二余地，密种刺竹、珊瑚、箖投。有关扼要处所，各建敌台一座，安置炮位于上。雉堞一如城楼式，共计一十有八座。并于城内添设窝铺，如台之数。分拨兵役，昼夜防守。自西南以至北城，鸣金击柝，周遭相应。郡西面海，西门为自口进郡要隘。旧以滨海之地无从树栅，只设南、北炮台二座；今于炮台左右添设木栅两翼，另建水西门（注：实为小西门）一座，并增炮台三座。又查附北门外之军工大厂，旧制并无城门；今又添建大厂门一座，以资锁钥。于海疆捍御之方，层层严警，洵称金汤巩固、山海敉宁矣。

是役一切经费，元枢首捐廉俸，而郡中绅士乐观厥成，捐输恐后。慎选董事经理，不假胥役之手，以杜侵冒。复同厅、县筹捐生息，以为每年修理之需：法颇周备，可垂永久。

蒋元枢"首捐廉俸"，重建和加固台湾郡城，名垂青史。

——整修炮台

台湾孤悬海外，由于特殊的地理位置，外国殖民者对它觊觎已久，荷兰人自明天启四年（1624）正式占领台湾，前后达38年。饱读诗书的蒋元枢自任职起就清楚地认识到这一点，早在修整台湾郡城的同时，即开始营修小北门外的炮台和营房。这里与著名的鹿耳门相连，地势险要，炮台和营房由于年久失修，早已坍塌，急需修整。蒋元枢亲赴现场，见炮台旁有泉眼，泉水甘甜，于是"因照旧台故址，新为建筑；外迭方台五级，设大炮三座。上覆以亭，周遭扶以石栏。疏凿泉源，浚为深池。引泉自台后绕亭左右，澄碧光莹，拱如玉玦，幽遐之致，可备登眺。筑斯台也，原以还旧观而严守御；境之胜概，则固曩时之所未有也"。

——修缮军工

台湾府原有兵工厂，亦在小北门外，厂内储藏有木料、钉、铁、油、麻诸战略物资，但“仅建小屋二进，规模卑陋。不但贮物无地，而验船时文武官僚竟无托足之所”。考虑到这里是军事重地，蒋元枢在修整完台南城墙后，带头捐资，“建造头门一进、大堂一进。堂之左右环建厢房十四间，以为钉、铁、油、麻诸库。堂后建屋一进，计七楹，为司稽察厂务者住宿之所。厂在城外，向无关闭，兹绕厂另建木栅并设厂门一座，拨役以司启闭。其厂之北隅，向建天后神祠，日渐倾圮，亦为修葺。现在规模宏敞、锁钥严密，于军工重地实有裨益”。这一系列重要措施，对加强台湾地区的防备，捍卫领土主权起到了重要的作用。

完善设施　大兴教育

——整修府学

据清代《福建通志》之“台湾府·学校”记载，台湾府学位于台湾府府治台南市宁南坊，清康熙二十四年（1685）巡道周昌、知府蒋毓英建。以后，屡有增建。乾隆四十年（1775），蒋元枢一上任就对府学（文庙）进行了视察。由于管理不善，府学已经墙皮脱落，多处毁坏，“缺于修整，倾圮堪虞”，蒋元枢对此深感痛心。他认为“学校为崇奉至圣栗主、振兴人材之所，自宜炳焕，以昭诚敬”，由此他下决心要整修府学。于是，“是役也，元枢首为捐俸，而巨工之速竣，亦由绅士之踊跃捐输焉”。

同时，蒋元枢对台湾府学的规制也不满意，认为孔庙“前缭以垣，秀峰闷阙，若或障之”。于是将棂星门向内移进数步，同时加高五尺。另外，

今日台南孔庙外景

"门外之垣，改为花墙。山形呈拱，如在庙廷"。蒋元枢又在府学内把年久失修的魁星阁重新修缮，又兴建坊表（中国古代具有表彰、纪念、导向或标志作用的建筑物，包括牌坊、华表等），没有石料，就从福建泉州跨海运过来，再挑选能工巧匠加工完成。

清乾隆四十二年（1777）十月，府学整修工程全部完成。新修成的府学，规模比以前更加宏大，台湾府"从此，文明可期日盛"。

除此之外，蒋元枢认为搞好教育学廨（学官、教师办公室）也十分重要。当他看到"学廨屋甚逼仄"，认为"博士身司教，拥皋无数弓地，曷以传道而授业？"为此，他想方设法努力改善学官、教师的办公条件。他将原来建在府学旁边的佐属公馆移建于龙王庙的左边，另在该地新建正屋二进，作为学官、教师的专用办公场所。良好的办公设施，使学官、教师安居乐业，更加尽其所能，努力为学子传道、授业、解惑，推进台湾教育事业的快速、健康发展。

——完竣县学

早在清乾隆三十三年（1768），蒋元枢在福建崇安县知县任内，就用心整修县学。

据史料记载，台湾县学在县治台南市东安坊。清康熙二十三年（1684），知县沈朝聘建。前为殿，后为启圣祠。至蒋元枢莅职时，县学历经近百年，中间虽有增扩建，但由于种种原因，早已名不副实，荡然无存。台湾县士绅一直有重建的愿望，奈何工程巨大，始终未能实施。蒋元枢到任后，即与任职的台湾知县解文燧［江西人，乾隆三十八年（1773）接替王右弼，担任台湾府台湾县知县］商量完成县学修竣事，后因修建府学（文庙）大成殿耗费较多，经费紧张，此事就被耽搁了下来。不久，解文燧离任。此事即不了了之。蒋元枢在大规模整修府学即将完成的同时，又应台湾县士绅的请求，开始进行县学的完竣。蒋元枢在《重建台湾县学图说》中介绍：

兹于郡中各处工程次第兴举，郡学亦已竣工，邑中绅士呈请继修完竣。兹谨督同郁令按照旧址，将大成殿重加缮整；并建五王殿及东西两庑，以奉牌位。其棂星门、大成门、泮池、宫墙，亦俱谨用制度建造。

就是说此次大规模整修是在县学旧址之上，将此前重建的大成殿进一步修缮整治；又新建五王殿和东西两庑廊，用来供奉历代大儒牌位。同时，严格按照相关规定建造棂星门、大成门、泮池、宫墙等。其中，蒋元枢为壮大孔庙规制，于孔庙主要出入口东大成坊外增建石坊，以表彰郡县之学。泮宫石坊为四柱重檐构成的三开间立面，仿木构建筑，鸱尾雀替、飞檐造形，坊面雕刻精致纹饰，朴拙中亦见宏伟。

蒋元枢在整修台湾县学的同时，同样感到教官、教师工作的基础设施比较落后，特别是“往时因地势偪仄，明伦堂并未建设，县学教逾、训导，仅于学之左右赁屋居住，殊非体制。兹复买凑民地，并为创建，规模一如郡学”。是说当时县里的教谕和训导等还在县学的外面租房居住，实属寒酸。于是他捐资购地，重新兴修明伦堂。新的学署自北向南一共四进，其中二进作为专门的教授用署，一进是作为专门的训导用署，而中间的一进最大，则是作为教师会见学生的会客室。学署的东边还通殿庑，西边那一带则都有护厝。共设置了两个大门，一个在正西方向，一个在西南方向。工程竣工之后，县学教师的办公和住宿条件大为改观。

经过此次大规模的整修，台湾县学的规制更加完善，与台湾府学不相上下，台湾县的教育事业必将大踏步向前发展，蒋元枢感到“现在制度巍焕，人文儒术，自当益庆昌明”。

——重振书院

台湾书院的创办和发展，主要集中于施琅收复台湾之后的清代。蒋元枢到任台湾时，台湾府当时有两所有名的书院：海东书院、崇文书院。

据史料记载，清康熙五十九年（1720），由台厦道梁文煊创办海东书院。不久，海东书院改为考棚（科举童试之地）。乾隆四年（1739），学政单德谟奏请别建考院。乾隆五年巡道刘良壁捐俸倡修，并定学规六则：“明大义、端学则、务实学、崇经史、正文体、慎交游。”海东书院后来发展成为台湾规模最大、最华丽的书院。

而崇文书院创办更早，清康熙四十三年（1704），台湾知府卫台揆将安东坊义学改建成崇文书院。书院位于台南台湾知府衙门旁，为当时台湾规模最大的书院。

崇文书院东南方位原建有魁星阁，阁后面建有祭祀南宋大儒朱熹的纪念堂一所。时间长了，逐渐坍塌或毁坏。蒋元枢到任台湾后，对此一一加以修复，“规模宏敞，一如旧制”，并增修廊庑，整修讲堂、斋舍。同时，为保证书院有正常、稳定的开支费用，蒋元枢积极为书院筹措教育经费，他规定：“并捐资置凤邑鱼塭一所，每岁计取租息番镪五百元。除海东书院拨银二百元外，其余三百元归入崇文书院，以添肄业生童膏火之费，较前无虞支绌矣。”由于解决了书院的资金短缺问题，崇文书院的规模更加宽敞宏大，为学子们提供了一个舒适的读书环境。由此，台湾第一所正规书院正式出现。

——首举“澎字号”

蒋元枢高度关注台湾学子的为学之道，强调要端正学习态度，他指出：

闽处南服，距中州远甚，前代如罗、李、朱、蔡诸大儒，诞毓其乡，为理学、为名臣，若亲接席于尼山、泗水之间也者。谓非善所师，因以觇其学之正欤？郡虽僻处海外，闽封也。学者高山在望，观型不远，有志者宁甘自外耶？然则余之汲汲谋此也，亦窃为诸生一灯之导也夫。

这里的“罗、李、朱、蔡”，是指宋代福建历史上著名的理学大儒罗从彦（1072—1135）、李侗（1093—1163）、朱熹（1130—1200）、蔡元定（1135—1198）、蔡沈（1167—1230）等人。蒋元枢告诫学子：出身于福建本土的罗、李、朱、蔡诸位大儒，他们因为有高明的老师、刻苦钻研而成为大家。虽然台湾地处海外，但也是一个人才辈出的地方。上述所列先贤和山东尼山、泗水之间的至圣先师孔子的思想一脉相承，一样伟大。只要刻苦学习，切实领会先贤的思想精髓，同样可以成才、成名、成家。

蒋元枢还十分重视人才的培养和选拔，采取一系列措施为学子们提供帮助。在蒋元枢兼理学政事务前，台湾澎湖地区参加应试的儒童都是跟台湾县合在一起录送的，从县再送到府等待的时间很长，而且名额不确定。澎湖学子很难被录取，甚至出现百人参考而不中一人的情况，这就大大打击了澎湖学子的信心。蒋元枢到任后建议澎湖士子直接在澎湖本地考试，经朝廷准允后，即在澎湖创设“澎字号”，每年录取童生1名。从此，澎湖列岛上的童生不必渡海至台湾岛本土应试就能取得府学生员（秀才）的资格。此举大大缩短了澎湖士子应试的行程，同时免去了其奔波劳碌之苦。这为澎湖列岛文风的兴倡、教育的发展提供了极为有利的条件。澎湖士子为此欢欣鼓舞，读书应试更加努力。

今日澎湖列岛古建筑

注重教化　筑巢引凤

——备修礼乐

中国古代孔庙祭祀的规格至为庄严，“明禋崇圣，典为至巨”，并且“庙廷礼、乐诸器自宜美备，庶足以昭崇敬而肃享祀”。蒋元枢在整修府学时发现台湾府孔庙的礼器都是用锡、铅铸就的，质地较差，且豆、笾、簠、簋等最重要的礼器有的没有，有的即使有但尺寸大小大都不符合基本的规制。于是，蒋元枢按照曲阜孔庙的礼器规制，请家乡苏州的能工巧匠开设铸造局，购买铜材，做好模范重铸，先后用掉铜材1万多斤。然后运到台湾，“敬陈于庙，以昭明备而彰巨典”。

除此之外，蒋元枢就孔庙所用乐器，诸如编钟、编磬、笙、镛、琴、瑟、排箫、洞箫、埙、篪、龙遂、鼗鼓、足鼓、搏拊、相鼓、鼓、柷、敔、钥、翟、手版、麾、节等诸器，同样按照曲阜孔庙规制，从苏州制作运来，陈于台湾府孔庙。

另外，孔庙中的承牲用的俎、承帛用的篚、放祭文用的版，以及祼献（古代祭祀时以香酒灌地、以腥熟之食献神的礼仪，亦称祼礼）用的爵、彝、斝，斟酒、敬酒、储酒用的器具，陈设用的器具，焚香用的器具，贮水、斟水、弃水用的器具，供花用的器具，引导用的器具……蒋元枢一一加以配齐，“现在礼、乐诸器皆称明备，春秋丁祭，虔肃将享。于崇圣明禋之巨典、制器尚象之精意，庶或有得焉耳”。因为蒋元枢熟读圣贤书和明代的《常熟县儒学志》，对祭孔的佾舞了如指掌，“查佾舞，文庙或云用八佾，或云用六佾”。他把佾舞画成彩图，“分四列而绘九十六人者”，让人练习，以便在祭孔时用上。通过一系列的努力，使台湾士民百姓更加熟知礼仪和教化，因而达到台湾大治。

——引鹊入台

清乾隆年间，福州诗人郑大枢在《台湾风物吟》有句曰：“今宵牛女度佳期，海外曾无鹊踏枝。”至清光绪年间，台湾兵备道唐赞衮《台阳见闻录》则记：“台地无鹊，有太守蒋姓者，从内地购数百翼放之，今颇孳生，谓之蒋鹊。”太守即知府，据《台湾志略》和《闽杂记》所载：大陆百姓入台之后，期盼能赚钱发财，且思念家乡，于是希望能听见赋予吉利、发财寓意的喜鹊的叫声，但遗憾的是当时台湾没有喜鹊。蒋元枢到台湾任职了解到士民这一愿望后，利用回大陆省亲和公务的机会，从大陆引来数百对雌雄喜鹊，放于台湾郡城树林中。以后，喜鹊在台湾繁衍生息，街头巷尾喜鹊报喜之声不绝于耳。

蒋元枢此举不仅是将喜鹊这一物种引入台湾，更是缓解了大陆移民对故土的思念，由此深得民心。清末台湾诗人吴德功《台湾竹枝词》中，有“喜鹊纷纷绕树栖，台阳惯听此禽鸣”之句，我们可以设想，曾经是“海外曾无鹊踏枝”的台湾后来喜鹊纷纷扰，人们一定会记起“蒋鹊”的名字和蒋太守的事迹。

——修葺海会

海会寺，又名开元寺，位于台湾郡城之北门外五里许，系明郑北园旧址。郑克塽投降清朝后，北园逐渐荒芜。清康熙二十九年（1690），台厦道王效宗、总镇王化行将其改为佛寺，名海会寺。至乾隆时期，由于年久缺修，已是一片荒凉。蒋元枢到任台湾后感到，海会寺是郡志里记载的台湾少数名胜古迹之一，而当时台湾本来就没有什么可供游览的名胜，由此他下决心恢复海会寺原貌。于是召集工匠，准备材料，对海会寺进行大规模的整修：

其前正屋三楹为山门，门内供奉弥勒佛像，两旁塑护法尊者二像，高二丈许。其后金刚四尊，高亦如之。又内为甬道，左右建钟、鼓楼各一座。楼之旁，各建厢房三楹。中为大殿，供奉如来、文殊、普贤佛像，狮、象、莲座，皆高丈余。殿内左右塑罗汉像，皆以金饰。殿后，供奉韦陀。中为川堂；再进，正屋三楹，内奉大士，缭以高垣。旧时寺基止此，其余左右所建屋宇皆系新构……

寺僧所卖旧产，为时已久，半难清查。今为赎其可稽者，并为另置田亩，勒之贞珉。每岁可得租银六百余圆，住持之僧，无虑饥寒。后来经理果能不废，可期垂诸永久。

——重修关庙

台湾郡的台南关帝庙（原称关帝殿、关帝厅），位于台湾台南市镇北坊，创建年代十分久远。据口口相传，创立于明代永历年间，清代康熙年间曾重修，为台湾民间士民百姓十分信仰的庙宇，一时香火非常旺。至蒋元枢上任时，虽大体存在，然已经破败不堪。于是蒋元枢“因为捐俸，并劝乐施。饬材庀工，重加修葺。其规模仍循其旧，而庙貌巍焕则如新构”。同时，“庙后右侧有屋数楹，内奉大士，其旁杂迭神祇，殊非昭虔妥神之道。兹并加修建，以奉大士；其诸神之像，另屋供奉。旁有屋宇，亦行缮葺，以祀保生圣母神像。庙貌既饬，自当益庇神庥”。

关帝庙祭祀的关羽，是作为忠君、爱国的化身。凝聚在关羽身上而为万世共仰的忠、义、信、智、仁、勇，蕴涵着中国传统文化的伦理、道德、理想，渗透着儒学的春秋经义，并为释教、道教所尊奉，实质上就是彪炳日月、大气浩然的华夏魂。蒋元枢重修关帝庙的目的，无非是要台湾老百姓居安思危，弘扬民族精神，鼓舞将士士气，永固台湾。

今日台湾关帝庙

除此之外，蒋元枢还先后重修、新修、整修了城隍庙、天后宫、洲南场禹帝庙、濑北场上帝庙、龙王庙等。

其中的接官亭石坊，是为壮大接官气势所增建，与钟鼓楼、官厅、风神庙形成完整的建筑群。石坊是由花岗岩、青斗石构成的四柱双层三开间的立面建构，中间横额前题“鲲维永奠”，后书“鳌柱擎天”，两檐间嵌刻人物石雕，下层镌刻双龙抢珠等纹饰，线条流畅雄浑。蒋元枢试图通过引导民间信仰来惩恶扬善，弘扬正气，教化心灵，进而达到维护台湾社会稳定的目的，可谓是煞费苦心。

千古图说　山高水长

——勤政爱民

蒋元枢到达台湾后的第一件事是狠抓社会治安。当时因为台湾孤悬海外，且汉族和少数民族杂居，因而社会治安很差。蒋元枢到任后，采取措施严治盗贼和匪徒，对为首者一律严惩不贷，在他铁腕整治下，各类盗匪不久就几乎绝迹，社会治安由此大好，人民生活和生产得以恢复正常，各项事业也得以顺利开展。

同时，蒋元枢兴利除弊，致力于台湾岛的经济开发。台湾的土地分田、园两种，有水利灌溉的为田，旱种者为园。他制定措施，引导农民以田育水稻，以园种甘蔗，还募集流民垦荒，发展农业生产。蒋元枢在管理台湾方方面面的事务之余，还捐俸修建养济院、普济堂，抚恤鳏寡孤独及残疾无告的贫民，可谓真正的仁官。台湾民众十分爱戴他，蒋元枢返乡时百姓不舍，当地绅士商庶捐资，把他住过的别馆改建成“原知府蒋元枢之生祠”（生祠石额残件至今尚存）。老百姓还感谢他对重修台南大天后宫所作贡献，在此宫后殿供奉蒋元枢长生禄位。因为他是相国之子，人们便称他为“蒋公子”，这除了表达亲切、尊崇之外，还象征年轻、高雅、有为。

清乾隆四十二年（1777），有感于蒋元枢对台湾的贡献，台湾妈祖楼街、金龙街众铺户、车户等百姓共同斥资立了一块《护理台澎兵备道台湾府正堂蒋德政碑》，全文如下：

窃为政之道，首重利民。利民之事，本无巨细。然惟经济无不裕，而后事功无弗周。我大恩宪大人蒋，代受国恩，两世相业昭垂，功在社稷，尚矣。初下车，即念台湾僻居海外，民番杂处，最易滋生事端。而其道则在严治窃匪，锄抑强宗，使不得生事扰民，共安衽席。今之四境晏如，此其明验也。而且修城垣以卫民居，设望楼以防民患，崇黉序以正民风，新神庙以成民事，辩疑狱以重民命，广赈恤以赡民穷，其经济事功，彰彰如是。近复兼护道篆，捐清俸，鸠工庀材，重建军工船厂。而厂前板桥，向为春夏之□，大路积水，不便行旅。因置小桥以通来往，法良善也。然桥身离地不逾二尺，凡车载之道经乎此者，必起桥，然后使行。而藉端渔利之徒，或从而生发；穷民稍不遂意，即为争竞，往往如是。公勘验至此，即为蹙然曰："此以便民，而实以厉民也。"爰克日兴工，即为另建木桥，加高丈许，上可以便舆马，徒行不碍车辆重载，远近居民经斯道者，实利赖也。

予小民之歌功颂德，虽属一己之私，而公之充类至尽，旋饬各乡保，举报台治之有类乎此桥者，均用增改而更张之。将见四境皆遵王道之荡平，而万姓共戴仁恩之无疆也。是为记。

从碑文中可以看到蒋元枢对百姓是何等的关怀，凡是对百姓有利的事，不论巨细，都尽力而为，所以百姓发自内心地爱戴他。

蒋元枢在台南捐建的接官亭

蒋元枢在任三年，筚路蓝缕，艰苦创业，政绩斐然，堪称循良。清乾隆四十四年（1779）二月蒋元枢被引见乾隆时，乾隆高兴地嘉奖道："有出息，蒋溥之子。"

——建筑大师

在台湾任职期间，蒋元枢将他经手的一系列工程汇编成《重修台郡各建

蒋元枢著《重修台郡各建筑图说》插图

筑图说》。该书共40篇文章，每文配图，内容遍及当时台湾的政治、经济、文教、民生等各个方面。可以说，这是一部集台湾地方公共建设事项之大成的百科图书，融合了台湾史、建筑史、金石学的珍贵资料，蒋元枢也由此被台湾学界称为“清代建筑美学大师”。究其原因，除了蒋元枢家学渊源外，同时还有苏州古城好学尚文风气的美学熏陶。加上他个人刻苦好学，具有成熟的绘图设计能力，在台湾知府任内，他积极规划、建设府城，创建出鼎盛的“清代城市美学”。府城著名的“七寺八庙”，就是在他任内完成的。

通过此书，人们能够更加清楚地了解蒋元枢在台湾任职期间为当地百姓所做的贡献。直到今天，台湾台南不少地方依然保留有与蒋元枢有关的史迹。

——夙夜在公

据《重修台郡各建筑图说》记载，蒋元枢在台湾任职的三年两个月期间，所进行的各类建造、修葺工程多达40项，平均每个月至少有一项！其为政之勤，世所罕见。这些工程主要有重修台湾府城，重修台湾府衙并建迎晖阁、景贤舫，修万寿宫，重修海会寺，新建鲫鱼潭，移建台湾佐属公馆，重修台湾府学，鼎建盐课大馆，重建洲南盐场，建设台邑望楼，建设凤邑望楼，建设诸邑望楼，建设彰化县望楼，建设淡水厅望楼，鼎建傀儡生番隘寮，重修风神庙并建官厅、马头、石坊，重修关帝庙，鼎建台郡军工厂，重修台郡崇文书院魁星阁，重建台湾县学，捐修台凤诸三县养济院、普济堂，重建台郡桥梁，重修塭岸桥，重修台湾府城隍庙，重修台郡先农坛，重修台郡天后宫，修筑安平石岸，新建鹿耳门公馆，重建洲南场禹帝庙，重修濑北场上帝庙，重修龙王庙，建设南坛义冢并殡舍，捐建北门兵丁义冢，移建中营衙署，捐建南路两营公署，捐建各营兵屋，捐建澎湖西屿浮图，等等。这些工程最具规模者当为重建台湾府城，最远的工程为离府治（今台南市）300千米外的淡水厅鸡笼城的望楼，以及黑水沟另一端澎湖的西屿灯塔。

澎湖西屿灯塔

这里值得一提的是西屿灯塔。清乾隆四十三年（1778），蒋元枢在澎湖西屿建造灯塔，以此来协助防守、加强军事力量，同时方便行船。这是台湾最早的一座灯塔。澎湖居于台湾、厦门之间，西屿尤为要冲。作为台湾、厦门两地船舶航行的识别目标，西屿灯塔是台湾航路标识的先驱，值得在我国航海史上大书一笔。

清嘉庆年间台湾县贡生、著名诗人章甫写了一首《西屿灯》，诗前注曰："屿在澎（湖）岛，三十六屿之一，琴川蒋太守造塔设灯，捐俸置资，俾舟人夜渡认灯收澳，至今赖之。"诗中曰：

黑夜东洋里，红灯西屿头。
摇风围塔定，照水共波流。
一岛浮光现，千航认影收。
安然纪功德，长荷使君庥。

西屿灯塔是目前有记载可考的台湾最早设立的灯塔，而且至今保存良好，成为当地一景。

——碑文流芳

蒋元枢出身名门，从小受到良好的教育，公务之余喜欢吟诗作文，挥洒笔墨，在台期间留下了不少作品，流传至今。除了上文记载的蒋元枢题词外，在台湾名胜古迹中还可寻得不少蒋元枢的墨宝。如海东书院"全台首学"四个大字便出自蒋元枢之手，现位于台南市中区永福路的祀典武庙里，还保存着蒋元枢所立的"天地同流"画额。

台南接官亭石牌坊，各种雕塑作品都很精美。石牌坊上有蒋元枢亲笔撰书的对联和横额，南向横额是“鲲维永奠”，意思是庞大的计划永远奠定。对联是：

叠嶂重洋，巩内外千年锁钥；
揆文奋武，壮东南半壁金汤。

其中，揆文是指掌管文教，金汤是指金城汤池，比喻防守巩固城池。

北向横额是“鳌柱擎天”，意思是巍然的石牌坊直立冲天，对联是：

万年圣烈，奠南天牛女，躔分舜野；
一路福星，迎北极风云，会际尧衢。

其中，牛女是指牵牛星和织女星，躔是指日月星辰运行的度次。

这些词联充分展示了当年海峡交通要冲、海防要塞、官场迎送、石牌坊雄踞港口的气势和作者的抱负。横额下面，影镌4幅官吏送迎图石刻。蒋元枢在台湾任上，亲自设计、修建了一大批经典建筑，目前不少被列为重要文物古迹。

厦门港朝宗宫前的石牌坊已被毁坏，2017年初又从台南市“克隆”回来。横额为蒋元枢曾经手书的“盛世梯航”和“天南都会”，正面楹联是新撰的：

百年间两岸唯一渡口；
千里外群黎共沐恩波。

这些珍贵的文字，再次见证了海峡两岸一家亲的深厚情缘。

厦门接官亭“盛世梯航”横额

名园留世　风范长存

——构筑蒋园

写到蒋元枢，必然离不开燕园这个话题。燕园位于常熟古城辛峰巷内，东邻炳灵公殿，南临辛峰巷，西为民居区，其北原有五弦河（现已湮没），是全国重点文物保护单位，蒋元枢是燕园最初的主人。

蒋元枢为官20余年，曾两次进京引见，事毕皆请假返回故邑。时其家已迁至常熟城里，蒋元枢特聘名工巧匠在辛峰巷建一花园，取名蒋园。园广四亩多，筑有“一瓻阁”“十愿楼”诸胜，尤其名闻江南的是戈裕良用虞山黄石叠的假山一座，将虞山剑门石壁奇景浓缩于此。在荷花池周边筑“七十二石猴”假山景等，其构思奇巧，称著于江南名园之林。蒋园构筑极其精良，如窗棂、栏槛等都用名贵的紫檀、楠木雕刻而成。因渡海遇险，蒋元枢在园中供海神天妃于其中。

在回乡期间，蒋元枢返故里与著名慈善家、孝子杨岱结成女儿亲家，为其长子蒋继煃迎娶杨岱次女为妻，从而常熟境内两大望族的通家之谊连绵不衰。清道光九年（1829），蒋园为蒋元枢同邑同姓泰安县令蒋因培所得，经重新修葺后改名“燕园”。道光二十七年，园为邑人知县归子瑾购得。光绪年间，燕园重归蒋家，被蒋元枢玄孙鸿逵重得，其所著《吾好庐诗抄》中“园林逢旧主”是为实指。时至晚清，燕园于光绪三十四年（1908）为曾任外务部郎中的张鸿购得，故又称张园，张鸿且自号“燕谷老人”。张氏著述多种，所撰反映晚清世情的文学名著《续孽海花》即在此园完成。中华人民共和国成立后，燕园先后为市（县）公安局、文化馆、皮革厂等单位使用。1982年被公布为江苏省文物保护单位。

——魂归常熟

清乾隆四十三年（1778），蒋元枢秩满卸任后，赴京觐见乾隆。第二年朝廷下旨：“准其实授，仍发往福建以知府候补。”乾隆四十五年三月，乾隆第五次南巡至杭州，蒋元枢暂停浙江办差，得再引见。事毕返闽。乾隆四十六年三月十八日，蒋元枢卒于闽，享年四十三岁，归葬常熟虞山。

蒋元枢去世后，墓志铭由其弟蒋大椿的丈人嵇璜撰，邑人陈桂森［乾

今日燕园（蒋园）

隆三十一年（1766）进士，官至广东学政］书丹。嵇璜（1711—1794），字尚佐，晚号拙修，清雍正八年（1730）进士，其祖嵇永仁、其父嵇曾筠俱为一代名臣。嵇璜祖籍常熟，后移居无锡。历官南河、东河河道总督，工部尚书，晚年加太子太保，以治河有功著称。

1981年春，常熟市虞山北麓山顶林场平整土地时发现蒋元枢墓志铭。志全文计1100多字，对研究蒋元枢及台湾史政有极其重要的价值。

蒋元枢墓位于虞山林场白云管理区南侧，墓坐南面北，占地面积约340平方米。封土底径5.2米，高1.3米，冢后竖有“清台湾知府蒋元枢之墓”碑一通。外设罗城、拜台。该墓墓道长10余米。1982年11月17日，蒋元枢墓被公布为常熟市级文物保护单位。

——铜鼎之谜

2022年8月，深圳望野博物馆馆长阎焰著文提及，该馆内有一件铜鼎，双耳，三足，口部有子母扣边沿（原应有盖，缺失），上腹部有三条竖棱进行区域分隔，每个区域内三条雷纹装饰带，左右两只立兽图案，共三组。鼎通高21厘米，耳径22.5厘米，重3100克。鼎底正中有长方框，内铸铭文四行：“乾隆四十一年，台湾府知府蒋元枢捐造，贡生蒋鸿皋监制。”这件极其珍贵的涉台文物一直被该博物馆珍藏，从来没有公开陈列展览。

2012年11月27日，台北“故宫博物院”前院长周功鑫女士到访望野

有蒋元枢铭文的铜鼎及其铭文

博物馆时专门参观过这件珍品。光阴似箭，日月如梭。240多年前，由台湾地方行政长官蒋元枢捐资铸造的铜鼎，今日列置于大陆博物馆案头，不觉给人以历史循环之感。事实证明：历史留下的痕迹，永远无法磨灭！

——两岸怀念

“綮于虞山开荒陬新气象，功在台郡立宏图四百年。”蒋元枢在台湾短短的三年多时间里，兴利除弊，重视舆情，政绩卓著。同时，经他大力推动，台湾“海表庙学，典略备矣”。民众感怀其恩德，不但为他立德政碑，并为他建生祠。由于建树良多，功勋卓著，蒋元枢被台湾当地人民奉为神明，还尊称为“蒋公子”。至今，台湾当地还流传着“莅任千余日，万民获复苏。人文日昌明，尤念蒋公子”的赞语。

2016年，常熟市台办与常熟市广电总台远赴台湾，联合摄制成纪录片《传灯——蒋元枢在台湾》，先后在江苏国际频道和中国电视长城平台教育文化频道、常熟电视台正式播出。

台湾“蒋公生祠”石匾

2018年12月，在蒋元枢280周年诞辰之际，台湾省台南市政府文化局和台南市文化资产保护协会在台南延平郡王祠内的郑成功文物馆共同举办了一场“府城蒋公子，建设顾台湾——台湾知府蒋元枢纪念特展”，展出时间将近半年，以纪念这位为台湾做出巨大贡献的先贤。

与此同时，近年来两岸有关蒋元枢的学术研究文章、著作和影像作品层出不穷。至今，在台湾、在常熟有很多人都听说过清廉勤政、爱民如子的蒋元枢，知道他在乾隆年间任过台湾知府，为官清正，政绩卓著。时至今日，台湾很多地方依然保存着当年的蒋公祠，以纪念这位从大陆常熟去的勤政爱民的清官。

（陈建东）

主要参考文献：

1. 常熟市地方志编纂委员会.常熟市志［M］.北京：方志出版社，2016.

2. 赵丽娜.台湾知府蒋元枢留在台人心中［J］.观察，2021.2（90）.

3. 台湾原无喜鹊，厦门官员赴台后鹊声四起！［N］.厦门晚报，2019-05-30.

4. 李峰.清台湾知府蒋元枢墓志铭文与史事订补［J］.文物世界，2010（5）：32-34.

5. 庄林丽.蒋元枢与清代文教的发展［J］.海峡教育研究，2015（1）:2-10.

6. 徐祖白.台湾知府蒋元枢［J］.江苏政协，2000（7）：31.

7. 刘凌斌.从清代台湾书院的发展看闽台历史文化渊源［J]，现代台湾研究，2020（5）:60-69.

8. 阎焰.文物可证史亦可证民族记忆［N］.深圳晶报，2012-08-12.

9. 彭一万.蒋元枢的海峡两岸情缘［J］.炎黄纵横，2018（8）.

10.（清）蒋元枢.重修台郡各建筑图说［M］.

11.（清）谢道承.福建通志［M］.

12.（清）薛志亮主修；（清）谢金銮，（清）郑兼才总纂.续修台湾县志［M］.

周礁

布曰周公　名高西北

周礁（1766—1837），号又溪，清代江苏常熟人。嘉庆年间，因军功先后任高台、皋兰知县、平凉知府等。周礁任高台知县时，用自己的俸禄购来棉花，指导工匠制作纺车，招来一批当地妇女让夫人教授她们把棉花纺成棉纱，又给她们纺具和棉花，让五家合用一台布机轮流织布。她们织出的棉布远比原来的麻布、葛布柔软保暖，大受当地人欢迎，且能卖出好价钱。老百姓织布卖了钱，生活得到改善，非常感激这位县太爷，就把这种棉布称为“周公布”。周礁在甘肃为官传播了先进江南文化，当地人民感恩他为民造福办实事，树立遗爱碑，并为他建立祠堂，对他十分崇敬和怀念。

父荫遗爱　远赴甘肃

旧时代，地方官被称为“父母官”，他治下的老百姓称为“子民”，这种人格上的尊卑地位正是客观地反映了封建时代官与民、统治者与被统治者之间的不平等关系，但也充分地体现了历代底层老百姓对地方官员的普遍希望。“为官一任，造福一方。”“当官不为民作主，不如回家卖红薯。”“政声人去后，民意闲谈中。”这些出自民间或者是清官廉吏的话语，流传千年至今。由此充分说明：即使是在漫长的封建社会里，大多时候政

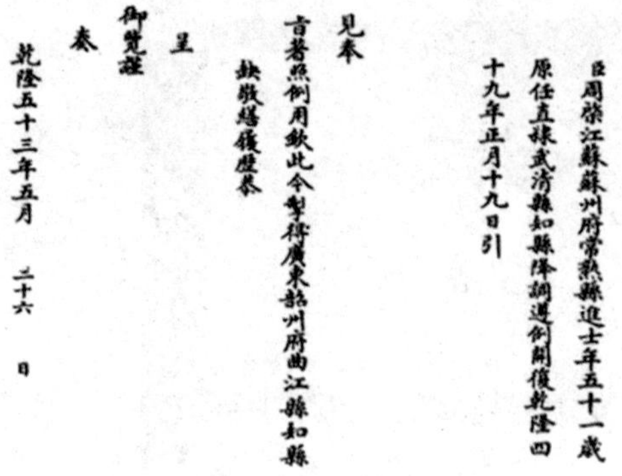
臣周棨江蘇蘇州府常熟縣進士年五十一歲
原任直隸武清縣知縣降調選例開復乾隆四
十九年正月十九日引
見奉
旨著照例用欽此今掣得廣東韶州府曲江縣知縣
缺敬繕履歷恭
呈
御覽謹
奏
乾隆五十三年五月 二十六 日

清廷档案中周棨的记载

治黑暗，吏治腐败，但浊流中还会有清流，少数清官廉吏身上闪耀出的星星点点的人性光辉，在一片黑暗中反而越加令人瞩目，特别难能可贵。这里所介绍的一位在贫瘠穷困地区任县官的常熟籍官员周礁，就是一位治贫治穷、为国为民的清官廉吏。周礁不仅在当时在当地留下了政声美誉，就是在今天，他的可贵精神也是值得从政者借鉴和学习的。

周礁是一个出生在江南富庶之地常熟的年轻人，被朝廷选派到甘肃为地方官。那么，周礁为什么要路远迢迢长途跋涉，去到穷山恶水、贫瘠荒凉的甘肃为官呢？这其中有什么原因呢？这还要从周礁的父亲周棨说起。

周棨（约1736—约1788），字肄三，号晴坡，江苏常熟人，清乾隆四十三年（1778）进士，是年十一月到获鹿县（今属河北省）任职。获鹿县在清代属真定府，距北方万里长城不远，也是个交通要道，而那时正逢边关打仗，过往军旅频繁，军务上的事务十分繁忙。周棨是个很能干的人，对于军务和地方事务，都能应付自如。

除此之外，周棨对县治民事也尽心而为，旧志上记载一个故事。就在周棨在获鹿上任不久，就接到一个民妇的状纸，什么事呢？原来20多年前，当地有个老百姓娶了个老婆，新婚不久，老婆就怀孕了。这是一家的大喜事。俗话说，十月怀胎，一朝分娩。但这个孕妇却在怀孕七个月时就早产了一个婴儿。古代人缺乏科学知识，认为才七个月就分娩，那肯定在婚前就已怀孕了，村里人都议论纷纷，说她丈夫早被不知哪个野男人给戴了“绿帽子”。她丈夫听到风言风语，也怀疑妻子婚前行为不轨，犯了“七出之罪”中与人通奸的“淫佚”之罪，不听妻子分辨，就一纸休书，把老婆休回了娘家，孩子也不要了。那妇人受了冤枉，不但与丈夫强行分手，还背负了不贞的罪名，真是有苦无处申。事情过去了二十四年，孩子都长大成人了，但丈夫还是不原谅她。她每当新县官上任就上衙门投诉状为自己申辩，但历任县官不是觉得“清官难断家务事”，不肯受理，就是认为错在妇人，男人休妻自有道理。但妇人认为自己是清白的，不白之冤一定要申，坚持一次次上诉。周檠接到状纸后，觉得这妇人可能是冤枉的，要不都过去二十多年了还执着上告，必定真有冤情。他召集妇人左邻右舍，问对妇人的印象，大家都说这妇人自被丈夫休回娘家后，不但坚守妇道，丝毫没有出轨的迹象，而且多次坚拒娘家人要她改嫁的劝说，苦心抚养儿子成人。在问询中周檠得知妇人的儿子是六趾脚，这是邻居都知道的事。他便把妇人找来询问，妇人坚持儿子就是丈夫的亲骨血。周檠要妇人拿出证据来。妇人说，她生的儿子是六个脚趾，丈夫也是六个脚趾，子肖父就是证据。周檠就派差役把她丈夫叫到大堂，同时又派另外的差役把妇人的儿子也叫来，当场叫两人脱下鞋子，一看，果然双方都是六趾，而且已长大成人的儿子相貌也同父亲相似，据此，周檠判定父子有血缘关系。那男子这才明白自己冤枉了妻子20多年，当堂认领妻儿，一家三口终于团聚。此事在县内传为美谈。

周檠在获鹿县的文化建树主要有：于清乾隆四十五年（1780）修葺了文庙大成殿、崇圣祠、尊经阁，在儒学大门内移建了忠义祠，改建了节孝祠。乾隆四十六年，续纂了《获鹿县志》（从乾隆元年补至在任）。是年，周檠应获鹿县乡绅所请，将县城内的鹿泉书院大门和讲堂改建并设义学，将书院前的八蜡庙重新移建至原地址西关外二里的奇石山。同时，移建了八蜡庙前的刘猛将军庙（此庙与常熟的猛将庙同祀元末刘将军，为驱蝗神）。

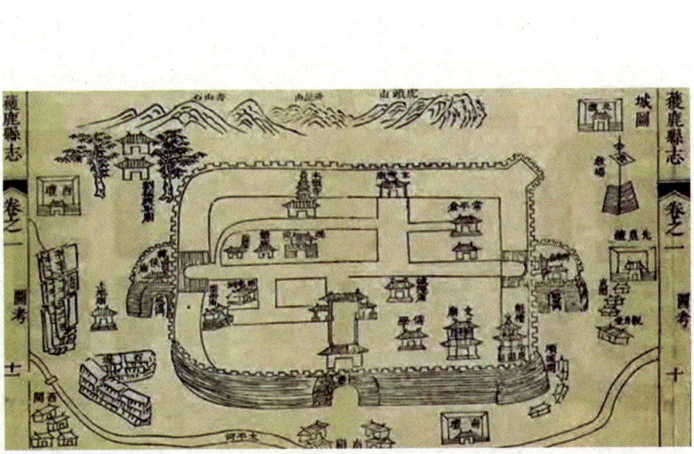

获鹿旧志县城图

讲到这部《(乾隆)获鹿县志》，这里还有一段有趣的故事，是讲述周棨和史学、方志学大家章学诚（1738—1801）之间发生的事。

在章学诚《章学诚遗书》中有一卷《庚辛之间亡友列传》，其题跋作者为周震荣。周震荣，浙江嘉善人，字青在，一字筤谷，清乾隆十七年（1752）举人。授江南青阳知县，移合肥，坐事罢去。再起直隶清苑县丞，迁永清知县，擢永定河南岸同知。好读书，购书都市，兼车累箧。工诗。尝助修《永清县志》。这其中，周震荣提到周棨、张维祺和章学诚的逸事。张维祺，山东胶州人，字吉甫，号云湄，自幼苦志力学，乾隆十九年考中第一名府秀才，乾隆四十三年考中进士，先后任肥乡、魏县知县，迁河间府同知，精方志学，善诗文，著有《大名县志》13卷、《三松草堂诗文集》等。

周震荣是这样说的：

辛丑孟秋，余于役顺义，得与两君相比。实斋自京来视余，余置酒邀与相见，时《永清志》新成，余出示坐客。两君色然，若不肯让余独步者，争廷实斋，实斋已就相国梁师之约，未之诺也。两君遂各就其所治，采缀成书。云湄大名，晴坡获鹿，皆就所官之地也。云湄之书，实斋已为订定，晴坡因移剧，旋被吏议，又丁内忧，书虽成，深藏箧中，未尝以示人。其除广东曲江知县，戊申七月也，将行，余询之，晴坡曰："我闻之实斋矣。"余曰："实斋云何？"晴坡曰："实斋云，志者志也，其事其文之外有义焉，史家著述之微旨也，国史所取裁也，史部之要删也。序人物，当详于史传，不可节录大概，如官府之点卯簿；载书籍，当详其目录卷次凡例，不可采录华词绮言，如诗文之类选册本；官名、地名必遵一朝制度，不可假借古称；甲子、干支，必冠年号，以日纪事，必志晦朔；词赋膏粉，勿入纪传；文乡里以桑梓，饰昆弟以埙篪，苟乖理而惩义，则触讳于转喉。"

这段文字的意思大概是：清乾隆四十六年（1781）七月，我（指周震荣）在顺义工作，从而得以和张维祺、周棨两人相认识。这时章学诚从北京来看我，我摆了一席准备宴席款待他，张维祺、周棨同时出席。当时，我正在编纂的《永清县志》刚好完成，于是拿出来给大家看。张、周二人一看眼睛一亮，说："这风头不能光叫你一个人出了，我们也要编县志。"于是，他们都开始请章学诚编县志。但章学诚当时已经被户部尚书梁国治请走了，时间上分不开身，就没有答应他们。张、周二人于是各回各县，搜集资料，开始编纂县志。不久，张维祺编的《大名县志》、周棨编的《获鹿县志》都先后完成了。张维祺的《大名县志》章学诚给他编订定稿了，而周棨因为调任，不久又被处分，接着给母亲守孝，所以书虽然编成了，但是一直压箱底没给别人看过，后他任广东曲江知县。乾隆五十三年七月，周棨要走马上任的时候，我问了他一句，周棨说："我听章学诚说了。"我问："章学诚说啥了？"周棨说："章学诚说县志是一方之史，纪事为文得有义理，这是搞历史的人写东西的一个基本宗旨，是国史的参考，也是史部之书撮要删定的重要内容。记载人物，应该比史传还要详细，不能就说个大概，像官府的点名册一样；记载书籍，应该把目录卷次和凡例都写清楚，不能光记录华美辞章，搞得像是诗词摘抄一样；官名、地名必须遵从当时制度，不能随意托古；干支甲子得带上年号，按天纪事的话得具体到早晚；文学作品特别是华丽的文章不要写到人物列传里；方志也不要拽文，乡里就说乡里，不要说什么桑梓，兄弟就说兄弟，不要用埙篪，要是违背道理搞错了本义，那就犯忌讳了。"

章学诚是乾嘉时期著名的史学理论家，提倡"六经皆史"，重新梳理经史关系。曾主持编修《亳州志》《永清县志》《湖北通志》等多部志书，在所修诸志的序例以及《文史通义》外篇中提出了一套系统的修志理论，差不多算是传统方志的理论高峰了，其思想对后世影响极大。近人内藤湖南

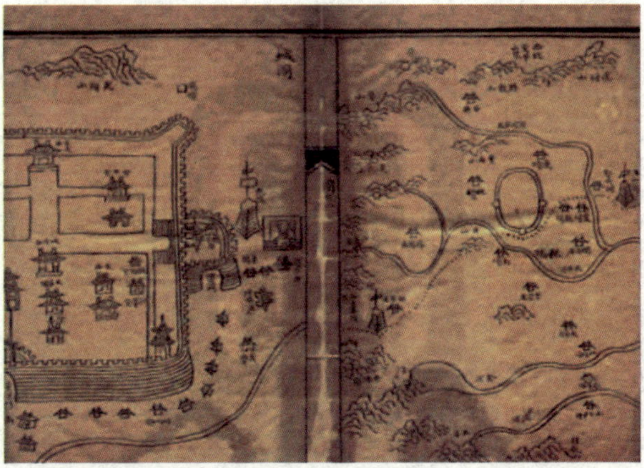

《(乾隆)获鹿县志》书前图

章学诚画像

首先重视其学术价值，编定有《章实斋先生年谱》，传入中国后梁启超和胡适极为推崇，研究章氏方志学说在民国一度成为显学。

如前面周震荣所语，后来周棨调任武清县（今天津市武清区）为县官。当时武清地势低下，易患水涝，雨水稍多田地就容易被水淹没。每次水灾过后，低洼处田块往往颗粒无收，但官府仍要按原来的田亩登记册征收粮赋，本来就食不果腹、衣不蔽体的穷困百姓更是苦不堪言。周棨一到武清，深入民间了解乡情后，就向上级上书说明灾情，请求减免受灾农田的粮赋，得到上级批准，从而减轻了农民的负担。旧时代父母丧亡，子女要在家守孝，后来周棨因母亲病逝，便请假归里。等三年守孝完毕，补曲江县（今广东省韶关市曲江区），从常熟到曲江路途遥远，古代交通不便，走水路要乘船，走陆路要坐车或步行，几千里路要走上好几个月。周棨上路后，一路跋山涉水，风餐露宿，车马劳顿，不幸染病，死在途中。

周棨死于上任途中，也算是殉职，因为这个原因，朝廷恩恤其家属。作为周棨的儿子，周礞便沾了父荫，得到一个九品小官职——主簿。官职属微末，而且还不是就近任职，而要到远在几千里之外甘肃的一个叫丹噶尔的小地方去补缺。丹噶尔地处黄河北岸，青海湖之滨，湟水源头，在青海建省之前属甘肃，现在距西宁市40千米。周礞北上大都是走旱路，一路上晓行夜宿，历尽千辛万苦，终于到达了丹噶尔。到任后不久，因是读书人，受到边疆守将的赏识，被收到帐下任参谋。后来有功，受到提拔，先后升任西宁、中卫、高台、皋兰县等县知县，官职从九品升为七品。

关心民瘼　授之以渔

高台县地处河西走廊中部，现属于甘肃省张掖市，境内地势南北高、中间低，形如马鞍，处于古丝绸之路咽喉要道和西进新疆、北入蒙古的战略要冲，自古被称为“河西锁钥、五郡咽喉”。虽然丝绸之路经过高台，但这个地方自古以来一直是贫困之地，丝毫没有沾到丝绸之路的光，除了极少数有钱人能穿上丝绸织物外，生活极其困苦的民众穿的都是麻、葛编织的又厚又硬的衣服，最好的是羊皮坎子，一般贫苦农民大多鹑衣百结、家徒四壁，过着饥寒交迫的苦日子。

周礁到此为一县父母官，在摸底民情风俗时了解到当地民俗，妇女除了种庄稼之外，平时基本是待在家里，服侍丈夫和公婆，抚养孩子，整天围着锅台转，除了缝补破衣外，她们不会其他手工活。周礁是从江南来的，江南一带的妇女，不论是大家闺秀、小家碧玉，还是一般士农工商的家庭主妇，从小都要学会针线手工活，富家女绘画刺绣，一般人家则是纺纱织布，用手工挣钱贴补家用。宋末元初，邻近苏州府的松江府乌泥泾有个妇女叫黄道婆，幼时为童养媳，因不堪虐待流落到海南崖州（今三亚市崖城镇），向黎族妇女学得种植棉花和棉纺织技术，总结出“错纱、配色、综线、挈花”的织造经验。在元朝元贞年间（1295—1297），黄道婆由海南岛返回故乡上海乌泥泾，教乡人改进纺织工具，制造了擀、弹、纺、织等专用机具，织成各种花纹的棉织品。黄道婆以后，长江流域开始大规模种植棉花，棉纺织业迅速发展，“松江布”名闻天下，和苏州湖州的丝绸并称“衣被天下”。常熟城乡的劳动妇女，大多在农闲时从事纺纱织布，几乎家家有织机声，妇女纺纱、织布、缝制、刺绣，成为老百姓家庭平时重要的副业收入。

据史料记载，旧时高台“其地近玉门，土瘠而民窭，裋褐不完，有终其身弗知布帛之暖者。妇不习女红，夫出，无以糊口，不一二年辄他适”。那里的百姓身无完衣，终身没有穿过棉布衣裳。男子要么守着个穷家，要么外出打工或乞讨，不顾家人的生活，妇女则空闲时不是串门唠嗑，就是在村头晒太阳，丈夫久无音讯，也守不住家，不是跟别的男人走了，就是外出另寻生计。周礁对百姓的穷困生活很是怜悯，一心想要改变这种状况。从高台往西去离新疆吐鲁番近，而吐鲁番盛产棉花，棉商捆扎大包棉花的驼车必经高台销往内地，周礁看到种情况，想到妻子梁氏在家时就是纺织刺绣的好手，正好可以利用吐鲁番的棉花。他便与妻子商议，要她教授本地妇女学会纺织技能。他用自己的俸薪购来棉花，并指导工匠制作了上千架纺车。他召来一批看上去手脚比较灵巧的妇女，命夫人亲自教授她们如何把棉花纺成棉纱，教会以后，集中起来，开设纺纱局。同时又招募会制纺织机的四川机匠和善于纺纱织布的江南工匠，教妇女纺纱织布。待首批妇女学成之后，各给纺具和棉花，命她们回乡传授，纺的棉纱由官府收购。收购的棉纱分发给农妇，以五家合用一台布机轮流织布，“积布既多，乃招商贸之，以售于邻邑。民皆踊跃奋兴，期年之间，户鲜号寒，歌无《行露》"。织出的棉布，远比原来的麻布、葛布要柔软保暖，大受民众欢迎，能卖出好价钱。老百姓有了收入，非常感激这位县太爷，就把这种棉布称为“周公布”。学会纺织的民妇又教别的妇女掌握纺织技术，很多民妇由此有事可做，赚到了钱，生活也就得到了改善。周礦在高台教民纺织，解决民生问题，拿现在的话来说就是帮助穷人脱贫。这虽然不可能从根本上改变当地落后的面貌，但把江南的纺织技术推广到了甘肃地区，推动了当地生产力的发展。

除教授高台民妇一技之长解决生计问题之外，周礦还“复建乡学，教其子弟”，就是开办学校，教书育人。周礦出身书香门第，父亲读书入仕，有诗名；兄长“绩学厉行”，好济贫。他自己从小接受儒家诗书礼乐的熏陶，十分重视教书育人，他看到高台县因为地穷人贫，能够读书的人极少，老百姓几乎都是文盲，他立志要弘扬学问，移风易俗，传播文化，尊师重教。于是他在想方设法解决民生问题的同时，还在县城建立学校，收教学生，对学生进行启蒙教育，开当地官方办学先河。

现在的高台县是全国商品粮基地县之一，形成了蔬菜、棉花、葡萄、制种、番茄、草畜等六大主导产业。其中种植棉花，很有可能就是从周礦开始的，或者是周礦在高台推广的。凡对民众做过好事、谋过福利的人，不管是官员还是普通群众，人民是不会忘记他的。周礦离任后，高台人民为他建立了祠堂，树立了遗爱碑，对他歌功颂德，让他享受人民

周礦教纺图

今日高台县棉田

的膜拜祭祀。

周礁离开高台县后调任皋兰知县，他继续奉行在高台时的施政育民方针。他派人采购棉籽，教当地农民播种，还撰写了《劝谕民众植棉文》，向农民宣传植棉的好处。收摘棉花后又跟在高台时一样教民妇纺纱织布。皋兰老百姓从中学会了纺织技能，又通过售棉花、卖纱布增加了收入，生活条件有所改善，无不赞颂他们的父母官为民谋福。民众尝到甜头后，劳动积极性高涨，凡山冈坡地，哪怕小小田角，过去一向种植烟草的地方，都改种了棉花。当时镇守西北的封疆大吏那清安（？—1834，字竹汀，满洲正白旗人，清朝大臣，谥恭勤）看到周礁撰的《劝谕民众植棉文》，大为赞赏道："此经世之文也！"随即下令由官方梓印发行。

为民造血　造福百姓

离开皋兰后，周礁又升任甘州知府，也是为民办实事，在他离任时，"乞留者数万人"（见翁心存《周又溪司马六十寿序》）。周礁后来又调任洮州同知。因为他在高台、皋兰、甘州的良好声誉，以致"其未至洮州也，迎者不远千里"，人还没到洮州，洮州人已迫不及待远远迎候了。洮州地处中国内陆青藏高原东北边缘，甘南藏族自治州东部，气候属高寒干旱区，无霜期仅两个多月，干旱、冰雹、霜冻、洪涝等灾害频繁。周礁一到洮州就体验到恶劣气候的危害，尤其是一到夏天，往往晴空突然风起云涌，乌云迅速堆积，而后就有冰雹袭击，好不容易才长成的庄稼被砸得遍地残枝败叶。周礁经过观察，发现冰雹降临之前，天空大多会出现与平常下雨不同的云层，上下翻滚似潮涌，这样的情形出现后不久往往就开始下冰雹。他想这种阴霾之气就是孕育冰雹的征兆，能否破解呢？他想到如果用火炮发射到云层中，或许能冲破阴霾，使云层发生变化，阻止冰雹的形成。于是便同州将商议，在山顶架炮，一看有乌云堆砌，便朝云层炮轰，想不到真能起到防雹的效

周礁驱雹漫画图

果，冰雹不下了，下起了大雨。由于采用了轰炮驱雹之法，一向危害洮州的雹灾居然得到了破解，使洮州连续几年没有雹灾发生，庄稼也屡获丰收。

后周礁又任平凉知府。平凉位于甘肃省东部，六盘山东麓，现在是甘肃省地级市。周礁到平凉任职后，了解到平凉是兵家必争之地，是中原通往西域和古丝绸之路北线东端的交通和军事要冲，天天有军队辎重和商队驼车往来，络绎不绝。地方官的主要职责和公务就是接待安顿过往军队，安排食宿，准备马料。地方官为应付军旅而长年疲于奔命，无暇顾及地方政务和民事治理，连老百姓也常受住宿士兵骚扰。周礁决心要改变传统做法。到任后不久，他就在交通要道必经路口设立临路店，所需人粮马料无不准备充足，只要有军队驼车来到，立即安排就地用餐休息，吃完立即催行上路，不使片刻停留，更不使他们宿夜，防止扰民。古代信息传递不灵，不知道军旅何时到来，为此，周礁常昼夜露坐城外必经道口，等候军队到来，在热情接待的同时，劝说他们不要留驻，不要入城，食后立即开拔，因而百姓得以免扰，城市得以安宁。有此政绩，陕甘总督杨遇春将军十分赞赏，以“循良”向朝廷推荐，被列为“卓异”，受到嘉奖。可惜的是，这位为民办实事的好官不久就去世了。寿至七十多岁。

纵观周礁在甘肃为官的经历，可以说他一直在为民操劳、帮民脱贫的艰难道路上奔波。他做到了为官一任，造福一方，在祖国的大西北传播了先进的江南文化。在封建时代，在生产力远远落后于江南的苦寒荒凉的边远地区，凭他个人之力是不可能从根本上改变人们的生活状况的，但难能可贵的是他尽了一个地方官的职责。在他任职过的高台、皋兰、洮州等地，当地人民感恩他为民造福办实事，都为他建立了祠堂，并树立了遗爱碑，表示对他的崇敬和怀念。

周礁的儿子壬福是翁心存的门生，在其父六十寿辰前请翁心存撰寿辞，翁心存撰了《周又溪司马六十寿序》，在文中简述了周的政绩并给予高度评介。十年后在周七十寿辰时，翁又撰了《周又溪先生七十寿叙》，再次赞扬其为政之道，并感慨：“诚得如先生者数千百人，分治天下州县，亦何利之不可兴，何害之不可除哉！”

周礁的后代也很了不起。他有两个儿子周壬福、周堡。

周壬福，字鹤侪，附贡生。考职一等，授浙江主簿，后押运军饷至喀什噶尔大营，便进入左宗棠麾下，任幕僚，因立有军功，擢升知县，并加同知衔。历任浙江慈溪，山东博兴、荣成、诸城、长清等县知县，升桃源同知，跟其祖父一样在任上去世。

锦秋书院旧构

周壬福居官勤慎，听讼明决，还悉心研究地方利病。清乾隆四十二年（1777），位于山东省博兴县的锦秋书院因年久失修而倾圮，知县攸万春购买博兴城里西隅村李捷住宅的正屋前后六间、瓦厢房九间、草屋和门楼二间，作为义学，后重新改名为锦秋书院。自此以后，书院地址一直未变。至道光二十年（1840），书院房屋再一次倒塌，知县周壬福重修书院。《立博兴义学记》记载："邑在明时有锦秋书院，康熙间李令元伟迁之城内，今惟遗址三楹，因改修之为义学，延师以教来者。众不能容，则又择北关北极庙间屋数楹为关外义学，而以庙田为之租。苟广斯义以复社学之美，斯邑虽瘠，奚不可与益都、乐安并乎？"重修后的书院改为官办义学，束脩由县捐，扩大了招生的范围，规模随之扩大。

清道光二十五年（1845），周壬福任诸城知县。他修葺书院，每月两次到书院考核，并精选学子优秀文章予以刻印，从优发放膏火，以示奖励，还创建杨公、崇文两义学。周壬福为书院和义学延请名师授课，并亲自督导师生的教学和学习情况，"士风文习，为之丕变"。在任长清知县时，当地为山区，多山路，夏、秋两季遇暴雨，常有道路桥梁被冲坏，造成驿路阻塞。周壬福用修城的余赀全部用来修桥铺路，不扰民而行旅称便。他去世后，当地将他入祀名宦祠。

周壬福的儿子周涛，字少鹤，从山东的低级官吏做起，受知州保举，历署招远、海丰、蒲台、德平、曹县，补东平州，所至有声誉，也于任上去世。

周礁的另一个儿子周堡，字步虞，为昭文国子生。例授湖南府经历，摄安仁知县。不久也赴甘肃军营效力，保擢知县，以疾卒于官。周堡清操自励，有案要到乡下勘验，不带仆从。他审案严禁讼棍插手，侦缉盗匪，逮捕严惩，锐意求治，最后也是在任上病逝。死后，因他为官清廉，家无积蓄，竟然连丧事也几乎办不了，当地士绅百姓纷纷捐资，家人才办成了丧事。

周堡之子周镇，字兰生，副贡生。从盩厔（今称周至，属陕西省西安市）的名士路德游历，工诗文。当时琦善经略淮南，周镇遂投笔从戎，在琦善营中任参军，因有军功擢升知县，再由知县晋级知府。得曾在琦善军中供职过的翁同书的赏识，或许是同乡关系，翁同书奏调周镇跟随他。其时，周镇已经积劳成疾。清咸丰十年（1860），苗沛霖围攻寿春时，周镇带病筹防，殁于军营。朝廷特旨遵照道员的规格，从优赐恤。

纵观周氏一门，除周磏在家寿终外，其祖孙均有政绩且均死于任上。周氏一门为国尽职，令人敬仰。

（曹家俊）

主要参考文献：

1. 常熟市地方志编纂委员会办公室标校. 重修常昭合志［M］. 上海：上海社会科学院出版社，2002.

2.（清）章学诚. 章学诚遗书［M］.

3.（清）周棨纂修.（乾隆）获鹿县志［M］. 乾隆四十六年（1781）稿本.

4. 常熟市地方志编纂委员会办公室. 常熟人物选［M］. 上海：上海文艺出版社，2012.

5. 孙长军. 锦秋书院的前世今生［EB/OL］.（2020-10-31）［2022-05-18］. http://www.360doc.com/content/20/1031/11/66788980_943359591.shtml.

6. 至今东鲁遗风在［N］. 潍坊晚报，2018-02-04.

丁祖荫

为官循良　政绩卓著

丁祖荫（1871—1930），原名祖德，字芝荪（孙），号初我、初园居士，又号一行，江苏常熟人。少年就读江阴南菁书院。清光绪十五年（1889）庠生。光绪二十三年与曾朴、张鸿、徐念慈、殷崇亮等同乡好友成立中西学社，讨论教育问题。翌年，在学社基础上创办中西蒙学堂，即用新的教育方法启蒙、教育学生的新式学堂，此举首开县内新学。丁祖荫不仅是该校的创办者之一，还亲自任教数年。光绪二十九年在上海创办《女子世界》月刊，丁任主编，该刊在中国妇女运动史上也留下夺目的一笔。后与曾朴、徐念慈等在上海创办《小说林》社，又在家中独资开办丁氏小学。丁祖荫对家乡公益事业十分热心，故为乡绅所推重，历任常昭劝学所总董、海虞市自治公所总董、江苏省谘议局议员、常熟水利会会长等职。辛亥革命后，在缺席的情况下，丁祖荫被士民推为首任常熟县民政长（县长）。

异地为官　调任吴江

丁祖荫是清末民初常熟政坛上一位举足轻重的人物，更是常熟文化教育界的一个重量级人物。1913年5月10日《申报》二版刊登一则消息称："南京电：'民政府昨委任各县知事如下：丁本常，调吴江，孙剑虹调

丁祖荫

桃源，沈昌骅调宿迁，苏高鼎调常熟，均发给委任状。'”所谓“丁本常调吴江”，即是说丁祖荫本来任职常熟县知事，现调任吴江县知事。

民国成立之初，江苏地方政局比较混乱。当时凡是以“光复”为名、由本地人宣布“独立”后成立的新政权，首任民政长如果是推举产生的，主政者大多都由本地有一定社会地位和相当声望的士绅代表出任。本地产生不出的才由上级委任，丁祖荫就是由常熟本地人推举的地方官员。

但到1913年，政局开始稳定下来后，也采取了官员回避制度，一县之长不能由本县人担任。当时江苏省巡按使韩国钧就认为“县知事任用本县人，障碍滋多”，所以太仓县知事洪伯贤、上海县知事吴馨、丹徒县知事杨邦贤、泰兴县知事金锡、常熟县知事丁祖荫，因为他们都是当地人，都必须调到外地去做官。于是，在常熟做了一年半行政长官的丁祖荫就被调任吴江县知事了。而他的后继者苏高鼎（字梯云）虽然居住在无锡，但原籍却是常熟，而且在常熟也有房产，可说是“两头蹲”。故当年5月，苏高鼎被任命为常熟县知事后，上面也觉察到似乎不妥，到12月就“开缺”，换华亭人谢葆钧来就任了。

丁祖荫是在1913年4月20日接省长委任吴江县知事状的，事情有些突然，其实他也并不想到外地去做官，毕竟常熟是故乡熟土。但身为国家官员，岂能不受调遣，除非下决心辞官。接到委任状后，丁祖荫便开始做准备。到5月3日午后，接任者苏高鼎来到县公署，两人本是老熟人，寒暄几句，丁祖荫便把县印交到苏高鼎手里，苏高鼎便开始办公。丁祖荫则向省里去电报，呈报交印一事。

丁祖荫把家乡的治理重任留给了后继者，特写诗《留别邑人士并简新任苏知事》:“河山零落万秋图，笳鼓声声彻海隅。莞尔弦歌思旧治，飘然琴剑见今吾。欲期时雨为膏泽，尚待春风起苦荼。惜别无言乡思重，两湖烟月总模糊。”诗中有注“吾邑光复之际，富家尽室行，留防军士哗饷亟，乡民相率抗租，秩序岌岌不可保”，充分表达了对家乡的留恋和对后任者的殷殷期盼。

5月20日，丁祖荫恋恋不舍地告别家人诸亲，乘轮船赴任吴江，当夜泊苏州住旅馆。第二天，又乘船到达吴江县城松陵镇，直接到县知事公署。吴江县知事丁方毂（后曾任山东莱阳县长），字石怀，是安徽桐城人，他是在1912年农历三月被委任为县民政长的。新旧官员交接县印后，手续办完，于是新官上任，旧官退落。丁祖荫上次来吴江还是在7年前，当时是来参观办校的，他绝不会想到7年后居然来当吴江县的父母官了。随即，丁祖荫写下了一首诗《之吴江任》：“故园花好去还迟，所幸青山与我期。一剪吴淞莼菜熟，重来已过暮春时。”

张翰石刻像

吴江是西晋文学家张翰（字季鹰）的故乡，著名的“莼鲈之思”说的就是他。《世说新语·识鉴》：“张季鹰辟齐王东曹掾，在洛见秋风起，因思吴中菰菜羹、鲈鱼脍，曰：‘人生贵得适意尔，何能羁宦数千里以要名爵！’遂命驾便归。俄而齐王败，时人皆谓为见机。”后来，“莼鲈之思”就成了思念故乡的代名词。江南士大夫凡是官场遇挫，仕途不顺，萌生退意，往往引用张季鹰的“莼鲈之思”表意。直到清末民国时，吴江县立中学里还建有鲈乡亭。

丁祖荫接篆后，立即发布了上任第一张通告《调任吴江布告任事文》：

祖荫不习吏治，忝长乡邦，光复逮兹，奉职无状。今乃移任望邑，繁剧之责，虑不克承，不禁闻命而惧。吴越具区间，素闻才俊奋发，文治灿然。幸随诸君子后，不予弃而策进之，又不禁窃窃然喜……光复以来，民生日蹙，流而至不轨者众。教育现状纵发达，精神且即于萘靡，此乃国家根本之病，而江苏实甚……江邑开通早，土田利厚甚吾邑，诸君子岂无预筹及此者乎？市乡行政，诸君子之见闻利害，尤切近于长吏，凡一市一乡应兴革之事业，以及全县实业、教育、行政之方针，诸君子必有知之而不忍不言者。祖荫甫抵任，一如盲者之索途，政有所不通，事有所可疑，无所咨而行焉，靡不至中蹶，惟愿开诚布公，静受诸君子之计画，于一二月内得其概要，付行政会议决行之。簿书稍暇，复当亲历全境，进诸父老兄弟，以求各市乡之实况，苟力所能至，无不愿与邦人士共图利焉。乡邻缨被，犹是梓桑，敬止之心，风雨怀思。愿闻牖户绸缪之训，敢倾素臆，以代宣言。

紧接着，屁股刚刚坐定的丁祖荫，就召集县公署各职人员开会，一来是见个面，认认下属面孔；二来是也了解一下县况。会议上听到的是一片诉苦声，说来说去，就是一句话：财竭民乱。财竭，是政府手里没钱，办什么事都捉襟见肘；民乱，是因为穷人为生活所迫，铤而走险闹事，加上盗匪横行，抢家劫舍屡见不鲜。丁祖荫当然明白：当务之急，就是先要解决财政困难。

辛亥革命时，吴江（清雍正年间分为吴江和震泽二县）跟常熟一样，也是"和平夺权"。虽然未经战乱，但新政府成立的一年半时间里，一直是在勉强支撑着，可以说丁祖荫面对的就是一个百废待兴的局面。怎么兴，怎么收拾这个烂摊子，确实十分棘手。要是在家乡常熟，丁祖荫还好施展拳脚，毕竟可以得到本地士绅的支持，但在吴江毕竟人地生疏，缺少人脉，治政确实困难重重。解决财政困难需要筹款，哪里去筹？丁祖荫为这事也挺头大的，在家乡他还有众多士绅商户支持，到这里可谓举步维艰，连个商量的人也没有。会上讨论来讨论去，大家都为一个"钱"字发愁，发饷、治水、弭乱、赈灾，哪样少得了钱？有钱好办事，无钱一切免谈。其实当时财政困难的不仅是吴江一县，整个江苏省哪个县不哭穷？也难怪，清朝交给民国政府的遗产就是腐朽到不可收拾的政治和国库枯竭的经济，当时新成立的民国政府也是困难重重，财政部核定江苏省一年的财政经费只有63万块大洋，比清代还裁减了不少，平均摊到全省60个县，每县才区区1万元。当然也不是各县平均，而是有多有少，吴江和常熟一样，作为一等大县，全年也仅1.2万元，平均每月1000元。那些列为二等县就少了，才8000元；而三等县则更可怜，仅有6000元。

各县叫苦连天，苦向谁诉？当然只有向上面了。于是7月7日那天，苏南各县的县知事或政府代表，聚集在苏城阊门外马路惠中旅馆商量办法，除吴江知事丁祖荫亲莅会议外，与会的还有吴县的宗能述、上海的吴馨、常熟的苏高鼎、武进的杨栋、宝山的钱淦等县知事，其他如昆山、无锡、江阴、丹徒、丹阳、金坛、溧阳、太仓、嘉定、崇明、华亭、奉贤、南汇等县则是派出了代表。大家讨论热烈，众说纷纭，最后议定3条：一是联合各县将为难情形呈请省长，呈部维持。意即仍按原来定的，不要减了。二是定于22日齐聚南京城谒见省长，请求办法。这相当于是向省长施压了。三是如不得请，则裁减自裁减，开销自开销。意思是如果上面不帮助解决问题，那地方上也只好量入为出，能办多少事就办多少事了。

省里当然也感到了来自下面各县的巨大压力，也矛盾上交，向财政部施压，要求增加拨款。其实那时哪个省没困难，哪个省不眼巴巴望着部里要钱，财政部压力也不是一般的大。等到了次年夏，财政部终于有所松口，向省里增拨了30万元，吴江与常熟一样，每月财政增加至1700元。但等到这笔财政拨款到达下面时，丁祖荫已经辞职不干，离开吴江了。

治政抓重　治吏为先

丁祖荫刚到吴江，先要了解当地民风地情，除了找县志一观之外，还到各乡实地视察。吴江是水乡，全县被大小水道分割，下乡行舟是必须的。他在一首《吴江视察道中》写道："湖山满眼几沧桑，宛托微波怨夕阳。一自吴淞流绝后，田田菱芡遍江乡。（吴淞道塞，巨区中满，万顷湖光，葑茭弥望，豪强多侵占以为利者。）"吴江给他的印象是一片水乡风光，水网交织，菱荷浮波，莺脰湖、垂虹桥久闻其名，湖上渔舟，运河帆影，吴江真是个好地方："朝航莺脰夕垂虹，远岸平芜一望同。绿树围天浓似抹，紫荷摇水自生风。帆穿笠泽波声里，秋入吴山夕照中。只是五湖烟雨暗，莼鲈江上少渔翁。"

在第一次与县治官吏见面后，丁祖荫就发现了整个县公署内风气散漫、办事低效，严重影响了行政效率。他懂得治政就是治吏的道理，决心要好好整饬一下衙门风气。除了上面提到的发布任事文告外，他开始制规定则。在6月的一次市乡行政会议上，他在发言之后，当场拿出了他草拟的《市乡行政会议规约》，规定了会议的宗旨、出席会议的人员、议事的规则、讨论的范围、决议的执行、开会的旅费、会议的会期等，最后一条

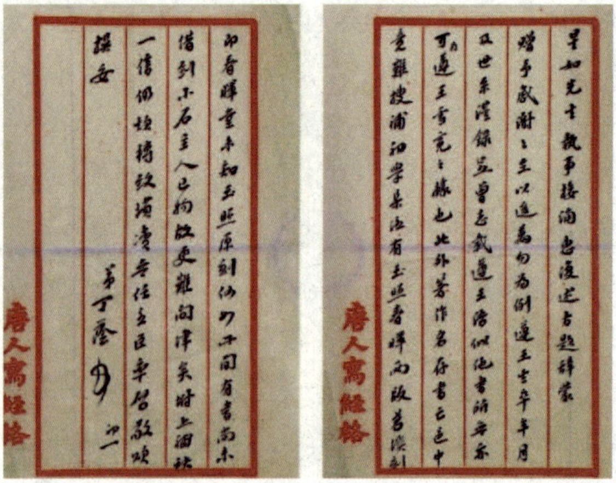

丁祖荫手迹

是“本规约未尽事宜，得随时修改之”，这已是很有民主的意味了。

之后，经过数月观察，至11月，丁祖荫把自己撰写的《条陈整理吏治文》呈送省民政长。文中写首：“为求治根本，条陈管见……非察吏不足以安民，不先整饬官方不足以修明吏治……吏治败坏，实心术有以致之。”这方法是不是真正实行过，而且行之有效，不得而知，但至少丁祖荫是想这么做的。他在办公桌上放一本簿子，除了记下当天要办的公事外，凡是和与下属的汇报交谈，也一条条记清，自早晨直至中午。通过接触交谈，他对于下属人员的性格、办事能力都有所了解，在分派任务时就能因人而异，发挥其所长。丁祖荫自己清廉勤政，不徇私枉法，以身作则，上行下效，下属对丁祖荫十分钦服，恭敬如师，就是吏员的家属也深受影响，不敢徇私，县署内风气为之一清。一年考核，吴江县政绩为全省之冠。

与整治官场同时，丁祖荫又开始盘算着清除征赋方面的积弊。旧时代田赋又称漕粮，就是向国家上缴公粮。民以食为天，粮食是立国之本。吴江是江南太湖流域重要水乡，境内水网密布，被河道分割的大小田块不计其数。如果不弄清家底，不清楚该征的官田、私田共有多少，有无造假谎报，有无吞并瞒报，田则等级符合不符合征收规定等等，这些征收粮赋头等大事官府不能详细掌握的话，那么难免官绅勾结，征吏上下其手，贪污行贿，弊端百出。

于是丁祖荫首先制定《清丈计画议》，要对全县的土地进行测量，因为只有弄清土地面积、田地等则，才能制定征收田赋的标准。历史上各朝都对田赋的征收极为重视，在太平年景，都要重新丈量田亩，并编造田册，有的还要绘制田地的图本“鱼鳞图”。这项工作，吴江以前已经做过，但不完备，“我江属旧治，虽经勘丈，手续不及完备，旧震治纷杂尤甚，积弊更深，清丈计画，尤不容缓”。他把亲自制定的计划交给县议事会讨论。为了做好丈量工作，他在计划中首先就提出，先设测绘讲习所，选高等小学以上算术有门径者60名，定毕业期为6个月，经费由县公款内先行筹垫。首先要培训测量员，然后是规定测量的时限，以3年完成。测量工作从明年春天开始。关于清丈经费，他提出可否参照昆山做法，从忙漕项目下带征。负责机构，要设立测量局，购置器具、簿册。同时，提交县议会的还有《整理征收方法议》，也提请县议会讨论通过。

当时官吏收入微薄，以权谋私已成风气，丁祖荫以身作则，做出榜样，使下属不敢妄为。他还自掏腰包，雇用人员去做核准户口征赋之役，节省了公费。对此，《常熟丁芝孙先生墓志铭》中总结为：“其除漕弊也，邑中户粮紊乱，震属尤甚，君洞烛奸薮，正己率物，使吏胥人足赡其生，自捐廉雇员，核准户粮，漕务大起，积弊十去八九矣。”

重典治乱　案不过夜

吴江为太湖之水乡泽国，湖匪出没打家劫舍时有发生，一般民众深受其害，地方报纸时有报道。对于地方不靖、盗匪横行事，丁祖荫的态度是乱世用重典，决不手软。“君本刑乱用重之义，严治痞棍，刑其首要，盗风渐戢，境内晏如。”墓志铭上对他的评价最后一句也许有点过誉，但在他的治理下，全县基本太平也是事实。

民国成立之初，中国曾学习西方的三权分立，不仅军政分开，地方还专设审判机关，专管审案判刑。但袁世凯上台后复辟旧制，从1914年5月起，又恢复老的做法，县知事又兼理司法了，丁祖荫就要经常审案理讼，判决罪犯。幸亏那些案子都不复杂，大多是偷窃盗劫、聚众赌博，事实清楚，当事人一般都当堂招供，然后画押关入牢中。

丁祖荫兼理司法后，公务更加繁忙，但他尽量做到案不过夜，务必日清。一个秋夜，他阅案卷到深夜，突然眼前一暗，原来是深更半夜，蜡烛

旧时吴江水上运输

燃尽了。他抬起头，却见庭外月光如霜，县公署里寂静无声，他换了根蜡烛点上，继续阅卷，直到当日公文处理完毕。当他掷笔而起时，他不禁思绪万千，睡意全无，摊开纸来，随手写下《秋夜治狱》诗："秋风昨夜入江乡，瑟瑟萑蒲尚作芒。治狱未安官烛尽，县庭明月白如霜。"秋风起了，又到了蒲草制鞋的时候，蜡烛尽了，可案卷还未阅毕，人已疲了，公务依然缠身，这就是丁祖荫的官场生涯。

民国时期，吴江民间赌博成风，赌徒间为了输赢经常发生口角甚至大打出手，伤及人命也屡有发生。丁祖荫一边严惩赌徒中恶劣的赌棍和抽头聚赌的庄家，也对部分好赌之徒晓以利害。他写了《捕治赌徒书此代劝诫》诗："晓市归来避索逋，张灯列屋夜呼卢。艰难赢有三冬蓄，抵得黄金一掷无？"

从兼理司法后到离任为止，丁祖荫在不到4个月的时间里，把所有审理的刑事案子不论已结未结，全部造册登记，其中已结刑事案223起，未结刑事案23起，而这些未结的刑事案件，都写明原因是因为传呼的证人未到庭或者尚待调查的案子。可见，丁祖荫是一个十分勤政的人。请册上报到省里，省巡按使阅后大加赞赏，作出批复写道："详册均悉。丁知事任内审结盗案三十三起，刑事案二百二十三起。勤政爱民，洵为苏省循良之冠，深堪嘉佩。"

关于丁祖荫在吴江审理刑事案件，丁氏好友、吴县人张一麐在《常熟丁芝荪先生墓志铭》中写道："其清讼狱也……君治牍恒至漏夜，听断廉平，庭无留滞，为民国以来所仅见。"

教育为重　重视水利

丁祖荫最拿手的还是教育，他到任时正值学期期末，他通过询问和看资料，了解了当地的办学情况和教育状况，根据上报的户口和入学儿童数，他看到当地儿童入学率很低，在全县53830名学龄儿童中，入学的只有2035人，大多数儿童没有进校，儿童的入学率仅占3.78%。当然，民众贫穷是一个重要原因，但民众对教育的不重视也是原因之一。他觉得必须改变这种状况，心里已有了计划。于是就在7月间暑假开始后，便着手整顿学校，做好下学期招生准备。他亲自写了《劝告学龄儿童入学文》：

照得学校教育，为人民立国之本源。儿童就学实家庭应尽之义务……从前私塾教育，善受教者仅仅识数行文字而已。今日学校教育，举一生应有之知识技能，四年中可以粗具，苟有人心有不为子弟生活计而忍使其流于放辟邪侈者乎？本邑学童总数，就上届调查所得，共五万三千八百三十人，就学者只二千三十五人，不啻二十七与一之比。本知事不解保护此五万余儿童之市乡父老，何一听子弟之自陷迷途，不为振拔，即不暇自为计，独不为子弟将来之身家计乎？今日失学之子弟，即他日无业之游民，清夜自思，能无愧悔？本知事职思民牧，亦不禁代为殷忧，引以自疚。惟期有保护儿童之责者，父诫其子，兄勉其弟，视教育为最切身家之事，迅令子弟于八月学期开始时，分别入校，万勿一误再误，贻害终身。本知事总希望此五万余保护儿童之父老，无一人不尽责任，即将来五万余优秀之学童，无一人不有职业。否则按照省令，实为不尽保护之义务，一旦强迫令下，尽人而施不能为为父兄者恕也。

在丁祖荫的努力下，开学之前报名入学者猛增到近6000人。8月间，省巡按使在下发的饬文中写道："丁知事对于教育，素有经验，提倡尤力……丁知事亦常下乡查视各校，于维持之中，寓整顿之意……本年学校之数共一百四十一所，学生数五千九百余人。"

丁祖荫经常下乡巡视办学情况。因吴江系水乡，交通基本靠乘船，当日来不及回县城，故下乡过夜是常有的事。到吴江的第二年，丁祖荫开始“从事于整理教育之计划”，为此他抽出时间到处走访调查。下面所见的情况令他深感震惊，学校的风气、老师教育方法的不当、学生家庭的素质等等，无不令他深感忧虑，而这一切，教育者有着不可推卸的责任。当时除了一部分公办学校外，大多数学校是私立的，公私校长都有权聘用教师，这就难免徇私滥用，让许多不合格的人当了教师。正如他在《吴江县二年度教育状况报告叙言》里所写的：“足迹所到，每一考校其训练管理教授之状况，中程者十或得二三，其校风之不良，家庭信用之不固，是在老师之施术不得当，老师之过，校长之责，抑亦委任校长之失也。”

1914年2月，丁祖荫通过视察后对全县学校大致有了了解，以县知事的身份给全县小学校长写了封公开信《实心研究教育并应参观良校文》：

本知事此次视察市乡学校，时期迫切，未及周览，深疚于怀，唯考察所及，优良小学固自不乏，而教法陈旧，设备不当者，亦所在夥有，甚至指教国文，瞠目不能答一字。巡视书法，笔顺颠倒而不知教授不良之弊，其双奚辞？而尤有最不慊于心者，莫如复式编制之教授，每令一班听讲一班，默坐其能，令一班为相当之自动者尚矣。则又不暇巡视，听其算草之漫漶，笔顺之倒乱，习为故常，遂滋谬误，矫正其弊。务即购阅关于单级教法各书报，实心研究，并赴邻邑良校分别参观以资取法，或有改良教授之一日。否则，师范不立，谬种播流，虚縻市乡有限之资财，以贻杀我青

吴江城区风貌

年之利器，教育前途，何堪复问，即各校员拊心自诇，安乎？忍乎？特将视察意见，剀切告诫，有则改之，无则加勉。其各毋忽。

文中指出了存在的问题，提出了要求。他认为公办学校固然存在问题，而私办学校存在问题更大，如若放任自流，则教育之目的更难达到。为此同时起草了一份《呈报收归县有高等小学办法文》，送省民政长，请把五所高等小学改为县立学校，五校的教育经费，由县教育费项下动拨。函件还附上了吴江县立高等小学校办法概要，其中有接收条件、任免校长教员、校长教员之俸给、学极编制、校长教员之职务、学生缴学费、成立职员研究会等，都提出了详细建议。丁祖荫对吴江的教育可谓是呕心沥血。紧接着，就在3月间，丁祖荫又发致小学校长公开信，说明要整理校务，他以身作则，表明态度："全县教育事业，本知事无不尽力维持，共图整理，此心此志，凡在校长教员，均当共谅。知事在任一日，即任一日维持教育之责，各校员任职一日，即当任一日力行教育之责。"他知道任何施政行为有了省长的支持才会有成功的希望，因此他把准备实施的整理校务事再次呈报省民政长，《呈报维持教育并陈意见文》中说明虽然地方自治停办，"但教育为自治根本，不得不尽力维持"。省民政长对丁的建议充分肯定，而且还要求各县以吴江的办法遵照办理。

吴江县是国内知名的植桑养蚕之区、丝绸织造之乡，丝织业和以丝绸买卖为基础的商业非常发达，蚕桑丝绸业上缴的税赋是当地财政的重要来源。丁祖荫了解这一点，虽然他对实业并不太熟悉，但他对蚕茧丝织业十分重视，既保护丝绸商户的利益，又保护种桑养蚕户的利益。时人评价："芝孙县长来治江邑，于今二年，保障茧丝，政声报最。"

吴江是水网地区，濒临太湖，地势平坦低洼，只要多下几天雨就会内涝。境内有吴淞江，水流由江入海，只要此河淤塞梗阻，则太湖七十二港大半湮塞，极易引起内涝，"吾乡称泽国，水灾苦年年"。[就在清宣统三年（1911）秋，这里就发生了水灾，且灾情十分严重。] 丁祖荫巡视县境，发现水利严重失修，遂写成报告，向省水利厅汇报，后获得省民政长韩国钧同意后，立即开始兴修水利，大治太湖。

吴江县特地成立了浚湖办事处，通过测量估算，详列了工程预算书上报。工程照18个月统计，主要工程76423方，每方载泥费100百文，共计银5879元；机器工匠4人，每月每人薪俸40元，计2400元；煤油每日一箱半，每箱3元6角，按一年半472天算，需2547元；测量费150元；省委员薪俸每月60元，计1080元；总干事1人，薪俸每月30元，计540元；书记会计员1人，薪俸每月20元，计360元；庶务员1人，薪俸每月20元，计360元；稽工员4人，每人每月10元，计720元；仆役3人，工食，每人每月5元，计270元；膳食，平均6人，每月18元，计324元；舟费，每日1元，计400元；杂项，计500元；拆毁新堤及铲除紧要芦滩人工费计400元。共计15930元。这些都是动用的公款。

丁祖荫除了主持开浚了黄沙路等港外，还发动民工疏浚境内各条主河道，教农民修筑圩岸，大大改善了水利情况，“后此潦不为灾，实拜君赐”。后来在送别丁祖荫时，有人这样称赞他：“重于水利，农田尤为注意，盛区百八三圩，请公费，遴委员，修筑不稍遗……从此变瘠壤而为膏腴……传之不朽。”言辞或许有些过誉，但丁祖荫在吴江治水的功劳是不可抹杀的。

位于松陵镇东门外的垂虹桥始建于北宋庆历年间，自元泰定年间改木桥为连拱石桥后，名声大噪，成为吴江著名古迹，“垂虹夜月”是吴江八景之一。7年前丁祖荫到吴江视察学校时，曾与友人冯竟任在垂虹桥上的垂虹亭赏月。7年过去了，他看到此桥破损更甚，便捐出自己一年的薪俸，再向民间集资，进行了大修。

今日吴江垂虹桥公园

编辑文牍　政声长留

丁祖荫一向注重搜集地方文献，同时也在保存编辑地方文献上下了很多功夫。他在任职常熟民政长时就编印了《常熟民政署报告书》，把他上任第一天起所做的政务一条不落地记下，后来印刷装订成册，为后来的常熟人了解、研究当时的地方政局和社会动态提供了宝贵的第一手资料。他到吴江后不久，发现别的县编有县政公报一类的刊物，唯独吴江县没有，便在六月间就开始着手编《吴江公报》。他在《吴江公报发刊词》中开宗明义写道：“祖荫在常熟任内刊行县公报者九阅月，人民尚称便，今苏、松、太旧治相继出版，吴江一县尚阙如。吴江位吴越具区间，壤地辽阔，航路修阻，非舟楫不得达消息，法令机关，辗转传递，尤濡滞焉。夫前清长土之吏辄抱愚民政策，下此者乃亦以延搁粉饰能事。今固开诚相见之日，长吏所执行之政务，无不可与吾民共见闻矣……分虽官民，地虽百里，相处一堂，将融融然共朝夕，而公报尤为联络情愫相见以诚之一枢纽，乌得仅仅以文告名？祖荫甫抵任，仓卒发刊是报，以质之吴江人士，行能无似，践履或逾，起而正之，是所望于一家人之时相告语者也。”

丁祖荫藏书楼印

编《吴江公报》的目的和希望达到的效果，丁祖荫都明明白白表示了。拿现在的话说，就是政务公开，信息共享。当然，它的对象不可能是广大穷苦民众而是当地的士绅阶级，但至少比起皇权时代老百姓“只可使由之，不可使知之”的愚民政策，已是大大进步了。

丁祖荫后来又把他在吴江的政务、治行、作为、行踪等，以及报送上级的呈文和上级批文，都编进了《松陵文牍》中，为当时的那段历史保留了宝贵的档案资料，对后人了解他在吴江的治绩以及民国初年吴江县的政治、经济、教育、水利等历史的研究，具有重要的意义。

丁祖荫为吴江县知事时没有带家眷，因为吴江离家乡还算近，但莼鲈之乡虽好，毕竟比不上故乡常熟。一首《怀归》诗流露了他的心迹：“两年只为一官忙，风月招邀入政堂。自信故园松菊健，莼鲈虽好是他乡。”静谧冬夜，孤衾难眠，晨曦旭日，幽思萦怀，风月江乡，触景起念，满脑子都是乡思乡情。尚湖、虞山、壶隐园、缃素楼、兴福寺钟声、枕石轩茶香……历历在目，挥之不去。是啊，只有故乡才是梦萦魂绕的地方。尤其是整日忙忙碌碌，“役役于催科治狱，辄为劳人以卒岁”，原来钟情的故乡教育事业，喜爱的收藏文献书籍，现在只好暂放一旁了，这情形是多么无奈！

吴江的情况大大超出丁祖荫的预想，他想做个好官，整天疲于奔命，弄得焦头烂额，身心俱惫。上任才几个月，他就已萌生退意。1913年9月，他第一次向省民政长递交《乞休文》：“秩序粗定，才力不胜，恳请准予解职。”上级未允。到11月，他第二次上呈《乞休文》：“呈为职暗能庸，不胜繁剧，再请准予免职。”过了几天，即11月28日他直接拍电报给省民政长，陈说自己“体弱神耗羸顿，万难久任。恳迅赐简贤以代”，几乎是乞求的口气了。但民政长韩国钧刚刚就任，手底下正缺贤官能吏，如丁祖荫这样难得的人才怎肯轻易放手，故不但不准，还特意加勉，复电说：“该知事勤政爱民，舆情爱戴。鄙人履任伊始，正欲与贤宰官共图治理，幸体鄙意，毋有暇思，切祷切嘱。”

1914年6月，丁祖荫第三次乞休，理由仍是“时艰体弱，不胜重寄”。7月8日，他第四次乞休，“一再请退，非敢鸣高……只以体孱事剧，旧恙新感，触暑并发，气阻腹痛，时废饮食，力疾支持，坐待陨越”，以身体患病为由要求“放归田里”，虽情辞恳切，但民政长仍是不准，“时局多艰，循良难得，仍望加意调治，共襄郅治，万勿遽思高蹈”，省里以为丁氏是嫌职位低，为了笼络他，屡颁金鹤奖章，还要提拔他任道尹（省观察使）。但丁祖荫对官场已十分厌倦，加之此时袁世凯复辟帝制已露端倪，这更使他归心愈坚。7月19日，他第五次乞休，“暑病浸淫，胃腹患剧，饮食久废，万难持事”。8月1日，他第六次乞休，“两旬以来，眠食均废，五中如捣”，并援引郎中所说：“湿热久恋，气体大亏，外感内伤，病源沉痼，非经数月调摄，万难遽痊。”病情确实相当严重了。上司见他去意已决，不得不批准他的辞呈。批令一下，丁祖荫如释重负，拖着病体欣喜地赋诗《辞官》：“纵横时局乱于枰，挟策南来虚此行。万事飘萍随眼过，一官如叶比身轻。归家儿女迎新腊，历劫风烟认故城。世变迁流谁驻足，人生终竟误浮名。”此时他的心早已飞到百里外的家乡了。离开吴江前，他写了篇《致吴江父老书》：

权任年余，时态万变。怆触旧绪，相伤如何。自以不德，承乏名区。未遑问俗，即丁时变。兵警狎至，江乡沸然。日与诸君子作维持计画，积极政策，一无可言。瞬越三秋，肃霜清野，时局稍稍宁矣。迭颁明令，吏治重修。行政司法，一再改组。不学而治，宁无愧怍。况以时艰交迫，统一税源。教育萌芽，乡间守望。无米执炊，于何扶植。危切请命，勉予维持。日暮途长，久何能淑。一朝颠蹶，此身不足。惜率吾民以入于陷阱，如天良何。此旬月中，茫茫交集。夙夜恐惶，宁独何心。尚恋虚位，是以决然投劾，以谢吾民。五湖归去，愿守岁寒松菊之盟；百里相闻，不绝风雨鸡鸣之感。言长简短，无任依依。

文中对自己在吴江的作为做了回顾和总结，态度十分谦恭。他在《留别吴江人士》诗中表达了他的心情：“乡宦无端转比邻，同时缨被自相亲。性耽风雅难容俗，官爱莼鲈不为贫。削牍漫求三载绩，归舟饱载五湖春。菱歌一曲松陵路，似向江头惜别人。”

丁祖荫老虎画作

而吴江的乡绅也对这任父母官深怀好感，他们为丁知事饯行送别，赠以一幅彩色《红梨去思图》。红梨是吴江的一个湖泊，在盛泽镇北。吴江人以惜别之情题画留诗，对丁祖荫的政绩做了充分肯定，称他为“虞阳丁夫子”。其主要贡献是“保障茧丝，政声报最”和“教养培元脉，民刑振颓风。政猷拓警界，匪胆寒盗雄。宽猛郑子侨，遗爱将毋同”，吴江人称赞他“来作一年宰，归携两袖诗。所为殊俗吏，远与古人期。秋陇稻千穗，春堤柳万丝。江乡生意足，都是使君遗”。

（曹家俊）

主要参考文献：

1.（民国）张一麐.常熟丁芝荪先生墓志铭［M］//心太平室集.上海：上海书店，1990.

2.吴江市地方志编纂委员会编.吴江县志［M］.南京：江苏科学技术出版社，1994.

3.（民国）陈去病.吴江县志［M］.

4.常熟市地方志编纂委员会办公室标校.重修常昭合志［M］.上海：上海社会科学院出版社，2002.

5.常熟市地方志编纂委员会办公室.常熟人物选［M］.上海：上海文艺出版社，2012.

6.常熟市地方志编纂委员会.常熟市志［M］.北京：方志出版社，2016.

7.江苏省常熟市地方志编纂委员会.常熟市志（修订本）［M］.上海：上海辞书出版社，2006.

海州邱氏

诚廉自律　忠孝传家

常熟海州邱（一作丘）氏家族，其历史源远流长。自宋代落籍常熟后至明代，其家族先后涌现出以邱砺、邱耒、邱烈、邱迪、邱岳、邱方、邱云鹤等为代表的优秀人物。他们或清毅刚正，或忠于祖国，或修身立命，或勤俭持家，在历史上写下了可圈可点的精彩人生。

渊源探究：祖籍和姓氏

（一）海州和朐山

常熟海州邱氏家族，源于南宋淮南东路海州府朐山县（今江苏省连云港市西南海州镇一带），故称海州邱氏。

关于海州，据史料记载，早在南北朝东魏武定七年（549），始置海州（范围大致在今江苏省徐州市、连云港市及周边地区）。隋大业三年（607），海州改为东海郡。至唐乾元元年（758），东海郡复改为海州。北宋至道三年（997）朝廷分天下为十五路，海州属淮南路。熙宁五年（1072）又分淮南路为淮南东、西路，海州属淮南东路。至明洪武元年（1368），海州属淮安府。至清雍正二年（1724），海州升为直隶州。

朐山县，为古县名。北周建德六年（577）改朐县置，为朐山郡治。

今日海州古城门

隋开皇三年（583）为海州治，大业三年（607）为东海郡治。唐武德四年（621）复为海州治。南宋景定二年（1261）为西海州治。元至元十五年（1278）为海州路治，同年为海宁府治，次年为海宁州治。明洪武元年（1368）又为海州治，省入州。朐山县范围，为今江苏省连云港市西南海州镇一带地区。

（二）邱姓和丘姓

在我们中国的《百家姓》之中有这么一个姓氏——丘姓，在我国如今的人口之中，排名第207位。其实最初是没有邱姓的，而只有丘姓，所以在《百家姓》之中只有“丘”而没有“邱”。关于丘姓的起源，说法有多种：

一是出自姜太公。作为周朝开国第一功臣，当时姜太公被周武王分封到了齐地，而当时齐国的都城就是营丘，所以姜太公其实也有齐太公之称号。后来，其部分后代就以营丘的“丘”为姓氏，史称丘姓正宗。

二是出自上古八大姓之中的妫姓。春秋时，陈国（王族为妫姓）建都宛丘，其一部分后人便以当地的地名为姓。

三是由少数民族变换而来。北魏孝文帝迁都洛阳后进行大规模汉化改革，当时孝文帝以身作则，改自己复姓拓跋为元姓，而当时鲜卑贵族之中的丘林氏、丘敦氏便改单字为丘。

邱姓的诞生，与古代避讳制度有关。因为孔子原名叫作孔丘，所以为了避讳圣人的名号，到了西汉，汉武帝下令把“丘”字只许孔丘专用，把

"丘"姓改成了"邱"姓。

至清代，文字狱极严，对于"丘"字避讳为"邱"的规定，得到了严格的执行，许多古书中的"丘"字都被删改。所以，常熟海州邱氏亦作海州丘氏。

进士邱砺：修身自律

根据现有资料，目前已知的常熟海州邱氏家谱世系为：

邱磻、邱砺→邱琚、邱璧（以上磻子）、邱璪、邱璋、邱琛、邱璠（以上砺子）→邱松（琚子）、邱耒（璋子）、邱禾→邱岳（松子）、邱烈（耒子）→邱基（岳子）→邱稼、邱穑、邱稷……邱子潇→邱端一（子潇女）、邱宗……邱方→？→邱云鹤（方孙）

邱砺（1090—1161，一说1090—1165），字师说，自幼勤奋好学，读书明理，并且立下远大的志向，今后要为国家建功立业。经过不懈努力，他在北宋政和八年（1118）29岁时考中进士，自此进入仕途，初任潍州（治所在今山东省潍县）教授、蔡州（治所在今河南省汝南县）教授。建炎元年（1127），邱砺被派往吴江县担任知县。吴地宜人的风景园林、优越的人文环境令邱砺陶醉流连，他被深深地吸引，故最终选择在江南福地常熟定居。以后，邱砺又先后担任国子监丞、御史台检法、大理寺丞、代理户部侍郎等，均有较好的建树。

南宋绍兴九年（1139），邱砺以左承议郎担任筠州（治所在今江西省高安县）知州。高安城是一方灵秀之地，相传唐代武德年间，城内锦江之北有一座小山有凤凰栖集，故此山得名凤山。邱砺于绍兴九年（1139）在凤山上建造了一座高敞秀丽的厅堂，命名为"碧落堂"。此后，凤山改称碧落山，一直延续至今。"碧落山前古郡开，绿筠千载凤凰台"，邱砺所建的这座碧落堂成为高安著名的人文景观，引来后世文人墨客题咏不断。淳熙十五年（1188），诗人杨万里出任筠州知州，对这座碧落堂钟爱有加，常在政务之余登堂高歌，留下了《碧落堂晓望荷山》等8首诗作，其中《碧落堂晚望》一诗咏道："暮笳声里暮云生，白白非烟覆一城。只有青林遮不得，兜罗绵上绿琴横。"诗中描写的景色宛若仙境，意境悠然自得。

文天祥画像

令人可惜的是，南宋景定元年（1260）春，蒙古军队攻占高安，纵火焚烧全城，碧落堂也被付之一炬，令人唏嘘。景定五年，当时任瑞州［南宋宝庆元年（1225），筠州改名为瑞州］知州的文天祥重修了碧落堂，也作有一首《题碧落堂》，诗中充满了深深的家国忧思：“大厦新成燕雀欢，与君聊此共清闲。地居一郡楼台上，人在半空烟雨间。修复尽还今宇宙，感伤犹记旧江山。近来又报秋风紧，颇觉忧时鬓欲斑。”

南宋绍兴十一年（1141）邱砺任泰州知州，后来改任建州（今福建省建瓯市）知州，十分重视发展当地的教育事业，下令在州城登俊坊建造一所贡院，当地学子的学习条件、考试环境由此大为改善，读书蔚然成风。因为政绩突出，邱砺又先后升任福建路提举常平公事兼提点刑狱公事、福建转运判官，在福建为官10多年，为当地百姓办的好事、实事不胜枚举，造福一方，留下了良好的口碑。

邱砺在升任福建转运判官时，宋高宗赵构曾做过一个批复，全文如下：

丘砺除福建运判制

闽粤之地，东南奥区。物伙俗蕃，号为剧部，其有素官于彼而周知民之利病、吏之良否者，朕以漕台之节付之。尔儒雅之才，由郎历郡。建安之政，迨今诵之。朕常属汝以刺举之权，就按一路。以财则阜，以刑则清。命之将输，因其能也。官望益重，宜思所以裕吾民焉。可。

从这个批复可以清楚地看到，宋高宗对邱砺的施政能力十分认可，给予高度评价，称赞他是儒雅之才、能官。广东、福建一带地处东南腹地，名目、物产、风俗都很繁杂，历来也是朝廷极为重视的要地，因此，在闽粤地区担任地方官是对官员才干和施政能力的考验。宋高宗对邱砺委以重任，派往福建掌管漕运，就是希望他不辱使命，善作善成，使百姓过上富裕的生活。

邱砺和权臣秦桧之间还有一段往事值得细说，从中不难看出邱砺高洁的品行和操守。秦桧和邱砺是同年生人，两人又同朝为官，所以秦桧对邱砺颇有好感。后来秦桧当了宰相［秦桧第一次拜相为南宋绍兴元年（1131），但次年即被罢官。绍兴八年再次拜相直到去世，推测此为第二次拜相］，权倾朝野，大力排除异己，不少奸猾的官员主动攀附迎合，争相以诬陷忠臣良将为功。诬陷忠良无罪状可攻讦时，就说他们谤讪、指斥、怨望、立党沽名，甚至说他们有无君心。参劾的奏疏都是秦桧亲自操纵并授意台谏官所写，所以知道内情的人私下都说："这是老秦的手笔。"

为了拉拢邱砺，秦桧多次表示自己诚心结亲，希望与邱砺做儿女亲家。但邱砺不为所动，他看不惯秦桧专横跋扈、结党营私的做派，深知士大夫为人应当"富贵不能淫，贫贱不能移，威武不能屈"，绝不肯与这等奸臣贼子同流合污。为了避开秦桧的纠缠、避免遭受迫害，邱砺以家嫂去世尚未下葬为由，向朝廷辞官退隐，请求改任只有闲职的祠禄官（宋代时有制度，高级官员老病不宜任事者，请求赐予"奉祠"之职，以享受其俸禄）。邱砺的请求得到朝廷的批准，邱砺最终官至朝请大夫。不久，邱砺离开了工作多年的京城临安，回到常熟隐居，住在常熟县城西北的聚星坊。他平时几乎闭门不出，唯以诗、酒作为平日的消遣，就像普通百姓一般过着恬淡悠闲的日子。家居12年后，邱砺安然去世，享年76岁，朝廷追赠其为光禄寺大夫，后葬于常熟虞山顶山。

邱砺天性纯良诚实，严于律己。他在外为官30年，始终保持廉洁自律的操守，几无积蓄，家产仅薄田数百亩。遇到有急事，手头一时拮据，甚至靠典当家中物品来渡过难关，但他丝毫也不放在心上，依旧保持怡然自得的良好心态。邱砺晚年大门不出、二门不迈，勤于学问，悉心著述，著有《易说》（一作《易议》）、《超然类稿》和《杜诗集句》等流传后世。

邱砺后人：踔厉奋发

邱砺家族是仕宦之家，颇有建树，其后人事迹也是可圈可点。邱砺生有四子，以美玉为名，分别取名为璪、璋、琛、璠。

长子邱璪，曾应试博学宏词科，有学问。

次子邱璋，字伯特，以父荫被朝廷授予通直郎，曾任宁国府（今安徽省宣城市）通判，被朝廷赐给绯色的官服，累赠中散大夫。有一子邱耒。

三子邱琛，字叔献，以父荫任福建市舶司提举。

四子邱璠，字季宝，曾任舒州太湖县（今安徽省太湖县）知县。

孙子邱耒，字少潜，因祖父邱砺之荫被授予官职，出任於潜县（今杭州市临安区）主簿，后又转任庆元府（今浙江省宁波市）录事参军、淮东转运司干办等，官至朝奉大夫。为官所到之处，都有良好的政声。任海盐知县时，他办了不少实事，如兴造县学学官，促进当地的教育事业发展；修筑捍海堤20里，为沿海居民筑起了一道可靠的安全屏障；还将县财政上盈余的经费来替老百姓交纳往年拖欠的赋税，解除他们面临的困苦窘境。州郡长官有疑难的案件都放心地托付邱耒来复查，他都能查清其中的是非曲直，使得公平正义得以伸张。州郡长官商议要嘉奖邱耒，他却执意推辞，甘于平淡。心怀感恩的百姓则竞相勒石立碑，记录、传诵他的德政。有官员18人共同举荐邱耒，朝廷先后发出监三省枢密院门、将作监丞、台州知州、惠州知州、抚州知州等要职的任命，他都婉言谢绝了，不去赴任。邱耒平生急公好义，对族人关怀有加，还曾捐赠田产给子侄辈帮助他们改善经济条件。邑人王万对他有中肯的评价："天资素高，才足以运，虑足以谋，明足以察。"称赞他善于谋划、明察秋毫。邱耒有一子，名叫邱烈。

曾孙邱烈，字希文，性格端正耿直，办事坚持原则。以父荫授芜湖县主簿，后历任通州（今属江苏省南通市）司理、丹徒知县、真州（治

海盐名胜古迹

今江苏省仪征市）通判。南宋咸淳十年（1274），任江东安抚司参议官。第二年，蒙元军队兵临城下，主政的官员将官印交给邱烈后就弃城而逃。城池失守，邱烈带着官印藏匿在百姓中间，想要找机会回到临安复命。途经苏州时，因劳累过度，突发疾病，平江（今江苏省苏州市）知府陈谦亨、提举常平戴觉民将他留在苏州养病，代他将官印上交朝廷，并为他请功。朝廷正准备论功行赏，但邱烈却不幸病逝于苏州，后归葬常熟顶山曾祖邱砺墓侧。

进士邱岳：文武全才

邱砺有一位兄长名邱磻，曾任高唐县（今山东省高唐县）县丞。邱磻有子名邱琚，字伯玉，曾在北方求学。邱琚有弟邱璧，字德文，后以父邱磻荫补将仕郎。绍兴年间，邱琚跟随南宋名将魏胜（1120—1164）恢复海州有功，后朝中商议放弃海州。邱琚与儿子邱松（字茂卿，后累赠至奉议大夫）南渡回到国都临安，邱琚被授予迪功郎、招抚司准备差遣，死后葬在吴县。邱松被任命为下州文学，于是在高邮（今江苏省高邮市）安家。

邱松之子邱岳（生卒年不详），字山甫，由高邮落籍常熟，是一位南宋晚期的忠臣良将。他在南宋嘉定十年（1217）进士及第，历任安庆太湖县尉、蕲州（今湖北省蕲春县）推官。绍定三年（1230），跟随淮东安抚副使赵范平定反叛的李全有功，先后升任黄州（今湖北省黄冈市）通判、真州知州。端平三年（1236），蒙古将领察罕以10倍于邱岳的兵力攻打真州。但邱岳部队在其带领下，治军十分严明，防守安排周密。蒙古敌兵逼近城池，遇到邱岳部队的迎头痛击，很快就败退下去。邱岳乘胜出城追击，在胥浦桥（今江苏仪征西）用强弩射

今日仪征胥浦桥

杀蒙古军打头阵的一名将官，蒙古军队的士气受到了很大的挫伤，不得不暂时退军。邱岳说："敌军数量十倍于我，不能用蛮力去硬拼，只可智取。"于是邱岳部署在城西设伏，埋伏下火炮和投石，等敌人到了，激发火炮，伏兵杀出，先消灭蒙古军的骁勇战将，打乱蒙古军的军阵部署。又挑选勇士，夜袭敌营，纵火焚烧蒙古军的帐篷和后勤物资。两天后，蒙古军队败退而去，真州之战大获全胜，真州城岿然屹立，恢复了往日的和平景象。

此后，邱岳历任兵部郎中、淮东提刑、提举常平仓，又改任太平州（属江南东路，辖境约今安徽省当涂县、繁昌县、芜湖县部分地区）知州兼江东转运，调任江州（今江西省九江市）知州兼沿江制置副使，又镇守淮东，后邱岳向朝廷辞官退隐。

南宋淳祐十年（1250），邱岳受朝廷征召，出任工部尚书，不久后再次谢职归隐。宝祐初年，朝廷授予他华文阁直学士，任沿江制置使兼建康知府、江东安抚兼营田使、行宫留守，节制和州（今安徽省和县）、无为、安庆三郡屯田使。宰相寄来书信说，奉皇上旨意催促他尽快出发，邱岳从京口（今江苏省镇江市）乘船启程赴任，途中得到前方军报：蒙古军队进犯庐州（今安徽省合肥市）、和州，形势十分危急。邱岳指挥若定，迅速调集军队前往支援，并派遣新任和州知州印应雷全力抵御。印应雷率军突击，宋军士气高涨，取得和州保卫战的空前胜利。邱岳到任后数月间，施政井井有条，军械物资得到充实，边防战备进一步整顿强化。

邱岳从典郡（出任地方官）到开阃（古时指将领开置府署，掌管一方的军务），成为一代名臣，无论真州还是江淮的兵将都乐意在他手下效力，生平共有4次抵御大敌，面对蒙古军队数十万人进犯，未尝有败绩。泗水之战获大捷，俘获敌兵不可胜数，功绩尤其显著。邱岳为人简淡，威严持重，有凛然之气。平日言不轻发，遇朝政大事则出肺腑之言，做事表里如一。宋理宗赵昀亲书"忠实"二字颁赐，作为对他的褒奖。邱岳一直官至正议大夫，封东海郡侯。南宋宝祐三年（1255）朝廷授邱岳为龙图阁学士，邱岳遂致仕归里。邱岳卒年69岁，去世后，朝廷赠授他银青光禄大夫（从二品官职）、特进光禄大夫（正二品官职）。

邱岳文武兼资，著有《文集》30卷。同时，邱岳对第二故乡常熟怀有深厚的感情，对常熟的文化事业特别是编史修志工作高度关注。据史

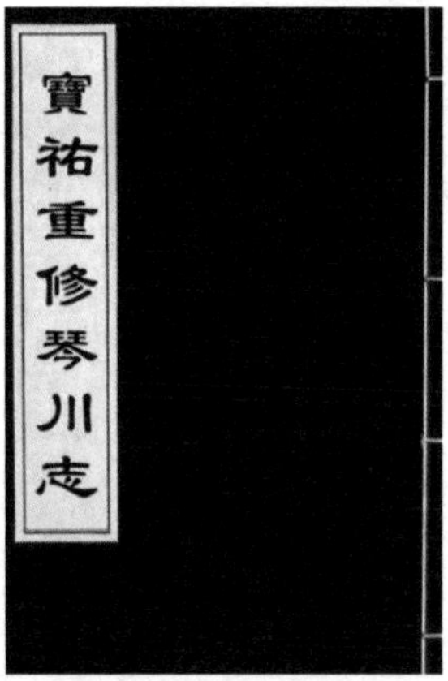

《宝祐重修琴川志》书影

料记载，常熟始修县志，传在宋代以前，因宋室南渡，版籍不存，无史料佐证。南宋庆元二年（1196），余姚人孙应时以通直郎任常熟县知事，上任即行修志，成《琴川志》，后人亦称为《庆元志》。开禧三年（1207），霅川（今浙江省湖州市）人叶凯，以宣教郎任常熟县知事，对《庆元志》作增修，于嘉定三年（1210）四月离任前刊刻，始广其传。《庆元志》及增修本今已无传本。淳祐十二年（1252），龙泉人鲍廉亦以宣教郎任常熟县知事，聘邑士钟秀实、胡淳等，旁搜博采，考古访旧，再作增益，至宝祐二年（1254）成《琴川志》，世称《宝祐志》。

《宝祐志》共分10门，分叙县、官、山、水、田、兵、人、物、祠、文，邱岳作叙。是志为现存常熟最早的县志。现将邱岳的序文摘录如下：

姑苏为吴王之故都，今为畿辅之大郡。若常熟，则为郡之大县。自春秋距今千六百余年，其壤地之间，建置之沿革、风物之变迁，与夫事迹之涉于理乱，善恶之系于劝惩，可书者宜若不可胜纪。余家世东海，南渡初，曾叔大父光禄公仕于吴，因寓于此。余端平乙未方自淮来依宗党。始至，尝问客曰：“县名‘常熟’，其义安在？其始何时？”客应之曰：“绍兴县宰题名云：梁改‘南沙’为‘常熟’。命名之义，则不知也。”又问：“有图经可以参考否？”曰：“所志亦同。”“有故老可以质问否？”曰：“无可与语者。”及观陆澄《吴地记》，有“吴郡常熟县”之文，则齐代已有常熟之名，非改于梁也。吁！宰是邑，生长是邑，虽更易之，岁月、名称之意义且不及知，他复何望焉？此前人失于纪述，故后人无所稽据，遂使名都大邑传信失实，良可叹已。龙泉鲍君廉，来绾县章，每以图志未详为阙典，于是与邑之秀民钟君秀实、胡君淳，旁搜博采、考古访旧、裒辑会萃、讨论是正，以增益其所未至。迨再考后，始能成编，列为十门，条分类析，固不敢谓尽无遗阙，然视旧志则粗备也。昔周官职方氏掌天下之图与其财用、谷畜之数要，周知其利害；萧何收秦图籍，具知天下厄塞、户口多少强弱。自非郡国有志、风土有记，何因而然？兹事于县政，若缓而实切，盖传今贻后所关者大，鲍君可谓知所先务矣。宝祐甲寅中元日，朐山邱岳叙。

邱岳后人：冰清玉洁

邱岳子邱基，字德元，被作为贤人而荐为承议郎，不久权临江（今江西省樟树市临江镇一带）军兼知劝农营田事，后朝廷赐绯鱼袋。

邱岳孙邱稼，字耕道，以祖荫知安东州（今江苏省涟水县一带）。邱穑，字成道，以祖荫补承务郎。邱稷，字相道，以祖荫补承仕郎。

至元代，有邱岳四世孙名邱迪，字彦启。邱迪幼年丧父，被寄养于母亲娘家孟家。后跟随舅舅孟潼游学至江西庐山白鹿洞书院，得以拜谒大儒熊天慵。熊天慵惊异地发现邱迪很有天赋，不仅将他收为弟子，还传授他义理之学。邱迪学成后回到常熟，给本地的学子传道授业，乡贤汤弥昌、龚璛、黄溍等都乐于与他交往，常常推奖赞誉他。邱迪虽然满腹诗书，通晓《尚书》等儒家经典，但是参加科举应试却屡屡失利，于是他不再强求走科举之路，过着平淡而有规律的生活，众人也不敢轻视他。邱迪著述颇多，有《尚书辨疑》《玉渊杂著》《云麓斋文稿》等。

至元末，有邱岳后人邱子潇，居住在常熟莫城东始庄。当时张士诚的军队劫掠常熟乡下，突然冲到邱子潇家，向他讨要金钱，遭到他的严正拒绝。邱子潇愤愤地说道："你们不能安抚老百姓，反而像强盗一样来抢劫吗？"一将军听后发怒，用长枪把邱子潇戳死。其女儿邱端一、女婿同时被害。

至明代，有邱岳后人邱宗，字思诚，于永乐十年（1412）成为贡士，后为吏部给事中。

另外，邱岳后人中有邱方、邱云鹤，也是青史留名的人物。

邱方，字仲野，孝顺父母，博学而有文采，所作文章毫无纤巧柔弱的习气，著有《松涛集》。明正统初年，邱方因其贤良方正而被地方官员举荐，出任泰和（今江西省泰和县）县丞。他任职期间，廉洁清正，做人做事坦坦荡荡，少师杨士奇赠诗云：“南平邱少府，清澈玉壶冰。”

邱方之孙邱云鹤，字世腾，号西园先生。少年时读书过目成诵，8岁能作诗。成化十九年（1483）参加乡试考中举人，入南京国子监继续学习。弘治九年（1496），吏部选派邱云鹤担任湖口（今江西省湖口县）知县。邱云鹤到任后即着手处理积案，县内原有的奸猾之徒纷纷敛手隐退，以求自保，他怀着宽容之心，对他们既往不咎。他把兴办学校、提倡文教作为首要任务，修缮县学等教育场所，鼓励当地士子读书仕进；修建陶靖节祠、狄梁公祠，以敬仰先贤、促进改善乡风民风。赋税征收中常常发生小吏侵占的情况，以致百姓不堪重负，他革除弊政，使百姓的负担大为减轻，民众无论老少都对此交口赞颂，争相主动交纳欠交的赋税。有一位交不起赋税的乡民准备用自己的女儿来抵债，邱云鹤了解实际情况后，主动拿出自己的俸禄代他交纳，从而使女孩回到家中，女孩全家对他感恩戴德。邱云鹤性格刚毅，执法一丝不苟，遇到有上级官员徇私阻挠，他正气凛然地说：“吾官可去，吾志不可移也！”

三年后，邱云鹤赴京城吏部参加官员考评，向朝廷辞官，回到家乡常熟。他在家中辟园凿池、种植花草，平日与亲友徜徉其间，赋诗结社。虽然邱宅离常熟县衙很近，但他却从不前去公门打扰。五年后突发疾病，临终前，他告诫子孙说：“我读书多年未考取进士，后任职知县，唯以清苦自励，不敢给祖宗抹黑。你们要体会我的良苦用心，努力读书仕进，做出一

今日湖口县

番事业，我也就死而无憾了。”卒年68岁。邱云鹤文笔劲健，尤善吟咏，擅长古文，笔力苍古，所著有《西园杂集》等。

附录：邱氏家族家训家规两则

其一：

贪为人道坏根，看几多败名丧节，错此关头，虽孝子贤孙尚遗有臭；贫是吾家本色，但各能立志成材，撑斯门户，即布衣粗饭亦足自豪。

其二：

一、孝父母

物归于理，善始于孝。人生百善，孝顺为先。人生不孝，无后为大。孝则天佑，不孝天谴。父母之恩，昊天罔极。尽心奉养，仅酬万一。尽孝之道，重于尽忠。孝敬父母，必恭必诚。羊能跪乳，乌能反哺。报恩父母，惟人最灵。生我劬劳，提携俸抚。恩深浩大，捐躯难补。朝夕温恭，殷勤寒暑。抚养有方，安微承欢。由此扩充，神灵照应。为贤为圣，天地咸通。

二、敬祖宗

物本乎天，人本乎祖。若木有根，无根则朽。如水有源，无源则枯。欲后敬吾，吾必敬祖。敬祖之道，宜修族谱。竖表立碑，修茔覆土。祠堂享祀，趋跄不辱。牢记祖源，莫忘祖恩。祭祀祖宗，告慰祖灵。弘扬祖功，传承祖德。谨记祖训，报效祖国。光前裕后，光大宗风。

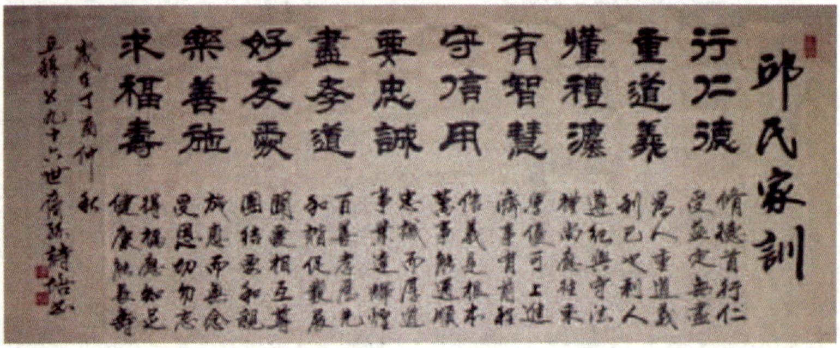

邱氏家训

三、敦宗族

同姓同德，同德同心，同心同志，姓利不迁。一本万殊，瓜延瓞笃。敦睦宗族，和善宗亲。不违天道，不悖人伦。利而勿害，与而勿夺。尊强扶弱，尚富恤贫。雍睦一堂，和蔼千秋。

四、睦兄弟

兄弟之情，等同手足。亲爱兄弟，必友必诚。弟恭兄友，雁行依依。毋出嫌隙，雅奏埙篪。

五、正夫妇

人伦伊始，兆自闺门。阴阳之义，亘古常尊。阴阳交和，雨泽斯行。夫妇调和，家道乃兴。好合可乐，狎昵宜悛。正位内外，各以其分。夫为妻纲，修身正行。妇主中馈，内助殷勤。鸡鸣致警，戒旦时闻。以乐鼓钟，以友瑟琴。梁妻举案，冀妇如宾。惟鸿与缺，道行于身。毋伤反目，毋玷家声。男女平等，出轨莫行。嫌疑须避，内外须分。富贵同享，贫贱相依。患难相扶，疾病相顾。相濡以沫，鸾凤偕鸣。雍雍肃肃，如鼓瑟琴。白头偕老，诗咏睢麟。

六、警自身

从善百祥，从恶百殃。恶小勿为，善小不辞。恶行莫为，善心当慷。过失归己，是非让人。愚妇顽夫，人性龌龊，悖逆其亲，自戕手足。肆行罔忌，不如禽兽。兄弟恕我，神明难宥。父母容我，天地不容。合族鄙视，路人唾弃。轻则自疚，重则官刑。刻薄成家，理无久享。悖入悖出，毫厘不爽。善恶之报，捷如影响。敦无夭伤，须加修养。历世存心，功德无量。

七、续继嗣

世绝则续，自古为要。小宗嗣祖，大宗承祧。脉宜亲友，犹子克肖。有嗣归宗，无愧祖庙。

八、重教养

教养人才，发展根本。诗书之泽，世世相承。熏陶子女，督课维勤。德养致理，振乎家声。父母之教，子女之率。谨训义方，端在父兄。稍有所成，家室仪型。日学日进，不学无术。中外之学，首重于恒。春诵夏弦，苦心孤诣。嘉言善状，古今典型。不受琢磨，玉不成器。祖鞭在心，出人头地。道德文章，建功立业。人皆有脸，树必有皮。人若无礼，走肉行尸。廉耻道丧，蠢虫无知。大家子弟，俭点威仪。举手投足，中矩中规。束身名教，儒雅可师。

九、尚勤俭

勤俭治家，恒理当循。俭可助廉，勤能补拙。勤开财源，俭节财流。五谷当重，颗粒艰辛。婚丧从俭，持家以勤。朱门饿殍，白屋公卿。遇事即为，莫延明日。珍惜青壮，莫负光阴。士农工商，各精其业。切忌怠惰，莫尚奢华。克勤克俭，天下可行。光大门楣，力振家声。

十、慎财利

君子爱财，取之有道。正直忘私，诚信无欺。莫擅天利，莫独地财。天利地财，天下同享。

十一、重名节

人脸树皮，生命特征。树无皮死，人无脸废。世重家风，人重名节。人不要脸，自不要名。君子爱名，重鉴其实。恕道存心，邪念自绝。况有鬼神，难容恶薄。淫人妇女，报在妻妾。跳过此关，君子豪杰。清心寡欲，防微杜渐。词严法肃，玉洁冰清。闺门之内，聿著仪型。

十二、戒赌毒

人生世间，行善最乐。正业多端，随事可学。骄奢愚顽，甘心赌博。同流合污，此彼争夺。浮念浇风，自斯阶祸。富者立贫，贫者义薄。欲正家规，先除此着。万祸之源，赌博为先。倾财覆业，戕命殒身。辱先坏礼，非法下流。其害甚烈，万劫不复。世人最蠢，莫如嗜毒。口歪鼻斜，头摇如鼓。男妇混杂，群魔乱舞。倾家荡产，绝嗣侮祖。经年自戕，自取其辱。

十三、守本分

天地生人，各有本分。富贵莫娇，贫贱莫馁。素位而行，事由己尽。勿学庸流，行险侥幸。端方君子，行不由径。节制欲望，莫僭争利。强不凌弱，众不掠寡。贵不欺贱，富不压贫。勇不犯人，智不乱理。谋莫轻露，权莫张狂。仁者爱人，诚信无欺。修身齐家，贡献人类。

十四、崇礼仪

天道自然，人道礼仪。人兽之别，彬彬有礼。道德仁义，非礼不成，正俗名教，非礼不备。分争辩讼，非礼不决。君臣上下，非礼不定。治学事师，非礼不亲。莅官行政，非礼不行。祷祠祭祀，非礼不诚。男女有别，尊卑有序。遵时守信，真诚友善。谦虚随和，恭敬聆听。忠信义理，礼之文本。无本不立，无文不行。遵纪守法，循规蹈矩。上下井然，中庸礼让。

十五、积阴德

遗金子孙，未必能守。积德流芳，子孙长久。命生不辰，气数有偏。行存天理，动鉴良心。饭德必偿，睚怨勿向。不因仇陷，莫忘恩报。莫食飞禽，莫伤走兽。行善化恶，珍惜生灵。扶危救命，崇尚人性。尊重人权，莫失人道。免人之死，解人之难，救人之患，济人之急。患难相济，贫困相赒。鳏寡孤独，最足矜怜。如此而行，富贵绵远。日积月累，功业天成。

十六、慎交友

人以群分，物以类聚。同心为朋，同志为友。道德为根，诚信为本。今日一诺，明日为债。损友莫近，益友莫伤。宁人负我，我不负人。志同道合，团结相亲。与君子友，自成芝兰。与小人亲，自入鲍肆。风雨同舟，肝胆相照。有福同享，有难同当。握手话旧，白头如新。

十七、慎言语

君子乐志，小人乐事。开口说话，字字小心。事不关己，切莫争论。祸从口出，患从口入。言不轻发，文不轻演。不诉贫苦，不叽丑残。不夺人语，不破人言。人恶不传，人善必扬。

十八、励善志

不凌绝顶，不知天高。不临深谷，不知地厚。吾氏子孙，务必谦恭。年不重来，季无双春。日当自勉，时不待人。时光无情，只争朝夕。少年励志，自强不息。夫当雄飞，力戒雌伏。无志真贱，无勤真穷。人无善志，虽勇必贱。百工技艺，皆成于志。思

邱氏宗祠

怀星辰，量纳百川。天下兴亡，匹夫有责。开疆辟土，立业建功。志安天下，自当先行。志趣远大，硕果天成。

十九、顺自然

顺应自然，尊重规律。莫逆天意，莫违人心。因势者昌，逆流者亡。不懈探索，顺天应人。

二十、享人生

中华福地，世间太平。古今缺陷，全福无人。粗衣淡饭，耳聪目明。休怀戚戚，当笑欣欣。下比自足，气和心平。人生难再，当寻开心。锻炼身体，神气通灵。常行乐事，莫负良辰。

（陶元骏）

主要参考文献：

1.（明）王鏊.（正德）姑苏志［M］.

2.（清）徐松辑.宋会要辑稿［M］.

3.（清）唐仲冕.（嘉庆）海州直隶州志［M］.

4.常熟市地方志编纂委员会办公室标校.重修常昭合志［M］.上海：上海社会科学院出版社，2002.

5.（清）葛曙.（乾隆）吴江县志［M］.

6.明故湖口县令西园先生丘公墓志铭［M］.//中国文物研究所，常熟博物馆编著.新中国出土墓志：江苏（壹）常熟.北京：文物出版社，2006.

7.（明）姚宗仪.（万历）常熟县私志［M］.万历四十五年（1617）抄本.

8.常熟市地方志编纂委员会.常熟市志［M］.北京：方志出版社，2016.

福山褚氏

约己裕民　为政称善

常熟褚姓，约于元末明初从北方迁居而来。据明万历姚宗仪《常熟县私志》记载，常熟褚姓因为以居福山（唐代为常熟县城所在地，今属海虞镇福山集镇）为多，故称为福山褚氏。700多年来，福山褚氏在常熟这块土地上生生不息，他们秉持“穷则独善其身，达则兼济天下”的理念，在不同领域出现了许多优秀人物。其中，以元代的褚不华、褚伴哥父子，明代进士褚祚、褚圻和举人褚垠等为代表。

操行之家　归隐常熟

褚氏，是一个多民族、多源流的姓氏，在当今姓氏排行榜上名列第231位，人口约44万人，占全国人口总数的0.03%左右。据史料记载，褚姓无论得之以采地为氏，还是由褚师之官职而来，均源出于今河南省境，因宋都在今河南商丘，郑都在今河南新郑，卫都在今河南淇县。其得姓始祖叫子段，据《通志·氏族略·以官为氏》载，春秋时，宋国宋共公之子子段，字子石，受封于褚地（今河南省洛阳市），由于品德高尚，被人尊称为“褚师”。“褚师”本为掌管市场的官员，又叫“市令”。春秋时期，宋国、卫国、郑国都设置褚师之官。子段的后代子孙以“褚师”称号为荣，于是，有的就以“褚”为姓，称为褚氏，故褚氏后人多奉子段为褚姓的得姓始祖。

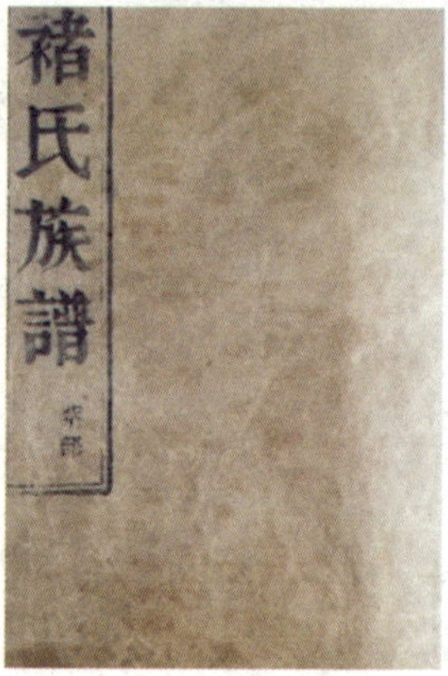

《褚氏族谱》

历战国而至秦，褚姓有一支迁往山东，有一支徙居颍川。据《新唐书·宰相世系表》及《古今姓氏书辨证》记载，西汉有经学家褚少孙，为颍川（治所在阳翟，即今河南省禹州市）人。汉成帝年间，褚少孙与张长安、唐长宾一同参加博士殿试，因对答如流，均升为博士。司马迁去世后，《史记》在流传过程中散失了10篇，仅存目录。为此，褚少孙做了补充、修葺的工作。褚少孙的裔孙褚重始居河南阳翟，褚重的裔孙褚招，任安东将军、扬州都督，封关内侯。褚招之孙褚磐，年五十始出仕，并徙居曲阿县（今江苏省丹阳市）。隋唐以后，褚姓有人南迁于福建、广东、江西等地。

父子守城　为国殉难

褚不华（？—1356），字君实，世居常熟福山。据《重修常昭合志·人物志》记载：元至正十一年（1351），褚不华镇守淮安。当时，红巾军势力在两淮间不断扩大，褚不华充分做好淮安城的守御准备工作，并调派富有军事才能的刘甲去守护韩信城（遗址位于淮安市清浦区城南乡韩城村），使两城成掎角之势，互相照应。后因总兵有逗挠（因怯阵而避敌）之罪，褚不华就上疏弹劾他，并以战功升任廉访使。从此总兵怀恨在心，伺机报复。他故意将刘甲调离，令他到别处去攻打红巾军，以此来孤立褚不华。韩信城空虚，后来果然被红巾军攻下。接着刘福通部将赵均用

今日韩信城

围攻淮安城。当时淮安城三面受敌，只有北门可通沭阳，本来可凭此门外出筹运粮饷，但城外的赤鲤湖一带也被红巾军占领。

关键时刻，褚不华便带兵从西门杀出，突破敌军栅墙，殊死作战，敌军败退。刚好元帅吴德琇运粮万斛回城，结果军粮被红巾军劫掠一空。淮安城内断粮已久，“饿者仆道上，人争取啖，甚至父子、夫妇、老稚更相食”。之后敌军围攻愈急，当时总兵屯守于下邳，褚不华多次派人去告急求援，但总兵居然按兵不动，未派一兵一卒前往救援。至正十六年（1356）十月乙丑日，褚不华终因粮尽援绝，城被攻陷，但他仍然占据西门奋力拼杀，不幸受伤被执，最后被乱刀砍死。褚不华的次子褚伴哥与父亲同守淮安城，城陷，褚伴哥冒着刀枪奋力救护，最终父子同时牺牲，褚伴哥当时年仅36岁。第二年，元朝廷追赠褚不华为卫国公，谥“忠肃”，伴哥晋封为太尉。福山人为纪念这两位为国捐躯的英烈，在福山塘港口东2里许的小花村建庙祭祀，称“褚太尉庙”。褚太尉庙与塘西龙王庙遥遥相望。庙前山门两侧各塑两匹彪悍壮马，四个马夫各牵一匹，伫立两旁。后面大殿里坐三尊神像，居中是卫国公褚不华，左侧是太尉褚伴哥，右侧据传是褚伴哥的老师——白面黑须的李先生。自宋代始，福山一带都要在农历三月二十八举行庙会。各庙神像依照生前官职和殁后封官的大小，依次到东岳庙朝见东岳圣帝，而褚太尉父子居诸神之首。

常熟福山褚太尉庙一角

褚不华父子牺牲后墓在虞山拂水岩。褚不华长子褚鸣珂，元朝灭亡后不愿做官，回福山耕读，传到现在已是28世，福山的褚姓大多是他的后人。

至清代道光年间，有褚太尉21世孙褚宗亮（生卒年不详），号逸亭，举人，曾续修《褚氏家谱》。历代常熟县志对福山塘东迁未予详细记述，在褚宗亮修的《褚氏家谱》中却有如下记载："当时福山大埔由今城中地出，经东湾营前，黄泥墩后至港口入江。后因倭乱设兵造堡，有谭姓邑渚生之祖茔在黄泥墩前，嫌塘水绕行墓后，谓妨龙脉，乃建言：'潮塘经城中，洪涛激，城基易颓。'当事者信之，遂开塘于城东。"因而使后人对福山塘变迁有了明晰的了解。褚氏诗文俱佳，是有名的书法家，尤擅榜书。本地许多庙宇都有他书写的匾额和抱柱对，同治时总兵熊登武家"熊氏祠堂碑"，亦出于他的手笔。褚宗亮对福山的书法艺术影响很大。

进士褚祚　为政利民

褚祚，字昌允，明代南直隶州苏州府常熟县人，生于操行之家。其曾祖褚懋，字芳叔，明洪武二十九年丙子（1396）以人材被荐，官建昌府南城县（在今江西省南城县）县丞，辅佐县令，有政绩。其父褚让，字国蕃，做人有操守，具有好品德。褚让曾赴郡守召人，有一个违犯法规的人，以千金馈赠他，遭到他的严厉拒绝。

褚祚于明成化三年（1467）中举人，成化八年中进士。褚祚殿试金榜第三甲第19名，赐同进士出身。成化十年，褚祚以进士知临海县。《明宪宗实录》卷之二百二载：成化十六年夏四月庚午，擢知县褚祚为试监察御史。试监察御史简称"试御史"，为明朝任官制度中的一种试职，即入都察院为监察御史的官员，先以试职的身份在院工作一年，以熟悉政务，并听都察院考察其品行才识，堪用者乃实授，故名。褚祚后来考察堪用，被实授了监察御史。

又据《台州府志》记载，褚祚在任临海知县期间，"持身莅职，动有准绳"，悉心理政，"约己以裕民"，为老百姓着想，为老百姓谋利，其政绩"为属邑最"。褚祚为临海百姓做了许多好事，主要有：

今日临海

一是修筑岭道。地方官员一般会在当地从事修桥筑路等公共事业，但是，对于临海这地方来说，修桥筑路很不容易。临海县三面环山，一面靠海，呈“七山一水两分田”地貌。褚祚上任时，临海县原有岭道，但是，下雨三天后，岭道泥泞不堪行，道路不通，临海居民薪米断绝，影响到日常生活。褚祚“发工调役”修筑岭道，用这种以工调役的方法修筑岭道，既解决了出工百姓的薪酬，又不劳民而修筑成岭道，方便临海居民出行。褚祚最终筑成岭道，当地百姓欢欣鼓舞，把筑成的岭道称为“褚公岭”。虽然由于时代久远，褚公岭今天已经难以确认了，但是，在临海及其周边区域古岭道遗存仍然可见。当地的地方志记载，临海尤溪镇于岙村的村口东边两座大山的夹谷中有一条名叫于岙岭的千年古道。这条连接山舟岭、高岙岭，绵延30多里长的幽幽石级小径，通尤溪与黄岩城。临海东塍镇琅坑岭的山脚下有个岭根村，在古时叫“东乡”，是古代浙江东部地区驿道的重要节点，为临海古文化村。当地古时有一条临海通往天台的岭道，称为枫树岭，道上有廿四坑村、至界牌村、黄支罗村等。枫树岭头有个石墙瓦顶的大路廊，碑记称枫树岭头路廊最早建于明朝洪武年间。黄支罗村还有嘉庆十二年（1807）石碑“枫树岭路廊碑记”。枫树岭沿途多路廊，路廊多古碑，证明旧时古岭道曾经车水马龙。看来临海的岭道是当地主要交通道，要想便民富民，首先筑道，褚祚为政之道，古今相通。

二是断茶山案。临海僧有茶山为当地乡豪侵占，诉讼了数年不能决断。褚祚到任后查阅茶山诉讼案的文书和证件，急切召来僧人，断茶山案，归还被乡豪侵占的茶山。褚祚断案的茶山以及僧寺文献缺乏记载，临海今存茶山与古寺在临海西北部河头镇，当地以山为境，以茶闻名，素有“浙江省茶叶之乡”的美名。河头镇的羊岩山，主峰海拔786米，傲视南方一众山峦。山中遍植茶树，有万亩茶园，所产“江南第一勾青茶”闻名省内外。

今日南屏书院

古寺有一座福泉古寺，始建于唐朝，经过多次修建，现寺院内建有天王殿、大雄宝殿、白鹤殿、钟鼓楼、舍利宝塔、福田院等建筑。

三是修学校、筑堰闸、建桥梁，成绩显优，且财无浪费。临海民众都对他歌功颂德。临海多书院，崇文厚德之风代代相传。宋代，书院即有上蔡书院、溪山第一书院、观澜书院、州学沂咏堂等。元代书院有鉴溪书院等。明代书院、学校有赤城书院、白云书院、南屏书院、丹崖书院、崇正书院、白象书院、南衡书院、龙映小学、龙顾小学、敷教小学等。褚祚修的学校名称没有记载，大致在这些书院、学校中。褚祚修学校，重视临海人才培养，功德无量。明代，临海公、私书院兴盛，科甲连绵，有进士128人、举人336人、贡生438人，其中有褚祚修学校、重文教的功劳。

临海历史上有著名的古堰，如赵家殿堰等。筑堰是一种古老的农田灌溉方式，尤其在临海山区，堰能蓄水，又能排水，道道作堰，提高水位，引水灌溉。闸用于控制流量和调节水位，关闭闸门，可拦洪、挡潮或抬高上游水位，以满足灌溉、航运、水产和生活用水等需要；开启闸门，可宣泄洪水、涝水、弃水或废水，也可对下游河道或渠道供水。褚祚筑堰闸的水利工程，利在千秋。

临海多桥梁，现存古桥全为明清石桥，数量达到170座。其中，堤梁桥1处、石梁桥20座、石拱桥149座。在“七山一水两分田”的临海，桥梁对于临海百姓出行非常重要。褚祚建桥梁，方便百姓，是头等好事。

据《台州府志》载，褚祚“成化十年以进士知临海县，持身莅职，动有准绳，修学校，筑堰闸，理桥梁，多著成绩而财无浪费，民甚德之”。褚祚兴办公共事业，精打细算，合理使用公费，“财无浪费”，也没有随意征役劳民，完成工程利民，所以“民甚德之”。

明成化十七年（1481），褚祚为试监察御史后，理畿内马政。明代设置十三道监察御史，主掌纠察内外百官，在外巡按包括巡盐、巡漕、巡关、马政、屯田等事。马政在明代十分重要，关系到护国实力，又涉及民牧及其负担。明代内廷用马由御马监负责。官马牧养一是官牧，二是民牧。早在明太祖洪武十四年（1381），朝廷令南方苏州、松江、嘉兴、湖州等地民间养马。成祖永乐十二年（1414），令北方民间养马。宪宗成化间，南方水土不宜养马，改为征银。北方因豪族世家田庄渐多，民间养马土地不足，民牧日益萎缩，百姓苦于养马。至明末，边疆缺马，军民交困，祖制渐废，军旅战力大受影响，而马政为其紧要因素之一。史载明监察御史奉命巡视茶法、马政时，一般称巡茶御史。《大明会典》卷三十七记载："若陕之汉中、川之夔保，私茶之禁甚严。凡中茶有引由，出茶地方有税，贮放有茶仓，巡茶有御史，分理有茶马司、茶课司，验茶有批验所……（嘉靖十二年奏准）陕西金州、西乡、石泉、汉阴、紫阳五州县茶户，巡茶御史每十年一次清审，量为增减均平茶课……（嘉靖十四年题准）四川夔州、东乡、保宁、利江一带，附近陕西通茶地方，不论军卫有司，凡事干茶法者，悉听陕西巡茶御史管理。"褚祚"理畿内马政"的具体内容缺乏文献记载，不外乎清审马政、厘革宿弊之类分内之事。

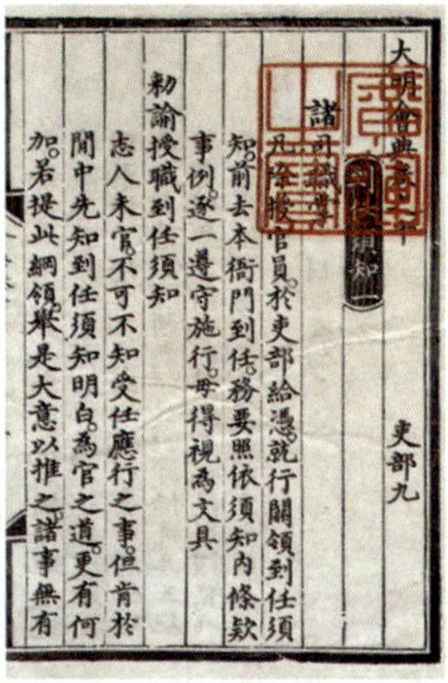
吏部九
凡除授官員於吏部給憑就行關領到任須
知前去本衙門到任務要照依須知內條款
事例逐一遵守施行毋得視為文具
勑諭授職到任須知
志人未官不可不知受任應行之事但肯於
間中先知到任須知明白為官之道更有何
加若提此綱領舉是大意以推之諸事無有

《大明会典》书影

褚祚在临海时，其弟往视，"濒归无以为遗，以父所授田予之"。等到褚祚去世时，褚祚身无分文，甚至没有留下来可以入殓自己的一点儿资产。与褚祚同为明成化八年（1472）进士的吴宽［1435—1504，字原博，号匏庵、玉亭主，世称匏庵先生，直隶长洲（今江苏苏州）人。状元，明代名臣、诗人、散文家、书法家］出面为褚祚入殓。

褚祚去世时依靠朋友入殓的记载，见于《重修常昭合志》中的《褚祚传》《萧奎传》。《褚祚传》记：褚祚"比卒，至无以为殓，同年吴宽殓之"。《萧奎传》记：（萧奎）"笃于交谊，同县御史褚祚、中书舍人凌远卒于官，为之殓，归其丧，经纪其家。"看来褚祚确实是去世后靠朋友入殓，同时也说明褚祚在世时的为人处世。

褚祚工书，也是明代的著名书法家。

褚圻为政　合乎人心

明初，常熟福山有褚公仪，其子褚思恭。褚思恭生有二子：长子褚琢，字廷器；次子褚玙，字廷晖，明正统九年（1444）成为举人，授汝州（今属河南省）学正，再转沧州（今属河北省）学正，升兴化县教授，再迁国子学博士，教以古代刑法律令，因为学问品行高洁，学生十分佩服。褚玙曾三次主持考试，均能够公允裁鉴，人称“法眼”。他为人高洁，不入俗流，致仕归里后依然好学不止。后归隐于常熟江滨的浒浦，几十年从不进常熟县城，年八十卒。有子褚圻。

褚琢有子褚垠，字弘镇。因褚玙未育，于是褚垠8岁时被过继给了褚玙为儿子，太夫人龚氏（褚垠之婶）高兴地说：“我现在也有儿子了！”

褚圻，字宏望，明弘治二年（1489）成为举人，弘治六年中进士，授刑部主事，迁刑部员外郎，为刑部诸司次官，位在郎中，掌管刑法、狱讼等事务。褚圻办案始终坚持实事求是，以法判案，宣判了几件典型案例，均能秉公执法，受到众人的称赞。

一是实事求是，判平民无罪释放。当时，被拘禁的人中有一个“手搏三人而掠其资”的被告人，褚圻审判认为，被拘禁的人当初没有任何器械，怎么能够去实施一个人掠夺三个人的货物呢？这在逻辑上不太可能，那事情的真相又是如何呢？此案经过庭审和多次当堂辩论，褚圻以事实为依据判决被拘禁的人没有违法，被拘禁的人终于得到解脱，从而避免了误判平民有罪。

二是纠正冤假错案。有一个被定性为强奸罪的人，褚圻经过详细审讯知道实际情况后，纠正了定性为强奸罪的错案。还有一个被定性为谋杀丈夫的妇女，褚圻经过仔仔细细的考察，发现这个妇女的丈夫是自己在外面死亡的，完全不是被这个妇女谋杀的。于是就释放了这个妇女，纠正了定性为谋杀丈夫罪的假案。

三是依法照判官员死刑。协守贵州右参将赵晟杀指挥李清之子，褚圻被命往鞫案审问。赵晟曾经是有功之人，《大明孝宗敬皇帝实录》卷六十五记载：“（弘治五年七月）命云南都司都指挥使赵晟充右参将，协守贵州，兼提督清浪等处。”后来，赵晟参与王轼平定贵州米鲁（女）之乱有功。弘治十三年（1500），王轼任南京户部尚书，又兼任左副都御史，督率贵州军务共同征讨米鲁。当时镇守宦官杨友、总兵官曹恺、巡抚钱铁共同发兵讨伐米鲁，却大败于阿马坡。都指挥㚖速被俘，普安几乎失陷。杨友等请求朝廷增派军队，因此就任命王轼前往增援。弘治十五年正月二十八日，王轼进至查城，以方便计调广西、湖广、云南、四川官军、土兵共八万人马，汇合贵州兵，分为八哨，以参将赵晟督领清浪备御官军并永顺、两江口等处长官彭世英等土兵，从大盘江左哨进，兼提调各哨。至弘治十五年正月底，参将赵晟攻破六坠寨，获头功。其他各道兵合力击杀米鲁，米鲁余党于是被扫平。

王轼平定贵州米鲁之乱用兵前后共用5个月，破米鲁寨1000多座，斩米鲁兵4800多人，俘获1200多人。捷报传至朝廷，皇帝大喜，嘉奖慰劳。但是，后来赵晟居功自傲，走上了犯罪道路。褚圻知道协守贵州右参将赵晟有能力移狱，所以日夜兼程前往办案。达到后仔细勘问，获得赵晟案的实情，于是最终按照法律，论定对赵晟判为死罪。协守贵州右参将赵晟案，见《大明孝宗敬皇帝实录》卷二百十九记载：“（弘治十七年十二月乙丑）协守贵州右参将赵晟科敛贿货及占官民园地营造私第，擅役军卒，坠压伤死者数人，又以私忿杖杀平溪卫指挥李清之子。清奏其事，晟亦累疏自辩，俱下湖广贵州巡按监察御史鞫之，未报。巡抚湖广都御史韩重复请差官勘问，命户科右给事中艾洪、刑部郎中褚祈（圻）往会官就治之，狱上，当晟罪斩，导之为恶者荆州左卫指挥张忠等俱边卫充军，清浪卫指挥孙仲英降三级致仕，余坐罪有差。从之。”按《大明孝宗敬皇帝实录》的记载，褚圻已任刑部郎中。赵晟“累疏自辩”，且“俱下湖广贵州巡按监察御史鞫之，未报”，表明赵晟案难以处理。赵晟一旦运作成功移狱，就更加难办了。所以，褚圻想方设法从速办案，依法果断判决，随即上报判决结果，赵晟案终于结案“罪斩”。褚圻秉公执法，不存在官官相护。

由于褚圻成绩突出，被擢知宁波府。褚圻在宁波知府任上，为当地百姓办了许多好事情，包括举荒政、修废堰、建小学，为政均有好声誉。据《苏州府志》载，褚圻任宁波知府时，当地有个桂御史，死后只有一个年幼的庶子，族人谋夺这个庶子的财产，诬蔑说这个庶子是抱养来的假儿

今日宁波老街区

子，剥夺他的财产继承权。褚圻为之召集桂御史的乡亲群众，进行广泛的调查，最后做出判断，认为这孩子就是桂家的子嗣，家产就判给了他。这样就防止族人谋夺财产。当时，宦官刘瑾（1451—1510）在明武宗正德元年（1506）初，以进献飞禽走兽来博取明武宗的欢心，得以数次升迁，掌握大权，官拜司礼监掌印太监，被时人称为“八虎”之首。刘瑾大肆索货于外郡，褚祚牢牢控制宁波府，坚决不被刘瑾索货。

明正德六年（1511），褚圻又迁广西按察副使，不久致仕归。

褚圻为人坦荡，以母爱其弟，褚圻把自己的全部资财给予弟弟。

举人褚垠　进退自如

褚垠（1449—1510），字弘镇，从小聪明，当年读小学，翌年就能作五言诗了，大家都觉得奇异。后来，褚玙到福建兴化任教育官员，褚垠随父同行，服侍左右，并开始读《毛传》和诸子百家的书，进步很快。褚垠随父一直在外，明成化七年（1471）才回家探亲。成化十年褚垠参加院试中秀才，成化十三年中举人，成化十四年进京城最高学府国子监。

明弘治六年（1493）褚垠进吏部工作，后被任命为山东禹城知县。褚垠选好吉日上任，那天刚刚乘船出发，突然接到报丧的通知：他的父亲褚玙去世了。褚垠悲痛万分，就在船上设了父亲的灵位，早晚啼哭，疾速回家奔丧。丧事毕，褚埙在家守孝3年。

至明弘治九年（1496），褚埙服丧年满，朝廷改派他到江西宁县（今修水县、铜鼓县一带）任知县。宁县在当时是个偏僻落后的地方，那里的人缺少教化，风俗强横凶暴，社会秩序混乱，一时很难治理。褚埙到任后励精图治，坚持依法办事，除暴安良；重视发展农桑，合法收税；减少诉讼，减轻刑罚。对于褚埙的种种举措，虽然士民一时难以适应，但过了一年多的时间，宁县便得到大治：官府没有收不起的租税，民间没有悍横的风气。巡按大人到这里视察，见到这里政通人和的景象非常高兴，认为褚埙是位德才兼备的贤能之人。

这年江西正好举行乡试（在省城内举行选拔举人的考试），巡按大人便派褚埙在考场里监考，有些图谋不轨的人想营私舞弊，却被褚埙严厉制止。他们非常沮丧，便心生忌恨，捏造事实向朝廷诬告，朝廷未做任何详细调查，讹听谣传，以为褚埙果有过错。褚埙知道后也不去做任何辩解，感到这个地方难有作为，遂于明弘治十三年（1500）辞职回到了常熟福山。在老家，褚埙一住就是10年。他孝敬母亲，生活节俭，安于清贫，爱护兄弟及族里长幼。赋闲之际，在所建南园空地筑了一座草亭，园内种植花草。他常在园里散步，邻居也常来此处小思。偶有人踩踏花草或损坏了花木，褚埙从不计较，所以人们都很敬重他。

今日修水风光

明正德五年（1510）农历八月初三日，褚埙走完他的人生历程，病逝于福山，享年62岁。周围的百姓听到这个消息后，"叹息之声远近响应"，人们对褚埙的尊重和爱戴由此可见一斑。

明正德六年（1511），褚埙的儿子褚恂等择农历十二月初八日，将父亲灵柩合葬于母亲王氏夫人之墓，墓在塌山（又名崇德山，今称塔山）东坡。同时，褚恂请姻亲、致仕的文林郎福建福州府推官曹文撰并书写了盖文和志文。

1995年初春的一天，福山镇东山村塌山采石厂（也称白泥厂）的职工们正在炸山采石，无意中发现了褚埙墓葬地。据墓志铭记载，褚埙有子四：长曰恂，娶颜氏，能卓立门户；次曰悌，娶潘氏；曰怍，娶高氏；曰恢，为金氏出，聘陈氏。前三子皆邑庠生弟子员。女三：长适杨勋；次适曹文子充；又次适宪副公子之，今适钱相。孙男四，孙女六。

曹文最后动情地写道：

吾与先生生则同里，学则同案，起居食息，寒暑险夷，无往而不同。先生之立心、操行，吾岂有纤毫之不知哉！今而先生没矣，视天梦梦若无意于分别善恶矣，吾安得而不为之铭？铭曰：

猗欤我公，实维我行。学既日富，作为文章。明扬緌武，弦歌流芳。寒暑再祀，功成身退。优游以敖，所养卒遂。如何桑园，倒影倏置。此士林之所咸恤而予为益悲也。噫！

按照常熟本地常规，亡人下葬一般都用木棺，而褚埙则用石棺，这较为少见。据常熟文史家钱文辉先生解释，明清时期，江西有大量四川、湖南籍的人迁入，带去了当地流传已久的石棺葬土俗。至今，江西仍有大量石棺墓葬发现。褚埙殁后，可能是褚恂等为纪念父亲曾在江西任职的那段难忘经历，或是按父亲的遗愿，便按江西的丧葬风俗，用石棺安葬了父亲。

附录：福山褚厅（摘录自陆文龙《福山村史话》）

褚厅原位于福山集镇港上大街西端的"王万盛鱼行"后面。褚厅建于清末民初，平房5楹，进深3丈6尺，砖木结构，中间3楹相通，仅立4根大柱，高大而轩敞，人称“褚厅”。厅东西两楹各有墙柱，东间开浴池由褚家经营，西间作卧室。中间3楹曾租给李寿寿开茶馆、书场，里面可摆30张方桌，容200余人。这里因常有客商、渔民光顾，故生意兴隆。到中华人民共和国成立前夕，褚厅失火烧毁，今已不存。

（曹培根）

主要参考文献：

1. 常熟市地方志编纂委员会办公室标校.重修常昭合志［M］.上海：上海社会科学院出版社，2002.

2. 台州府志：褚祚传［M］.//（明）胡宗宪修，（明）薛应旂纂辑.浙江通志.

3.（明）姚宗仪.（万历）常熟县私志［M］.万历四十五年（1617）抄本.

4. 陆文龙.福山村史话［M］.南京：南京大学出版社，2019.

5.《海虞镇志》编纂委员会.海虞镇志：福山志［M］.上海：上海社会科学院出版社，2005.

6. 常熟市地方志编纂委员会办公室.常熟人物选［M］.上海：上海文艺出版社，2012.

7. 江苏省常熟市福山镇人民政府.福山镇志［M］.南京：东南大学出版社，1992.

8. 常熟市地方志编纂委员会.常熟市志［M］.北京：方志出版社，2016.

东门陆氏

温州三任　垂裕百年

有明一代，常熟东门有陆氏三人，在123年间先后历官温州，为当地的建设和发展作出了贡献，得到了当地士民、百姓的拥戴和怀念。他们是陆润、陆崇礼、陆问礼。陆润（1436—1518），字昌泽，成化二年（1466）进士，历任闽县、清平知县，温州知府。陆崇礼（1562—1602），字孟敦，万历二十六年（1598）进士，历任龙游、平阳知县，卒于任。陆问礼（1574—1634），字仲谋，万历三十二年进士，历任永嘉知县、兵部主事、郎中，擢湖广参政，迁浙臬，升广东布政使，巡抚南赣。

江心屿古松祠

温州市区之北瓯江中心，有一处与鼓浪屿、东门屿、兰屿齐名，并称“中国四大名屿”的风景名胜——江心屿，在古代也叫“孤屿”。谢灵运任永嘉太守，曾登临此地，写下“乱流趋正绝，孤屿媚中川。云日相辉映，空水共澄鲜”（《登江中孤屿》）的名句。这里风光秀丽，人文景观丰富，是来到温州的文人墨客们必游之地。

1934年4月5日，词学大家赵尊岳游览了江心屿，他在日记中写道：“谢亭之次，又为明温州郡守陆公古松祠。祠中有塑像，庙貌肃然，其两旁二像，一为其曾孙永嘉知县陆衷虚，一为其曾孙平阳知县陆衷抑，均有

温州江心屿远眺

德政，故合祀之于一祠，题额曰‘陟庭萦慕’。联曰：‘遗爱难忘一太守，后昆垂裕两曾孙。’亦甚典重。畅游至此，江心寺之胜，庶几尽穷之。”（《赵尊岳集·东南交通周览会第一线游览日记》）

陆公祠供奉的三人，“一太守”是温州知府陆润，“两曾孙”是温州府平阳县知县陆崇礼和永嘉县知县陆问礼，他们出自常熟东门陆氏一族，相隔百年有余，先后来到温州任职，也算一件巧事。不过，祠堂楹联（还有温州的方志和时人的诗文碑记）称“曾孙”并不准确。根据《陆氏世谱》记载，陆润生陆隆恩（字晋卿，号石梅，举人，曾任浮梁县令、福建盐运使同知）、陆荣恩（早卒），陆隆恩生陆朝英、陆朝介（1492—1565，字仲杰，号笔峰）、陆朝献（出嗣），陆朝介生陆一龙（出嗣）、陆一凤（字子韶，号三泉，曾任泉州同知、永春县令）、陆一虞，陆一凤生陆重科（号养质），陆重科生陆崇礼、陆问礼等。

如此看来，陆润实为陆崇礼兄弟的高祖，陆崇礼兄弟是陆润的玄孙。

江心屿的陆公祠建于明代，到民国时仍“庙貌肃然”，保存完好，民众奉祀不绝，陆氏“祖孙伯仲”惠爱之深入人心可见一斑。那么，温州的士民，为什么要为他们建专祠纪念呢？实际上，上述对联已经做了很好的概括。

另外，据当代学者、著名温州籍教授沈克成著述的《温州历史年表》记载：“是年（指明宪宗成化二年，即1466年），常熟陆润（字昌泽，号古松）登进士第，初授闽令，补清平令，皆以循能著声，选为太仆丞，寻转守温州，仁廉明断，一以教化为本。吾郡固多贤明守，其在弘治、正德时则无若古松陆公之为贤。陆润在温九年，屡疏致仕乞归，温州老幼多次泣留，并于谯楼右侧建陆公生祠。”

温州知府陆润

东门陆氏，先世为江阴人。元代末年，时局动荡，陆润的高祖陆治为避祸乱，徙居常熟。

陆润，字昌泽，号古松，明英宗正统元年（1436）九月二十四日生。陆润9岁时，父亲陆侃不幸去世，由母亲范氏抚养成人。

跟同龄人相比，陆润自幼便显得早熟。他对玩耍毫无兴趣，一心要重振祖业，焚膏继晷，刻苦读书，陆家的屋里常常通宵达旦书声不绝。看到孩子这样勤奋，范氏反而担心起来，告诫儿子别过度劳累。为了让母亲安心，陆润先是满口答应，等母亲就寝，再点起灯火，诵读如初。辛勤付出终于得到了回报，明成化元年（1465），陆润参加应天乡试中式。第二年会试，又与同乡李杰、徐恪一起金榜题名。

在出任温州知府之前，陆润先后任福建闽县（今福建省福州市区东部和闽侯县的东南部一带）、山东清平（今山东省临清县和高唐县、茌平县一带）两地知县和一个时期的京官。在闽县，他在听讼方面表现出色。此地人好讼，陆润明察秋毫，断案公正，没有冤狱，也没有积案。有一个叫陈丙的省祭官，跟邻居争墙址，陆润一查，就知道是陈丙仗势欺人，毫无道理，因此断给了邻居。陈丙怀恨在心，放出风声，要报复陆润。陆润把他抓起来绳之以法。从此闽县好聚讼的坏风气也有所改变。清平虽然地处儒学的发源地山东，但文化教育落后，科举上长期空白。陆润就以教育为突破口，从闽浙一带延聘经明行修的士人前来任教，训诲诸生。后来，那批学生中涌现出张天瑞、张鸣凤等人才［张天瑞是明成化十七年（1481）会试的探花，张鸣凤中弘治九年（1496）进士］。从此，清平也形成了重视教育的社会风气。陆润的政绩有目共睹，在考绩中被评为最高等第。任职期满，他升职进京担任太仆寺丞。太仆寺是执掌全国马政的最高机关。陆润到任后，兴利除弊，马政为之一新。他清廉自守，一尘不染。有一次，他奉兵部令携带白银两万两到边地向少数民族买马，任务完成，还有

临清张天瑞墓

400多两羡余，但他没有把它装入私囊，而是悉数归公。

明成化二十二年（1486），陆润由太仆寺丞调任温州知府，第二年到任，弘治九年（1496）离任。在温州的9年，陆润做了大量造福百姓的好事。

温州产银，其中平阳有焦溪山、天井洋、赤岩山三处银矿，都是永乐年间开始开采的。此外，泰顺县也有焦溪银坑。这些银矿的存在，引发了盗匪的觊觎之心，经常发生偷抢事件，影响了社会安定。同时，朝廷征收的矿税，最后多落在民众头上，老百姓往往要为豪猾之徒代缴，弄得苦不堪言。针对这种情况，陆润采用严厉的手段处治，盗匪、豪猾“遂皆屏迹”。《（万历）温州府志》说他“剔奸摘伏，一境肃然”。

过去在别处担任县令，陆润已有明于治狱的名声。到了温州，他在这方面尤其用心，该严格的就严格，该宽仁的就宽仁。乐清县有郑、赵两个大户人家，一向就有矛盾。在陆润到任之前，有一年端午，郑家准备了一支龙舟队，要参加龙舟赛。而赵家得知消息，打算派船守候在江边，伺机袭扰，不让郑家赢得比赛。在比赛过程中，赵家的人把另外一条龙舟误认为郑家的，驾船追赶，不料那条龙舟触礁倾覆，淹死了十几个人。郑家就写了状子，告赵家导致了这场惨祸，要求严惩赵家。官府裁定赵家三个人抵命，收押在监。陆润查阅案卷，发现了这个案子存在疑问。通过调查，摸清了情况，说：“这是龙舟自己撞到礁石上，凭什么让赵家人抵命呢？”把三个人释放了（此案具体情况，吴一鹏《明故中顺大夫温州府知府致仕奉诏进阶三品古松陆公墓志铭》与王继明《重建温州郡守古松陆公祠堂记》所载有异，这里主要采用墓志铭）。人们普遍认为，陆润的处置公正合理。

当时，东南沿海地区已经受到倭寇的侵扰。有一次，倭寇夜袭瑞安巡检公所，造成损失。有些官员主张：巡检公所的官员贻误军机，应判死罪。陆润说："倭寇有数千人，巡检公所上上下下不到百人，对抗那么强大的敌人，无异于以肉投虎，以卵击石。况且巡检公所没有修筑城堡，无险可守。巡检也不是将官。于法于理，不应该判死罪。"最后，督抚采纳了陆润的意见。

温州山多水多，一江阻隔，两岸难通。为此，设了许多渡口，但问题不少。《（万历）温州府志》说："五邑津渡，惟瑞安飞云江、乐清馆头江为最险，盖为往时舟少，而争渡者众，以故中流遇风，屡至覆溺。"这里提到的两处渡口，都是温州境内的交通要道。飞云渡在瑞安城南门外（今瑞安港区中部），是飞云江最大的渡口，自古以来就是瑞安、平阳两邑和浙闽两省商贾行客必经的交通要津。馆头江（又作琯头江）一名横春渡，在乐清县西南，是瓯江入海口。凡是官民商旅来往温州，都要在这里坐船。陆润深入调查后，明白关键原因有两个，一是乘客超载严重。其超载的原因又在于过江的人多而渡船太少，船夫为了多赚钱，就不顾危险，载客越多越好。二是当时用的渡船都是帆船。这两处水深流急，一旦风大，加上超载，极易船翻人亡。陆润对症下药，一方面用羡余的公款添置新船若干，提高运载能力，另一方面严格规定不准使用帆船，从而消除了隐患。他离任后，管理有所松懈，又发生重大安全事故。负责任的地方官员所做的，基本上是重拾陆润的办法［见《（嘉靖）瑞安县志》卷二载瑞安县令刘畿事、《（万历）温州府志》卷一载乐清知县俞文荣事］。

温州古街区儒英坊

陆润还主持了多处海塘、桥梁、水利等工程。比如，他发动民众修筑捍海石堰一百余里，一方称便。王继明《重建温州郡守古松陆公祠堂记》里说："余童时，长者往往为余言而所居里，其南为济民桥，逾岭而西为莲花埭，皆公之遗也。"莲花埭在今温州鹿城区，它"蓄泄建牙诸乡水，御咸潮，防水旱"[《(光绪)永嘉县志》卷二]，是一处功能重要的水利设施。在他离任的那一年，仍修筑或加筑了两个陡门（即斗门，堤堰的配套设施，用以控制水的蓄泄）。《(嘉靖)永嘉县志》卷一："石墩陡门，在九都石屿村，弘治九年郡守陆润修筑。上立石桥三间，旁砌石埭。"同卷："瞿屿陡门，在九都，左负岩，右邻浦，因山脚岩石为之，右臂又有埭以扦浦。宋郡守杨简修筑右臂石塘，更存新埭以为外护。弘治九年，郡守陆润加筑。"这些基础设施，在以后发生水旱灾害时，"功益显白"，让民众"鼓舞追思"（见王继明《重建温州郡守古松陆公祠堂记》）。

今日温州

陆润治郡，以爱民为本。明弘治三年（1490），温州一带因天灾发生了严重的饥荒。陆润全力投入救灾工作中去，还拿出俸禄，买米熬粥，赈济嗷嗷待哺的饥民。大灾之后有大疫，第二年疫情爆发，陆润再次捐出俸禄施药，并亲自查检医书，合成药剂，救活的人不计其数。

陆润自奉甚薄，而捐俸为善却是常事，而且不是救灾应急才这么做。温州学宫年久失修，部分建筑倾圮，陆润说："治民事神，是知府的本分。"带头捐俸重修。诸如此类拿出私囊从事公益活动的例子，实在是很多。

9年任职期满，陆润屡次上疏，请求致仕归田。尽管温州父老热情挽留，但陆润确实年事已高（60周岁）。经朝廷批准，陆润回到了家乡常熟，跟李杰、沈海结成"三老会"，过起了优游林下的生活，直到明正德十三年（1518）去世，享年八十三。

他的后任是河南人康厚。这位新知府的所作所为跟陆润形成了鲜明的对照，温州百姓更加体会到陆润"廉平不苛，敦本而尚实"（王继明《重建温州郡守古松陆公祠堂记》）之政的好处。吴一鹏《明故中顺大夫温州府知府致仕奉诏进阶三品古松陆公墓志铭》载："后有康姓继公者，大失民望，民益追思公，至有嘉'鹿'秕'糠'之谓，而为之立祠建碑，惟恐或后。"民众争先恐后集资修建的陆润生祠在城内谯楼之右，他们还在那里立了赵谏撰文的去思碑。多年以后，祠宇渐圮，温州士民又在江心屿江心寺旁建了新祠，这就是400多年后赵尊岳所见到的那座陆公祠。

平阳知县陆崇礼

历史常常有惊人巧合的一刻，差不多百年以后，温州的百姓又等来了陆润的后人担任父母官，这第一个便是陆润玄孙、平阳知县陆崇礼。

陆崇礼，字孟敦，号衷抑，明嘉靖四十一年（1562）生。陆问礼，字仲谋，号衷虚，万历二年（1574）生。自陆润开始，东门陆氏"家世仕宦，高闳绰楔，峻峙里门"（钱谦益《明故文林郎浙江温州府平阳令衷抑陆公墓志铭》），但兄弟俩的父亲陆重科仅是生员，门户单薄。两人跟陆润一样，从小就发愤读书，勤奋刻苦。不同的是，他们能相互切磋，彼此启发，获益良多。陆崇礼于万历二十五年中举，万历二十六年中进士；陆问礼于万历二十八年中举，万历三十二年中进士。兄弟俩的科举之途，可以说都是顺风顺水。

陆崇礼踏上仕途的第一站，是任职福建龙溪知县。龙溪是漳州府的附郭县，也是闽西南地区的政治经济和文化中心。但附郭县与州府同城而治，顶头上司就在一个城里，难免受到这样那样的约束，知县往往听候差遣，疲于奔命，因此这样的知县向来被视为畏途，以致后来有"三生不幸，知县附郭"的俗语。据《(乾隆）龙溪县志》，陆崇礼于万历二十七年（1599）到任。果然，龙溪地方"奸利丛剧"（钱谦益《明故文林郎浙江温州府平阳令衷抑陆公墓志铭》），极难对付。但陆崇礼竟如老吏，"据案判读，飒如风雨。辟名挢令，不沟而辨。邪民谲吏，皆捧手缩舌"（同上）。

龙溪风貌

明神宗朱翊钧是个很喜欢

钱的皇帝，他上任后一直担心地方上缴的税额有藏私，所以向全国各地派出宦官做税监来督理税务，以保证税款的足额上缴。这些人被称为“榷吏”，早在唐宋时期就有了，当时主要是指掌管食盐、茶叶、铁、酒等专卖品交易的官员。宋代诗人王翊龙《煎茶》诗中头两句就是“春霆发蕾抽新馥，榷吏穷搜不容粟”，道出了普通种田的老百姓在榷吏逼迫下的辛酸。而到了明万历间，榷吏就彻底变味，由于宦官深得皇帝的信任，政治地位很高，除了皇帝基本无人可管，成为皇帝敲诈百姓的代理人。万历二十七年（1599）闰四月，朝廷派太监高寀作为榷吏，税监督理税务。

高寀，顺天文安（今河北省文安县东北）人，明神宗时宦官，任御马监丞。他为使阳道复生，派爪牙购买大量儿童，碎颅刳脑以食，并整日与歌女房中“相逐为戏”，备极荒淫，最初为万历娈童，和万历皇帝及嫔妃共卧龙床，据传喜食男童脑髓。据史书记载，高寀所住的“税署池中，白骨齿齿”。高寀在福建一干就是16年，可以说，除了奸淫妇女没法做之外，恶事做绝。

而这个时候，陆崇礼刚好在龙溪任知县，于是和高寀在工作上有交叉。偏偏陆崇礼少年老成，时时处处在气势上压倒他。他还曾在高寀的宅院旁边对其为虎作伥的手下爪牙大加呵斥。高寀表面上笑脸相迎，内心却由此对陆崇礼恨之入骨，但无计可施。当时高寀还有一个爪牙到一个叫石马的地方去收税，激起民变，这个爪牙逃回后向高寀哭诉。于是，高寀叫手下把石马地方发难的老百姓抓起来。这个地方是属于陆崇礼管辖的地方，陆崇礼认为老百姓闹事主要是这个爪牙做事太绝，所以他坚决不主张把为首的老百姓抓起来。高寀素来惧怕陆崇礼，看看无计可施，便使出阴招，以抗拒收税为名写了告状信派人送到京城。就在陆崇礼处于十分危险境地的时候，以正直著称的福建巡抚金学曾得知事情真相后，立即派人把告状信给追了回来，从而使得陆崇礼死里逃生。

周起元影视形象

至万历四十二年（1614），因为税监高寀在福建横征暴敛，胡作非为，恶贯满盈，著名清官、明代“后七君子”之一的周起元愤而上《参税珰高寀疏》，为民请命，最终高寀被召回京。周起元（1571—1626），字仲先，号绵贞，福建漳州府海澄县（今福建省厦门市海沧区）后井村人。万历二十八年乡试第一，翌年中进士。授江西浮梁（今景德镇市）知县，值豪强阴谋吞书院，周起元执法公平公正，坚决抵制之，终于保住书院。后历南昌知县、湖广御史等，以廉惠著称。天启六年（1626）九月，周起元被魏忠贤杀害。

高案告状之事以后，陆崇礼并不因此有所退让，一如既往，依法办事，爱民如子。陆崇礼离开龙溪后，龙溪百姓在县城东门外建祠纪念。

明万历二十九年（1601）[按：此据《(隆庆）平阳县志》与《(康熙）平阳县志》卷五，《(康熙）平阳县志》卷二“二十六年，令陆崇礼……”显然错误]，陆崇礼调任浙江温州府平阳县知县。当时平阳经历了倭寇长期的侵扰，许多百姓躲避战乱，逃亡在外，田地荒芜，民生凋敝。见到平阳这样一种状况，陆崇礼忧心如焚。他想方设法，吸引流民回到家乡，田地被人侵占的，全部还给原主，苦心筹划运输粮食，反复核算财经事宜，计算哪些地方可以减省。这样夜以继日，积劳成疾，竟于万历三十年三月十二日卒于任上，年仅41岁。

陆崇礼夫人王慕贞，为赠郎中王维城女，生有四子廷祯、廷祥、廷祚、廷佑。陆崇礼在平阳任上去世后，王慕贞千里迢迢将夫君灵柩运回常熟，途中过江遇到大风，船几乎翻掉。王慕贞回到常熟料理完夫君后事后，矢志守节，历尽千辛万苦将几个子女抚养成人，后其事迹上报后，于明崇祯四年（1631）受到朝廷旌表。

尽管在任时间很短，谈不上有多少突出的政绩，但平阳百姓对陆崇礼如何为他们操心看在眼里，知道他为什么英年早逝，对他的恩德感念不已。所以江心屿陆公祠建成后，就把陆崇礼陪祀其中。

永嘉知县陆问礼

陆崇礼去世3年之后的明万历三十三年（1605），其胞弟陆问礼也来到温州，出任永嘉县知县。据王继明《重建温州郡守古松陆公祠堂记》载：“今令君陆侯适来知永嘉，询之知为侯曾王父，一郡尽欢，谓郡公固尝惠养吾属，今令公又修公遗政以福公之遗民。”民众得知陆问礼就是陆润的

永嘉罗浮山砚台岩

后人，“一郡尽欢”，或许略有夸张，但凭陆润遗爱在人心，受到广泛欢迎应是合乎情理的。而陆问礼自己也很珍惜东门陆家与温州的缘分，意识到作为陆润后人的特殊责任。他在《拜谒先祖陆公祠》诗：“当年作牧著循良，祠卜江心流泽长。碑近砚山常堕泪，草生孤屿尚飞香。”诗中的“作牧”即指先祖陆润任职温州知府，“著循良”就是指陆润是一个百姓拥戴的清官廉吏。“砚山”，即指温州府永嘉县的罗浮山，和江心屿相对。

在永嘉县任职期间，陆问礼曾经为永嘉人王光蕴所著《江心志》作序。王光蕴和常熟也有一段渊源。王光蕴（1540—1606），字季宣，号玉洞，明嘉靖四十年（1561）进士，历任宁都令、宁国府同知、衡府长史等。万历三十年（1602）进阶朝列大夫。为官关心民瘼，能为民办事，调离宁都时士民送德政匾，立去思碑。平生纂有《（万历）永嘉县志》17卷、《（万历）温州府志》18卷、《江心志》6卷及《太玉洞天藏稿》10卷等。王光蕴的父亲王叔果，为官清正，曾说：“为天下惜财，不必藏于己；为天下任事，无宁迂其身。”王光蕴的叔父王叔杲，于嘉靖四十三年任常熟知县，至嘉靖四十四年离任。任内恪尽职守，政绩卓著。王叔果、王叔杲兄弟俩为抵御倭寇，曾在浙江省温州市建有著名的永昌堡（位于今温州市龙湾区永中街道），至今尚存。2016年11月，中纪委网站曾为王叔杲“点赞”。

陆问礼从小饱读诗书，熟悉历史，王光蕴家族和常熟的关联，想必一定是一清二楚。陆问礼在《江心志》序中写道：

东瓯山水佳胜，甲于越地，而孤屿居一焉。孤屿在大江中，一碚嵝青螺髻耳，而险峭横绝，四顾空奇。双窣堵坡直挂青汉，凭巅远瞩，则云物吞吐，鱼龙出没，变现无际，足荡人心胸。又以近接瓯城，方舟可涉，故高贤旷士、古德名缁，游踪所至，无不携谢朓惊人诗来，搔首欲问青天。昔时谢康乐、孟襄阳辈品题丘壑，点缀江山，流传胜概，并托山灵，此志所由纂也。予祖古松公叨守兹郡，惠政治人，众心思慕，至今弗谖。予又承乏东嘉，克绳先轨，父老追崇曩迹，为建一祠于孤屿之麓以祀予祖。予时来瞻谒，停车登眺，心殊乐之。昔羊叔子爱岘山风景，酣意游适，至谓人曰："吾百岁后，魂魄犹应登此。"后人见岘山碑，每为堕泪。杜预征南纪功，手摹二碑，一置万山之上，一沉万山之下，欲使沧桑虽变，此碑常在。予即不敢步二公后尘，而祖孙兄弟后先宦辙，似与东瓯山水有缘。得分江心片席地为五马尸祝之场，则斯屿也，虽谓予祖之岘首，可也。庶几托此志以不朽，无用沉碑万山为矣。[《(光绪)永嘉县志》卷二十六]

陆问礼在永嘉前后五年，德政不一而足。就职满三年，按惯例要进京述职，接受考核。刘康祉在代人撰写的《永嘉陆令君考绩叙》中用六个字概括陆问礼三年知县的主要特征。

首先是"敏"。永嘉，向来被称为"岩邑"，五民杂处，俗厖言烦，狱讼繁多。陆问礼由一介书生，直接踏上这样一个岗位，要担负起治理一县的责任，应对繁难的政事，显然是一大考验。但跟陆崇礼一样，他似有天授，审理案子，"擘肌析理，悬中肯綮。辨强者喙不伸，而弱呐者嗉毕吐"，当得起"敏"字。

第二个字是"靖"。靖，即安定，不扰民。永嘉的风俗崇尚奢侈，瞧不起俭啬。陆崇礼出于"以侈靡驾天下"的吴地，又生于巨室，但出乎士民意料的是，他衣着朴素，饮食简单。永嘉物产丰富，换了有的人可能会征索无厌，陆问礼却如同到了贫瘠的地方，除了满足必须承担的上供所需，决不多取一分，更不取一丝一毫自润。因此，在他任内，永嘉百姓没有疲于应付之感。

第三个字是"平"。平，即公平公正。永嘉产盐，曾有规模很大的盐场，《(光绪)永嘉县志》卷首附录《永嘉场图说》云："永场素饶鹾业。"从事盐业的人口和从事农业的人口本来大致相当，后来因为行业的消长和税收政策等的影响出现变化。盐户可以规避一些赋税徭役，而那些赋税徭役就转嫁到了农户的头上。许多人无法承受重压，转而从事盐业，这就导致钱粮、徭役难以完成。陆问礼“标之以廉，剂之以中，不催科而入足”。“剂之以中”的具体措施，由于史料缺乏，无法了解，但可以推知大体，就是让不同行业公平地承担应有的责任。

第四个字是“慈”。永嘉的穷苦百姓走投无路之际，被迫向豪门大族借高利贷，“母一而子什”，每每利上滚利，直到倾家荡产甚至家破人亡。陆问礼出面劝说富户网开一面，对举债者则“寒以燠，槁以滋”，改善了他们的处境。永嘉的风俗重男轻女，常常溺毙女婴。有人因为穷困无力养活孩子，有时连男婴也要溺死。陆问礼慈悲为怀，自己编了劝诫性质的歌谣，让人传唱，晓之以理，动之以情，百姓深受感动，因此而“所全无算”，许多免于溺死的孩子的名字里往往有“陆”字。

第五个字是“教”。在历史上，永嘉是温州的历史之根、文化之源，永嘉学派（相关人物不限于永嘉县）、永嘉四灵在思想史、文学史上赫赫有名。但到了明代中后期，“小人浮，君子惰”，就算是学，学的也无非是盯着功名利禄的“帖括”之学，对“三德六物与精义穷神之旨”毫无兴趣。陆问礼从重修废坏的历代名儒祠庙入手，再修文昌会馆，建文昌阁，甚至亲笔撰写《建永嘉县学文昌阁碑》。通过这一系列举措，让不读书的人对文化产生敬意，让士子知道应该做怎样的读书人。于是“士翕然向方，惰者趋学，学者趋实”，扭转了风气。

第六个字是“诚”。《永嘉陆令君考绩叙》记了两件奇事。一件是遇到大范围的旱灾，陆问礼虔诚地求雨，结果连日甘霖，农田沾足，邻县灾情严重，而永嘉竟全无影响。还有一件是永嘉多山，过去山中有虎，侵害人畜。陆问礼来了之后，有人看见老虎背着幼虎过河，不知去向。终其任，再无虎患。进山樵采的山农，再也不必为人身安全提心吊胆了。永嘉百姓相信，这都是知县心诚所致。

总之，在刘康祉看来，“陆侯全德之人也，静而威，朴而通，廉而不刿，刚而不陵，宽而不弛，名高而色若不足，恢乎未有涯也”。当时永嘉县学生员、万历四十七年（1619）传胪周应期在后来撰写的《陆公生祠记》中总结陆问礼的德政，正好可以和刘文相印证：“夫勤政慎罚，宽徭缓赋，乃师常事，不具论。如课士有程，字氓有惠，御胥吏有威，酬接士大

永嘉古建筑

夫有度，禁溺女，瘗骴骼，殄歼群不逞，咸有恩有法。赤丸、白羽，不至于郊，猛虎、蜚鸿，不至四境。下逮穷檐单赤，若挟纩、若游胥台者，谓秋毫非师赐不可也。”

任职五年后，因政绩突出，陆问礼升任新职，要离开永嘉了。永嘉士民“攀辕卧辙”，依依不舍。离开之后，仍“念师不去口，更不去心”（周应期《陆公生祠记》），在江心屿为他建了生祠，后又合祀于陆公祠。以后，陆问礼历官兵部主事，又转郎中，升任湖广参政，在每一个岗位上，都做出了不凡的业绩。

附录：常熟市发现明温州知府陆润夫妇合葬墓（常利平、金剑芬、俞家平）

1990年10月15日，常熟博物馆在虞山周围监督取土工地时，发现一浇浆墓露出，并在其上方已挖出青石墓志二合。根据出土的墓志，知道墓主为明代温州知府陆润夫妇，正德时期入葬。……

该墓位于虞山北麓，桃源涧与石屋涧之间的陆家山山坡上，海拔约50米。相传此山漫山种植桃树，当桃花盛开时，山泉汇注，飞湍下泻，泉水夹花片而下，尤为奇观，桃源涧由此而名。往东约500米为虞山林场报慈工区的钱家宅基，往北有著名的齐梁古刹——兴福寺。

……

据出土墓志与民国年间丁祖荫编《重修常昭合志》载：陆润，字昌泽，号古松，祖籍江阴。元时，高祖因躲避战火而迁居常熟。他生于明正统元年（1436年），成化丙戌（1466年）登进士第，历任闽县、清平知县、太仆寺丞，最后升为温州知府，卒于正德戊寅（1518年），年八十有三，葬于虞山普照原，与其配马安人合兆。在其官宦生涯中值得称道的有：在任山东清平知县时，很有眼光地聘请闽浙的老师为当地的学子教授，使当地落后的教育状况得到改观；位居温州府知府的九年中，极力整治银矿以防盗窃，修筑石堰以防潮汐。“年老赐归，其民挽留之不得”、“满九载，中蜚语，罢归”，都显示朝廷和百姓对他这个地方官吏的肯定。……

陆润妻马安人，讳素净，常熟马以良（号益庵）女，生于正统戊午（1438年），卒于弘治乙丑（1505年），正德戊辰（1508年）葬。志述：太守公迁太仆寺丞，安人获受今封，太守公擢知温州郡，俸入稍裕，安人不以贵富易节，□礼之奉一如其初，性喜蓄精粗之物，未尝□贵……子二人，长子陆隆恩，字晋卿，号石梅，举人，历任浮梁、江华知县，累迁福建盐运司同知。次子荣恩，早卒。另据严讷撰《陆朝介暨配汤孺人合葬墓志铭》和钱谦益撰《陆崇礼墓志铭》：陆朝介（1492—1565年），字仲杰，号笔峰，陆润孙；陆一风，字子韶，号三泉。陆润曾孙，官至泉州府同知；陆崇礼（1572—1602年）（钱谦益述陆崇礼卒于万历二十年为三十年误），字孟敦，万历二十六年进士，知龙溪、平阳县令；陆问礼，字仲谋，万历三十二年进士，官至广东布政使，与陆崇礼同为陆润五世孙。可见，陆氏为明代时期常熟的名门望族和显宦。

……

陆润夫妇合葬墓的发掘是继中宪大夫建宁知府张文麟子张二桁夫妇、封承事郎刑部主事程景和夫妇（工部尚书程宗父母）墓以后常熟又一次明代墓葬的重要发掘，能更详尽地了解陆润的事迹，对研究其本人、陆氏家族和补充地方史料有较大价值。

（摘录自《常熟市虞山明温州知府陆润夫妇合葬墓发掘简报》一文）

（朱新华）

主要参考文献：

1.（民国）陆氏世谱［M］.1935.

2.（明）吴一鹏.明故中顺大夫温州府知府致仕奉诏进阶三品古松陆公墓志铭［Z］.拓片.

3.（清）钱谦益.明故文林郎浙江温州府平阳令衷抑陆公墓志铭［Z］.拓片.

4.（明）张璁.（嘉靖）温州府志［M］.嘉靖刻本.

5.（明）王叔果.（嘉靖）永嘉县志［M］.嘉靖刻本.

6.（明）王光蕴.（万历）温州府志［M］.万历刻本.

7.（清）张宝琳.（光绪）永嘉县志［M］.光绪刻本.

8.（清）李登云，（清）钱宝镕.（光绪）乐清县志［M］.民国刻本.

9.（明）刘畿修；（明）朱绰纂.（嘉靖）瑞安县志［M］.嘉靖刻本.

10.（明）朱东光修；（明）侯一元纂.（隆庆）平阳县志［M］.隆庆刊康熙间增抄本.

11.（清）吴宜燮修；（清）黄惠，（清）李畴纂.（乾隆）龙溪县志［M］.乾隆刻本.

12.金柏东主编.温州历代碑刻集［M］.上海：上海社会科学院出版社，2002.

13.（明）刘康祉.识匡斋全集［M］.顺治刻本.

14.赵尊岳.赵尊岳集［M］.南京：凤凰出版社，2016.

15.（明）明故陆季荣室龚孺人墓志铭［Z］.1990年出土.

市心时氏

躬自敛饬　政尚清严

时姓是一个十分古老的姓氏，据《(万历)常熟县私志》“叙族”记载，常熟时氏家族的先祖为唐末徐州牧时溥。至宋代，有时溥后裔为将仕郎。后有时太初者，字大本，为将仕郎之后裔，迁居白下(今江苏省南京市城区，今南京城区一带犹有时家村)。至元代，有时福四居常熟城区市心里(今和平街一带，旧时分为南市心、北市心)，所以这一支称为市心时氏。500多年来，常熟市心时氏在常熟繁衍生息，人才辈出。这其中，以明代中期进士的时中最为著名。时中家父子四官，清直美名，为人传扬。虽然他们家业萧条，但为里人所崇敬。

古老姓氏　源于时邑

时姓氏族公认的祖先是宋国公子来。按照《史记》和《世本》的记载可以得知，帝喾的后裔契被赐予子姓，而他的第十四世孙成汤建立了商朝。在周武王灭商之后，纣王的儿子武庚禄父受封于旧都城殷，掌管商朝的遗民。在三监之乱的时候，武庚战败被杀害，周公就按照成王的命令，将纣王的哥哥微子启赐封于宋，而他的后裔公子来最终又被赐封于时邑，所以其后人以邑为姓，形成了时姓氏族。

时氏族谱

时姓名人有被孟子推崇备至的齐国贤人时子，以及赵国的谒者仆射时轨，汉代“去官留犊”的寿春令时苗，还有唐代以孝行见称的时惠询等。唐代另有时溥（？—893），徐州彭城（今江苏徐州）人，行伍出，历任徐州牙将、节度留后、武宁军（感化军）节度使。唐中和四年（884）六月十五日，唐末农民起义领袖黄巢在山东狼虎谷（今山东省莱芜市西南）被杀，起义失败。时溥功居第一，诏授检校太尉、中书令、钜鹿郡王。景福二年（893），朱温手下庞师古攻克彭城，时溥全家自焚于燕子楼。以后，时溥后裔广泛分布于全国各地。

至南宋时，由北方迁居江浙一带之时姓名人渐多，如时光、时建亨父子由河北大名徙居江苏镇江。明初，山西时姓作为洪洞大槐树迁民姓氏之一，被分迁于山东、河南、河北、北京、天津、江苏、安徽等地。节义堂即为明初常熟时姓的代表，据史料记载，节义堂为时琳奉母蔡氏所居之所。

明初，海虞有时澄（字宗渊）者，名动城乡，准备入赘同里蔡氏。婚礼前夕，被兄长犯事连累，逮送滇南戍边。蔡氏遂杜门独与母亲居住，住的是偏僻的房子，吃的是粗茶淡饭，苦等夫君回归的初心不改。蔡氏生活虽然清苦，侍奉老母却尽心尽力。母亲去世后，依礼制办理丧葬事宜。这一切感动了远在边陲的时澄（他已在滇南娶妻生子），永乐初年，感念蔡氏独居守志的品德，他命长子文英回乡侍奉。蔡氏对文英抚爱有加如同己出，使文英从乡里张以平先生读书。文英笃志问学，学业长进，孝顺蔡氏也如同生母。先生对文英说：“你嫡母守妇道，而父亲命你不远万里归养，可谓尽节尽义者矣。可将‘节义’二字作为堂名。”文英遂请吴讷作《节义堂记》，将这一感人的事迹永远流传。从此，文英朝夕观览，问学益加勤勉，并日盼父亲归老故乡，孝养于节义堂之上。此一节义双全的事迹，是明代时姓为官群体的先声。

历代时姓家族高度重视家风培养，通过确立家规家训，督促培养子孙后代勤俭持家，好学向上，仁爱为先，团结友爱，遵章守纪，尊老爱幼。兹将清光绪戊寅年（1878），无锡时氏家族时元福修撰毗陵锡山敦朴堂、端复堂《时氏宗谱》（共14卷，木活字本）中有关家族遗训数则摘抄如下：

1. 积善之家必有余庆，积不善之家必有余殃。凡为子孙者，当戒其所余，尤当慎其所积。

2. 立身以忠孝为本，居室以勤俭为先，耕读是两行正路，仁厚是一点生机。

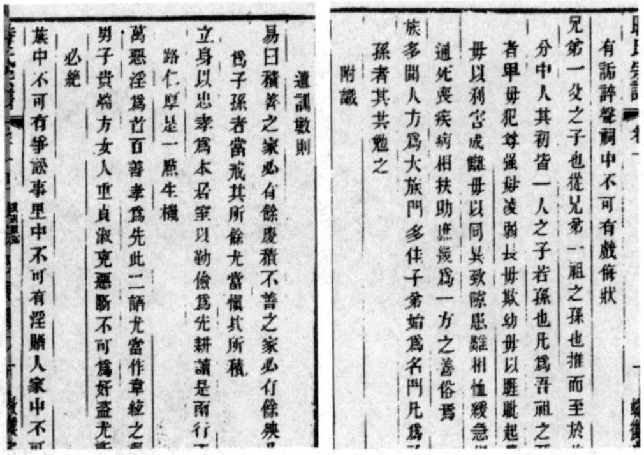
遺訓數則
易曰積善之家必有餘慶積不善之家必有餘殃
爲子孫者當戒其所餘尤當愼其所積
立身以忠孝爲本居室以勤儉爲先耕讀是兩行
路仁厚是一點生機
萬惡淫爲首百善孝爲先此二語尤當作韋絃之
男子貴端方女人重貞淑兇惡斷不可爲奸盜尤
必絕
族中不可有爭訟事里中不可有淫賭人家中不
有訴誶聲祠中不可有戲侮狀
兄弟一父之子也從兄弟一祖之孫也推而至於
分中人其初皆一人之子若孫也凡爲吾祖之
者卑毋犯尊强毋淩弱長毋欺幼毋以睚眦起
毋以利害成讎毋以同異致隙患難相恤緩急
通死喪疾病相扶助庶幾爲一方之善俗焉
族多聞人方爲大族門多佳子弟始爲名門凡爲
孫者其共勉之
附識

时氏遗训

3. 万恶淫为首，百善孝为先，此二语尤当作韦弦之佩。男子贵端方，女人重贞淑，凶恶断不可为，奸盗尤所必绝。

4. 族中不可有争讼事，里中不可有淫赌人，家中不可有诟谇声，祠中不可有戏侮状。

5. 兄弟，一父之子也；从兄弟，一祖之孙也。推而至于族分中人，其初皆一人之子若孙也。凡为吾祖之孙者，卑毋犯尊，强毋凌弱，长毋欺幼。毋以睚眦起衅，毋以利害成仇，毋以同异致隙。患难相恤，缓急相通，死丧疾病相扶助，庶几为一方之善俗焉。

6. 族多闻人，方为大族；门多佳子弟，始为名门。凡为子孙者，其共勉之。

进士时中　一代名宦

常熟市心时氏第一代时福四（生卒年不详），元代人，平生深研经学，博学多才，工诗。与杨载（1271—1323，字仲弘，福建人）子寿道相友善，为文字交。曾经为官海昌县（今浙江嘉兴海盐一带）。

至明永乐初，有市心时氏家族时福四的后人时锭，字宗重，为官后从常熟还住南京。以后，又跟随明成祖朱棣迁居至顺天之大兴（今北京市一带）。时锭有子时洪，号复庵，后以子时中贵，被封为绛州知州。

时中（生卒年不详），字大木，号庸斋。少年时即研究《易经》之学，观察万物的根本规律，在当地颇有名气。明弘治二年（1489），时中以顺天府大兴县籍成为举人，试卷被梓行传阅，作为答卷的典范。翌年，时中

今日曲沃风光

高中进士，登二甲第24名。因为思念南方，时中登第后遂还居常熟。

明弘治五年（1492），时中授绛州（辖境相当今山西曲沃、稷山、新绛、绛县等地）知州。绛州这地方，多宗室藩王，这些藩王及其下属常颐指气使干预地方政务，横行乡里，因此此地历来为官吏难以治理之所。时中就任后，一身正气，励精图治，秉公执法。他对地方宗室藩王、太监的犯法处置毫不留情，那些宗室藩王因此有所收敛，不敢违法。自此，境域治安环境良好，同时不法分子大为减少，民众生活和社会秩序也随之安宁。鉴于出色的政绩，朝廷考绩台官先后6次推荐提拔时中。在绛州任职5年后，时中调升南京工部员外郎。临行之时，绛州民众自发夹道为时中送行，道路几被拥塞。

时中在工部任职时身体力行，清廉有加。有一次有一名太监有事求他，派一个小太监给他送贿赂，他坚决拒收。因为出色的政绩，时中受到上司的看重，不久又由南京工部员外郎调任南京刑部员外郎。时中在刑部任职时，凡案牍都亲手拟写，不用胥吏代笔，避免部下贪赃枉法。后丁忧，再补原职。时中为官事必躬亲，特别是冤案疑案，都要自己认真审查，在他审理下，一些冤案被平

时中拒贿图

反。后时中升任山西按察使佥事，具体负责提督屯粮、屯田开荒，由于时中办事认真，得罪了当朝宦官、一代大奸臣刘瑾。因为当时刘瑾大权在握，横行当道，许多当朝官员都前去巴结讨好他，但时中正气凛然、秉公办事，一点都没有讨好的意思。刘瑾怀恨在心，诬称时中失职，随即矫旨将他贬至衡州府（今湖南省衡阳市）任通判，受知府王纶的领导。佥事是正五品，通判是正六品，直接降了两级。随即，王纶分配他负责查阅长沙诸粮库的管理情况。在任上，时中认真查阅历年来的档案资料，很快对衡州府粮食系统的基本情况了如指掌。当时，有宝庆府（今湖南邵阳市一带）通判毕某在粮食的收运和储备方面有明显的贪赃枉法事实，时中发现后及时向上级报告，坚决予以法办。

后时中又升任严州府（属浙江承宣布政使司，府治建德，辖建德、寿昌、桐庐、分水、淳安、遂安6县）同知，任内一如既往，尽心尽职。刘瑾多行不义必自毙，于明正德五年（1510）伏诛。不久，时中官复原职，转任广东清远兵备佥事。清远一带历来为瑶族、壮族聚居之地，常有土匪骚扰。一次，他们攻击连州县城，时中很快领兵平息，被上级记功，升副使（正四品），领海南兵备。海南为黎人聚居地，山中险要，天高皇帝远，时常有土匪居住在山洞里，他们出没无常，大肆抢劫，时中恩威并济，使他们不敢再放肆。在海南任职期间，有一个指挥徐某因为犯罪的事情败露，即将被宣判执行，徐某于是在一个深夜拿了黄金给时中，请求能够从轻发落。时中大义凛然，坚决拒绝，将徐某绳之以法。从此，当地歹徒迫于他的威势，都不敢胡作非为。地方安定了，百姓安居乐业，他的清严之治，也声名远播。

时中先后为官长达36年，后于嘉靖五年（1526）以年老致仕归里。回乡后，他始终与兄长时谨按伦理道德行事，一点不越规矩。他曾召集子女于一室，向他们讲解处事的方法和道理。在家里，他特别要求家人吃穿用度务必简易，体现出他坚守清贫的高尚品德。时中还时刻告诫自己的子孙：不要以官宦人家自居，要以清贫为本。时人称他“居官有治绩，居家有伦行”。时中去世后，入祀常熟乡贤祠。

时中有子六：春、夏、秋、冬、雨、旸。

身后三代　承前启后

时中长子时春，字元甫，明嘉靖七年（1528）举人，任鸡泽县（辖境属今河北省邯郸市一带）知县。任内忠于职守，办事有主见，深得民望。回家时两袖清风，处之泰然。

时中次子时夏，字亨甫，号二湖，明正德十四年（1519）举人，出任江山县（今属浙江省）知县。江山县位于浙、闽、赣三省交界处，山高地险。初到任时，时夏见这里山区老百姓十分贫困，还要为官府服役，不堪重负，就规定免去官役，减轻百姓负担，因此受到百姓的拥护，当地社会治安也大为好转。时夏同时弘扬司法正义，法不阿贵，坚持秉公执法。在每一次审案过程中，时夏见有被判死罪者，必细阅案卷，并实地调查研究，绝不冤枉一个好人。当时有一人已被判死罪，经过时夏认真调查，为他洗雪冤屈。此人为了感恩，特地到时夏府上感谢，并带来金银相赠。时夏正色道："我为你平反，活你性命，难道是为了金银吗？"来人被斥，只得灰溜溜退下。时中、时夏父子两斥金银，被传为美谈。在维护司法公正的同时，时夏尽力改善人民群众的生活。他带领人民开垦荒地，扩大粮食种植面积，解决人民群众的温饱问题。时夏在任内尽心尽职，属下官吏见之无不肃然起敬，老百姓对他也十分爱戴。

时夏有子三：达行、志行、壮行。

时中第五子时雨，字润甫，号五浦，明嘉靖四十五年（1566），时雨在北京大兴考中学贡，曾任潞城教谕（今山西省长治市潞城区）。

时达行，字义卿，号湖亭，从小刻苦好学，长成后补为京兆弟子员，学习成绩常常为全班第一。后来有人对他说："你父母亲年纪大了，你要继续努力啊。"明嘉靖三十四年（1555），时达行不负众望，成为廪生。万历三年（1575），时达行通过会试，成为贡士，随即成为顺天府学、安徽祁门县教谕，在任上兢兢业业。六年后的万历九年，又改为吉水县教谕。万历十七年，时达行成为南昌府教授，期间全力以赴，把主要精力都用于教育学生。由于时达行学识渊博，且爱护学生，学生都对他十分佩服。时达行曾著有《人伦之鉴》一书。江西行省布政使守道（副职）写了一本个人著作，他指定一定要请时达行润色。时达行还参与江西行省《江西省大志》的编修工作，亲力亲为，裁定门类和具体文字，可谓花了大量的心血。时达行致仕归里后，开始修订时氏家谱。由于时达行德高望重，被乡里推为大宾（组织乡饮、祭祀等）。

当初时达行还在北京的时候，有一个叫何奉的常熟人，从小和邑人探花瞿景淳十分要好，两人是“发小”。何奉曾千里迢迢赶到北京去看望瞿景淳，瞿景淳由于公务十分繁忙，还未来得及接见他，何奉在京城因为水土不服，突然过世。因为是同乡，时达行毫无怨言，个人负担处理了何奉的后事。瞿景淳知道后叹息说：“能让我不辜负了老友的人，是因为有了时达行。”时达行以七十六岁高龄卒。

时达行有之麟、之凤二子，孙象泰，都为经生（汉代称经生为博士，主掌经学传授，后泛指研治经学的书生。因为刻板印书盛行以前，书籍多赖抄缮流传，以抄缮经书为业的人称“经生”）。

时壮行，字学卿，号湖皋，经生，有德行。他的岳父钱兑，字仲贞，号济川，由举人任潮州同知。有一次，钱兑给时壮行一大袋黄金，叫他补贴家用，但被他婉言拒绝。钱兑见时壮行不收钱，又偷偷把黄金给了外孙时光禄。时光禄拿了钱去买了不少良田美宅给父亲，再一次被时壮行拒绝。而当其侄子时之善因为经营不善欠他100缗、朋友瞿生欠他50缗钱时，时壮行都不要他们归还，最终不了了之。以后，时壮行和原来一样友好地对待他们。

时壮行堂兄时谏行，因为被冤枉而关在牢狱，时壮行毫不吝啬地拿出千金把他保出来。时壮行还收留了因为生意失败而落魄的广东人张雨台、为避开仇人而流落江苏的浙江人赵少江，他们都把时壮行的家当成了自己的家。常熟原知县的儿子王见苍，对待时壮行像对待师傅一样。当时城里有一个十分张狂的人，倚仗族兄在朝廷做大官，一直想霸占王见苍的田产，还对人诡称王氏已经拿到了时壮行作为中间人给的买田地的钱。其时，刚好其父亲过世，这个人就把父亲的尸体放在王家的田地中作为挑衅，显示对那块田地志在必得。后时壮行把这件事告诉了邑人御史蒋以化（字仲学，进士蒋以忠弟，隆庆间举人），蒋以化一向以忠直出名，他随即把这件事告诉了这个人在朝廷做大官的族兄。这位族兄一向知道族弟的为人，坚持公正裁决，使事件得以圆满解决。可笑的是，这个人后来流落街头，沦为乞丐，时壮行不计前嫌，时常给他接济。时壮行五十岁卒于老宅。其子扬清、宏任、履和，孙方昇、当昇、载杲，皆为经生。

时中另有孙子时谏行，字信卿，号凤池，经生，曾考试为第一，成为廪生，博古通今，为人赤胆忠心，忠诚老实。他兴致高雅，绝不入俗流。曾经有行船的人因欲抢先过河而造成人员伤亡，遂有人嫁祸于时谏行，因为打官司，时谏行一家遂逐渐衰败。但时谏行毕竟是大户人家出身，豪情不减当年，且潇洒自如。时谏行为人好客，曾收留张姓和高姓两青年，两人把时谏行家作为自己的家。时谏行天天供应他们饭食，还给他们零花钱。这些小事，在时谏行的一生中实在是太多了。时谏行年六十岁卒，身后无子女。

明清时姓　才俊辈出

时中品德，世代传扬。时中四世孙时雍（生卒年不详），字伯和，从小好学，尤喜钻研《易经》，且羡慕邵雍（1012—1077，字尧夫，自号安乐先生、伊川翁等，谥康节，北宋理学家、数学家、诗人）之学说，故自号邵庵。时雍学富五车，但朝廷要他当官，都被婉拒。明末，时雍通过苦读专攻以岁贡（科举时代府、州、县每年按照定额，选拔资格较老的廪生贡于京师入国子监讲习学业）身份授为无锡教谕。有一次，时雍的侄子时敏以兵科给事中身份奉使出巡外地，顺便路过无锡拜见伯父。当时，无锡有一个直指（朝廷专管巡视、处理各地政事的官员，也称“直指使者”。因出巡时穿着绣衣，故又称“绣衣直指”，或称“直指绣衣使者”）为时敏的好朋友，想要一块土地盖房子，但他又不敢当面直接和时敏开口。于是，他托时雍向时敏要，并许以事成之后给时雍一笔好处费，但遭到了时雍的当场拒绝。入清朝，时雍闭门读书，隐居不出。

时中五世孙时敏（生卒年不详），字子求（一作之求），一字修来，居常熟支塘双桥泾。明崇祯三年（1630）中举人，于崇祯十年中三甲第81名进士。任浙江海宁县令，多行德政。不久，调河南安阳县令，再调河南固始县令。当时，闯王起义军已在河南一带纵横，时敏率领固始士民，拒守城墙整整17个月，保住了固始城。由此，时敏得到兵部尚书、礼部尚书兼东阁大学士杨嗣昌的欣赏，最终因军功显著将其擢升兵科给事中。其主要职责是辅助处理军机奏章，稽查兵部、太仆寺之违误，并有建言进谏之责。时敏直言敢说，数次提出朝廷时政方面的弊病，最终受到排挤。后上级派他出巡三边（延绥、宁夏、甘肃三镇合称陕西三边），再具体督军河北真定县。时敏转告明廷大将左良玉不得擅自调防，严守边关，威令肃然。

明朝灭亡后，时敏回到常熟在乡里组织民团保卫家乡，有兵员近千人，号称时家军。时值改朝换代之际，当时常熟地方形势、社会矛盾极其复杂，加上时敏做事一向我行我素，常熟城被清兵攻陷后，时敏和时家军成为本地乡民的追杀对象。时敏失败后躲藏于唐墅（今沙家浜镇）毛姓人家家里，随即被杀戮。据清代顾镇、周昂《支溪小志》“人物志”之“孝义”记载，时敏被杀后，一帮乡民冲到时敏在支塘的老家双桥泾，想要将居住在老家的时敏夫人、孩子来个斩草除根，结果被时家老仆茅忠裕预先得知，他连忙将主母朱氏和孩子时乘转移到朱氏兄朱仲虎家，然后回到老宅为主人看守宅子。不久乡兵赶到，众人不顾茅忠裕苦苦哀求，将时敏家抢砸一空，又持刀逼问母子去向，茅忠裕瞋目大怒道：“你们有本领就杀了我，主母和小主人在什么地方我是绝对不会告诉你们的，留着小主人将来还要为老主人报仇呢！”一帮乡兵闻言大怒，最终将茅忠裕杀害于褒亲寺门下。

时敏是个有心人，一路做官，一路记述，著有《咏今录》《异政录》《垣中奏议》等。《咏今录》为集海宁人士咏歌德政之作。《异政录》一书中，记录了作者在海宁、安阳、固始三县任县令时所审异事。《垣中奏议》为作者任兵科给事中奏疏的结集。另外，时敏还有诗文集《期思集》《学制编》等。

时乘，字彦龙，时敏之子。补诸生。时敏被害时时乘年方11岁，因为躲在舅舅朱仲虎家数年方逃过一劫，后迁居至常熟藕渠。平生喜游历，落拓不羁，笃志于弈棋。曾与国手黄龙士较胜负，昼夜不辍，身体疲累也在所不惜。黄龙士对他说：“你的棋技是顶尖了，天下无敌。看你的气色将病，要注意呀！”果然，时乘不久呕血而逝。但在传世棋谱中，却留下了他十局棋法，可供后代弈棋者学习。

至清代，有时中后人时兆吉，字佑之，为康熙三十七年（1698）恩贡（明、清定制，凡遇皇室庆典，据府、州、县学岁贡常例，加贡一次作为恩贡）。

院士学者　尽显风采

时钧

时钧（1912—2005），常熟莫城人，化学工程专家。南京工业大学博士生导师，一级教授。1980年当选为中国科学院学部委员（后称院士）。

1929年，时钧入东吴大学读书。1930年，时钧改考并同时被清华大学和中央大学录取，后进清华大学化学系。1934年清华大学毕业后，时钧去美国缅因大学深造，获工学硕士学位。1936年进美国麻省理工学院研究生院学习。1938年，时钧放弃在美国学习深造的机会和优裕的生活条件，毅然回国，先后受聘在中央大学、重庆大学、中央工业专科学校、兵工大学等院校任教，主讲物理化学课程。1946年，任中央大学教授兼化工系主任，并继续兼任重庆大学化工系教授及系主任之职。

1949年中华人民共和国成立后，时钧作为南京大学化工系系主任担任起主持筹划各项建设和人才培养的重任。1952年受命创建我国第一个硅酸盐专业，培养出新中国第一批水泥专业的本科大学毕业生和研究生，为社会建设事业输送了大量专业技术人才。1956年，参加《1956—1967年科学技术发展远景规划纲要（草案）》的制定工作。1958年，受到不公正待遇。1979年平反，晋升为一级教授。他以赤诚的报国之心，重建化学工程系和化工工程博士点实验室，重新开始招收硕士和博士研究生。他先后获得“全国化工有重大贡献的优秀专家”称号和“科技进步奖”、第二届“刘永龄科技奖”，在流体相平衡和基础物性测定、膜科学与技术两大领域的研究中取得重大成果。

时钧执教60多年，桃李满天下，他教书育人，呕心沥血，培养了大批高水平的科技人才，其中仅两院院士就有18名。

时铭显（1933—2009），常熟城区人，化学工程与装备专家，博士生导师。1995年当选为中国工程院院士。中国共产党第十二次全国代表大会代表。

时铭显1949年考入南京大学工学院（原中央大学）化工系，1952年毕

时铭显

业后入清华大学化工系攻读研究生。1953年院系调整，转北京石油学院。1956年毕业，留校任教。历任教研室主任、副系主任等职。首创旋风分离器结构尺寸分类优化设计的理论与方法；开发了PV型高效旋风分离器，在全国炼油行业中全面推广，获1991年国家科技进步奖二等奖；引领科研集体成功开发在国际上首创的新型“一串一丙烯腈两级旋风分离技术”，2002年获国家科技进步奖二等奖；发明了“催化裂化提升管反应器出口三快组合技术”，在炼油企业广泛推广应用，分别获两项中国石油科技进步一等奖、一项石油和化学工业协会科技进步一等奖等多种奖项。

时铭显一生发表论文130余篇，出版专著2部。时铭显院士对事业无私奉献，清心淡泊，不计个人名利。他用个人薪酬设立“育英奖学金”，支持优秀的石油大学学子。他以“人生奋进无终点，源水长流润无声”的信念，实践着一名真正共产党员的人生追求。

时萌

时萌（1926—2003），笔名丰木，常熟城区人。农工民主党成员。1949年参加革命工作。历任中山中学、沙洲中学、梅李中学教师，苏州师范专科学校及常熟高等专科学校教师、中文系主任、教授等。先后担任江苏省常熟市第六、七届人大代表及第七、八、九届政协委员，中国闻一多研究学会、中国散文学会、江苏省鲁迅研究学会、明清小说研究学会、现代文学研究学会理事，《中国近代文学大系》编委，《吴中学刊》主编。

时萌在1957年被划为右派，但他始终坚信党的宗旨和信念，为人坦诚，工作勤奋，两袖清风，乐在奉献。时萌先生讲课，谈古论今、知识渊博、以小见大，阐述观点言简意赅、从不拖泥带水，讲评作品一针见血、切中要害，有时还带几分幽默。他从不拖课，铃声一响，准时下课，所以学生都非常愿意听他的课。1984年夏天，在时萌的积极倡导下，常熟师范专科学校第一个以曾朴故居虚廓园为名称的学生文学社团——虚廓文学社成立，后来还出版了社团刊物《虚廓园》。

时萌于1943年开始发表作品，1983年加入中国作家协会。著有《闻一多朱自清论》《曾朴研究》《中国近代文学论稿》《晚清小说》《中国近代文学大系·小说集》《春韭楼随笔》等。曾获全国优秀教师称号，相关著作先后获全国首届闻一多研究优秀成果二等奖、江苏省哲学社会科学研究优秀成果三等奖等。

常熟时氏家族，以明初节义堂为发轫，至时中父子四人为官，进入鼎盛阶段。其身体力行、廉洁奉公、刚正不阿、造福百姓之风，代代相传。直至近代以来，时氏家族才俊不绝，为国家的繁荣昌盛，为中华民族的复兴，默默地做着贡献，他们的为官、为人和做事，至今值得后人怀念和借鉴。

（花亦明）

主要参考文献：

1.（明）姚宗仪.（万历）常熟县私志［M］.万历四十五年（1617）抄本.

2. 常熟市地方志编纂委员会办公室标校.重修常昭合志［M］.上海：上海社会科学院出版社，2002.

3. 常熟市地方志编纂委员会办公室.常熟人物选［M］.上海：上海文艺出版社，2012.

4. 江苏省常熟市地方志编纂委员会.常熟市志［M］.北京：方志出版社，2016.

5.（清）七峰樵道人.海角遗编（排印清抄本）［M］.沈阳：春风文艺出版社，1994.

6.（清）钱陆灿.（康熙）常熟县志［M］.康熙二十六年（1687）刻本.

7. 常熟市科学技术协会.常熟院士［M］.2019.

8. 常熟市文化局.常熟国家历史文化名城词典［M］.上海：上海辞书出版社，2003.

山塘王氏

躬行节俭　文教吏治

常熟山塘泾王氏家族，最早出自有名的三槐堂王氏。北宋末年，金兵南侵，宋室南渡，三槐堂王氏家族散布至南方江浙一带。至元朝末年，天下大乱，有三槐堂王氏之西沙王氏家族的王裕自江阴迁居常熟山塘泾，后人称之为山塘泾王氏。近700年来，山塘泾王氏家族在常熟繁衍生息，涌现出一大批优秀人物。

源自三槐堂王氏

三槐堂王氏为王氏子孙繁衍最大的支派，占中国王姓人口的40%左右。其得姓始祖为周太子晋，为东周灵王姬泄心的太子，姬姓，名晋，字子乔，又称王子晋，约生于公元前565年，史载太子晋“幼有成德，聪明博达，温恭敦敏”。姬晋15岁时以太子身份辅佐朝政，灵王重之，诸侯从之。周灵王二十一年（前551），谷水（发源于渑池崤山以东的马头山谷）、洛水（即洛河，古称雒水，黄河右岸重要支流）泛滥，将毁及王宫，灵王决定以壅（堆土）堵洪。太子晋进谏曰：“不可。曾听自古为民之长者，不堕高山，不填湖泽，不泄水源。天地自然有其生生制约之道。”并提出聚土、疏川、障泽、陂塘等方法，来疏导洪水。后太子晋不幸因病英年早逝，但其子孙生生不息。

过了1500年，有北宋尚书令兼中书令王祐（923—986），又作王佑、

王旦画像

王祐，字景叔，大名府莘县（今山东省聊城市莘县）人。他在自家庭院手植三棵槐树，后人将其祖父王言（唐末任梨阳县令，梨阳县位于今安徽省黄山市屯溪区黎阳镇一带）追尊为三槐堂王氏始祖，这成为三槐堂王氏的来源。王祐之子王旦（957—1017），字子明，于太平兴国五年（980）登进士第，累官同知枢密院事、参知政事。澶渊之战时，权任东京留守事。去世后谥号“文正”，南宋理宗时成为昭勋阁二十四功臣之一。

从王祐曾孙、王旦孙子王巩（约1048—约1117，字定国，号介庵，自号清虚居士）起，三槐堂王氏家谱开始录入异姓社会名人题文，作序或跋。王巩本人因文才知名，任过宗正寺丞，是苏轼的好朋友。在家谱中有苏轼的两篇文章：一篇是向皇上举荐王巩的奏折；另一篇是著名的《三槐堂铭》，阐述了做人要贤仁为本、有益于子孙的思想，并称颂王祐“魏公之业，与槐俱荫……归视其家，槐荫满庭……郁郁三槐，惟德之符”。

王皋塑像

至王祐玄孙（第四代）王皋（1081—1156，字子高，官至殿帅府太尉），已到了北宋末年。宋室和大臣在混乱中南渡，王皋举家护驾孟太后，随宋高宗赵构南渡长江。后于建炎三年（1129）三月经过苏州荻扁乡。荻扁，现为苏州市相城区太平镇王巷村，东濒碧波浩荡的阳澄湖，北临清水涟漪的盛泽荡。因域内溪川纵横，湖畔、溪边荻芦飘摇，故又称荻川、荻溪。王皋感觉这是块风水宝地，于是就将家安置在荻扁。其后裔世居在此，繁衍兴旺，成为阳澄湖地区第一古家。后荻扁逐渐形成街市，至明清已成集镇，现为相城区太平街道。太平街道对王皋故居进行了修缮，内有阁老厅、槐庆堂、燕翼堂等。

王皋与岳飞是同门师兄弟，他很注重家谱的保存和修辞，专门派儿子王铎拿着《王氏宗谱》去临安（杭州）岳飞家中请为题词和作跋，岳飞阅后深为感动，挥毫写出《王氏宗谱跋后》和“王氏世宝”的题词。王皋古宅旁有一棵宋代的古银杏树，虬枝纵横，冠盖云天。相传为王皋二儿子王铎当年亲手种植的，到现在已经有900年左右的历史，为相城区最古老的银杏。

到了抗日战争时期，新四军“江抗”部队收编胡肇汉部的故事就发生在相城。当时，“江抗”副司令员叶飞与胡肇汉就在此谈判的。胡肇汉就是京剧《沙家浜》中胡司令（胡传魁）的原型之一。这是后话。

王皋生三子：长子王易，字吾置，袭殿帅府太尉，后迁至昆山沙头一带，称东沙支；次子王铎（又作王泽、王绎），字吾伍，世守荻扁乡，称中沙支；三子王盈（又作王胤），字吾曾，淡泊名利，性好游历，后分居至无锡白龙山，即南方泉、金鸡山、白龙山、凤凰山一带，称西沙支。这三支王氏后代，合称“三沙”王氏，后几经迁徙繁衍，散居各地，至民国初年，已经是枝繁叶茂。兹将《王氏家训》一则录于下：

三槐世第，及至于今。英才辈出，卓尔不群。孝悌为先，忠信为本。惟耕惟读，恩泽子孙。不奢不侈，颗粒成廪。婚丧从俭，持家以勤。嫁女择媳，勿尚重聘。积德行善，不惟俗伦。自强自立，处事以忍。广结贤良，不谋非分。当差有事，尊上宽仁。努力进取，友朋谨慎。勿以诱善，祸及自身。勿以亲恶，招惹公忿。酗酒无度，伤其身心。聚众赌博，财帛散尽。贪婪飘荡，荒废青春。胡作非为，辱没先人。恋衙投宦，必爱人民。忌才害贤，毒族害群。耸人告讼，不如兽禽。利令智乱，灾难必临。祖灵在天，察尔甚真。阴诛阳谴，追究必深。祖灵阴佑，和顺永存。后裔繁昌，福寿盈门。一荣一辱，天地一新。世德世业，纠察昭昏。一谦受益，一满招损。神灵有鉴，莫辱斯文。阴受其殃，阳恶是因。安贫乐道，其心也欣。焚毁朝夕，何堪明晨。纨绔堕落，愧对乡邻。不肖为贤，浪子如金。振兴美族，直上青云。秉公惩戒，繁荣后昆。恭愿后裔，永传家珍。百世不竭，积厚且纯。张德扬惠，守规遵训。

自江阴迁居常熟

据1939年8卷本《尚儒王氏宗谱》(尚儒村位于浙江省长兴县煤山镇)记载，当时三沙王氏的西沙支(始祖王盈)各分支的地域或分布主要如下：

沙头支、在城支、张桥港支、江阴东场支、江阴在城支、江阴马家湖支、观庄支、宜兴和桥尖上支、南门长街支、宜兴诸村支、北门树巷支、荆溪塘东支、阚庄支、苏郡高桥支、秦塘泾高田岸支、赤湖宕支、中村支、司马墩支、梁塘桥支、泾头浜支、吴县鱼洋山支、排舍支、吴县窑里支、雁荡支、常熟宛山支、夏程荡支、常熟在城支、南塘支、常熟山塘泾支、王宅嘴支、长洲下墅支、万思桥支、鸡坑斗山支、北庄支、西沙分支、田岸支、西斗门杨家桥支、万安桥支、五牧富头浜支、石棣桥支、四宝里支、黄泥湾支、马塔浜支、堠山苏团桥支、奔巷支、寺巷日九里泾合支、下高西支、毛道桥支、丁塔支、东亭长漕合支、杨尖周泾合支、富安山下支、王二房桥支、荆溪堰口支、南庄支、瞻桥支、周墅支、麋巷桥支等。

根据现有资料，常熟山塘泾王氏家族的世系主要如下：

王裕→王和→王纪、王绎→王室、王宜、王宽→王琥、王环、王畿→王鲁、王会→王嘉谋、王嘉言、王嘉定→王维藩、王维垣、王维岳、王维宁、王维乔(以上嘉谋子)、王维屏、王维城、王维祯、王维祺、王维翰、王梦鼎、王梦鼐、王梦鼒→王宪曾、王宪彦、王辅臣(维屏子)、王良臣(维城子)、王傅臣(维城子)、王清臣(维翰子)、王家震(著有《砭心录》《视槐堂集》，梦鼐子)、王家乂(梦鼐子)、王家舒(梦鼒子)、王家敳(梦鼒子)、王家旅(梦鼒子)→王宏昌(宪彦子)、王奕昌(辅臣子)、王运昌(良臣子)、王誉昌(良臣子)、王履昌(傅臣子)、王镐(家震子)、王镇(家震子)、王镛(家乂子)、王铉(家乂子)→王孙英、王孙兰、王孙蕑(皆奕昌子)、王恪(履昌子)→王磐宗、王湘宗(孙兰子)→？→王恺(磐宗孙)……

西沙王氏宗谱书影

一世祖王裕（1340—1419），号均才，因仕元曾任国子监学录，故被后世尊称为学录公，为江阴至常熟始迁祖，去世后葬于常熟城区秋报门外沈家亭之东。娶妻程氏（1343—1423），生三子阿受（1386—1412，字士忠，因事戍云南）、和、恕（字士受，有两子经、纶）。

二世祖王和，字士和，号云轩，娶妻杨氏，生五子纲（号景轩，有三子寡、宏、容）、安庆（？—1435，伯父阿受去世后代伯父戍云南）、海（？—1449，兄安庆去世后代兄戍云南）、绎、纪（1405—1456，号定轩，有两子宽、迪）。

三世祖王绎（1414—1452），字曾启，号启轩，为人不苟言笑，品行高尚。娶妻季氏，生两子室、宜（1451—1500，字民和，一字民用。有嗣子畿，字良本，号槐川）。

四世祖王室（1448—1511），字民润，号竹溪，4岁而孤，由母亲抚养长大，后勤劳致富，为人乐施好善，里中曾有歌谣："要吃饭剩，共赴王民润。"娶妻赵氏（另有副室龚氏、朱氏），生一子王琥（五世祖），另一子环（龚氏生）。

六世祖王鲁筑城闻名

王鲁（1498—1563），字质甫（一作质夫），号山城，由诸生入国学。为人至孝，教子有方。曾任沅州判官，官至晋宁州同知。明嘉靖三十二年（1553），王鲁从便道抵常熟家。当时，为抵御倭寇侵犯，知县王𫓧组织修建常熟县城。王鲁闻讯后义无反顾，坚决响应，并独自承担建西门城楼。因为西门城楼靠近虞山，地质复杂，故工程最为艰难，工费最巨。

常熟筑城工程当年六月动工，历经五个月建成，建有城门七座。因为筑城有功，王鲁后来被人尊称为"王半城"。常熟城完工后的第二年，会元兼榜眼、累官至礼部左侍郎兼翰林院学士邑人瞿景淳撰写有《重建常熟县城记》碑刻（苏州书画家文徵明80岁书并篆额），详细记述了常熟人民在知县王𫓧带领下，同心协力修筑常熟城墙的过程：

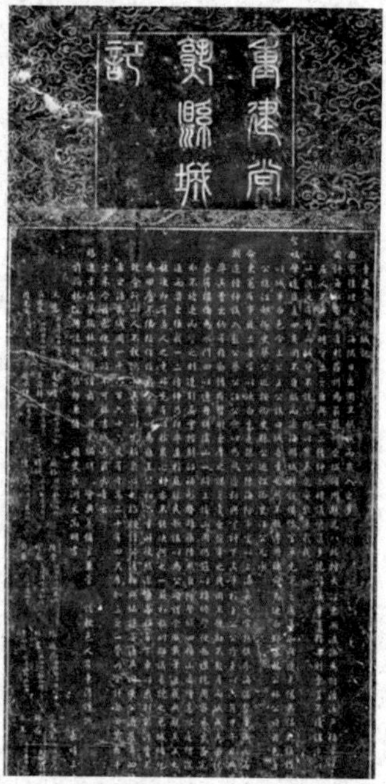
《重建常熟县城记》碑

国家疆理天下，海隅日出，罔不供赋。而岁入之多，国计每取足焉者，则苏州为最。苏州之域，领州县凡八。北控大江，东渐瀛海，为府治后，户称重地者，则常熟为最。县故有城，久废不治，每有寇窃，居人不宁。一时守土之臣与一二缙绅亦时议修筑。多挠浮议，幸事稍平，则弃置不复讲，率以为常。

嗟夫！天下无事，则关隘尽除，外户不闭。万一潢池有警而城守不设，亦何以禁暴乱、安黎庶哉？我圣祖肇造区夏，四夷罔不臣服，而近海州域特设备倭官军，先事之虑盖如此。迩来倭夷倡乱，虽旋就扑灭而蜂虿窃发，为毒不少。我一二缙绅乃以城事白邑令王公。王公让曰：“城，吾责也，然不敢专将听命焉。”乃白郡守林公。林公曰：“兹邑迩江而不城，是延寇也。”乃遂进白巡抚都御史彭公、操江都御史蔡公、巡按御史孙公、巡江御史汪公，凡承命秉宪，有事兹土者，皆以次白。先是孙公陈海防事宜，以上海、嘉定、常熟俱分海滨，系要冲而无城可守。已具疏于朝，迨缙绅议入，彭公、蔡公、汪公佥以为然。遂相与定计，下其事于王公。

公乃卜以六月甲午日兴事。度基立表，鸠工敛财，量能授任。先城丈许以准其费，出纳有稽，勤惰有督，拊之，摩之，课之，责之。趋事之民，罔不竞劝，不数月而城成。其西枕山麓，迤北而东，而南则阻水为固。四向各门，门各有楼，傍为水门四，以通舟楫。虞山一门，上据山冈，仍冠以楼，瞭望便焉。襟抱周密，风气盖完。近而察之，则楼橹内岩溪山，外周仓庾，狱市区分不扰。远而望之，则连引吴会，控制江海。形势雄张，隆然巨防。登城四顾，山若增高，水若增深。屹为望县。

公乃告成事于诸公，诸公各嘉乃绩，进而奖之。维我一二缙绅乃相率造于庭，采民歌谣，以为公颂。谓余职载笔，且获与观其成也，嘱余纪其事。余谓非常之功，固非拘挛之士所能决。即有过人之才，非先有以服众心，则亦不能决，何也？一蔽于私则群议易挠也。邑城倾圮日久，一旦作而新之，功同创始，且居民业已侵为田庐，不便改作，故前令率以为难。王公初亦重此役，然洁廉无私，自下车以来，划削浮费，不以一毫烦民。城事既起，虽锱金敛散必慎必明。故令行而人不敢挠，亦其有以先服众心也。抚按诸公，复相与协谋，无复异同，使公得展布四体，以树保障之绩。是皆可以为决大策、定大事者之法矣。

城周一千六百六十六丈有奇，高二十有四尺，厚加三之一。费以金计者四万九千七百六十两有奇。王公名铁，东阳人，以庚戌进士来令兹邑。他善政不可胜书，城其最大者云。

王鲁在沅州任上，因事务烦剧日夜操劳，但最终能调度自如，圆满完成任务。有下属为讨好他，偷偷将公家的财物超份额送到他家中，王鲁一一退回。升任晋宁州同知，政绩斐然，不久解官归家。常熟百姓纪念王鲁，将他入祀常熟忠义孝悌祠。王鲁曾孙王宪曾，字孝甫，少有大志，熟读经史。无锡的东林党领袖顾宪成仰其名，延致他至家中担任教育子女的塾师。从此，王宪曾和东林党人士交往甚密，敬仰他们的为人。王宪曾曾在家乡常熟捐地建杨涟祠堂，后杨涟在京遭阉党迫害，朝廷下诏捣毁杨涟祠。王宪曾和邑人瞿懋业冒死将杨涟像藏于白龙寺的夹室中。后魏忠贤被诛灭、杨涟平反，王宪曾重新将杨涟像挂回杨涟祠堂。

七世祖王嘉言居官有治绩

王嘉言，字君谟，号笠洲，曾为澄江博士，明嘉靖三十四年（1555）举乡荐，嘉靖四十一年中进士，授广平府（今属河北省）肥乡县令。当时肥乡产盐，盐盗和官府狡猾的下层官员相勾结，私自开山盗采成风，严重破坏国家税收和环境。王嘉言到任后，一日即依法毙杀狡猾的官员3人，众皆震惊，盐盗四散，官员皆奉公守法，从此此风渐刹。当时，广平知府的手下官员挟知府的名声，经常到肥乡来敲诈勒索，王嘉言乘他们讲话不慎出错，鞭打他们，并赶出肥乡，从此再也没有此例发生。王嘉言在肥乡

今日肥乡

尽心尽职，一年后县邑大治。广平府素为水患所苦，有一次发大水，好几个县城都被洪水淹没，洪水唯绕肥乡而过，人人谓此乃“反风渡虎”，老百姓都说是王县令积的功德。

明嘉靖四十二年（1563），王嘉言因父亲王鲁过世回家守孝。后于隆庆元年（1567）再补广平府曲周县令，当时曲周有个官员和王县令接触后十分佩服，即在路上（不在县衙门，怕别人看见）以黄金馈赠之，并求王嘉言办一件私事。王嘉言笑着对他说：“我不是你们以前的县令了，请不要错看了我。”当场予以婉拒。再迁工部主事，刚好隆庆帝拜谒永陵（嘉靖帝陵）。大司空交代王嘉言认真负责做好沿途的接待工作，王嘉言处处勤俭节约，得到了上司的赞扬并赐金币。同行中有人对此十分羡慕，王嘉言即向上级说明，由此人替换自己。不久，王嘉言改任至礼部，又迁郎中。

明隆庆五年（1571），王嘉言外放任浙江按察使佥事，兼宁波、绍兴、台州三郡兵备道。当时海防破败，战船破旧，将士害怕上级怪罪下来，都想退出现役。王嘉言到任后即下发文件，首先查找自己的问题，没有把目前存在的问题算在下级身上，将士于是安心，加紧备战。后来遇到倭寇进犯浙北，王嘉言对参战部队严明纪律，同时精心布置和防备。不久，倭寇进入王嘉言预先设定的埋伏圈里，遭到全军覆没。明军活捉其中6名头领，杀死30余名。由此，王嘉言得到上级的嘉奖，赐白银20两。

在浙江，还有一件事可以看出王嘉言做事十分注重公私分明。在王嘉言任知县时，曾经有个负责出巡开道的役卒，因索贿而触怒王嘉言，被王嘉言当场训斥和处罚。当王嘉言后来任按察使佥事时，那个役卒刚好也从别处调进了府衙。两人见面时，役卒怕王嘉言再次惩罚他，连忙叩头请死。王嘉言轻轻把他扶起，同时认为他不适合在衙门工作，遂将他免除职务并遣送回乡，且临走时给他旅费。

不久，王嘉言升参议，移镇温州、处州（今浙江丽水一带）。温、处两郡处于万山之中，多矿藏，盗窃的人也多。这些盗匪往往聚啸山林，神出鬼没，或烧或抢，危害一方，损害国家利益。王嘉言不信邪、不怕死，一人骑马冲进山林，盗匪见有如此勇猛之人，遂一哄而散。为嘉奖王嘉言，朝廷再赐金币。后王嘉言以疾病致仕归里。当初，其父王鲁尚未发迹之时，和邻人发生龃龉，官府有意袒护对方，这个事情后来不了了之，但王鲁总是有点闷闷不乐。王嘉言从政发迹后，对方非常害怕，有一次王嘉言回到老家，对方就向王嘉言说起了这件事，请求宽恕。王嘉言说过去的事情就算过去了，依然和对方谈笑风生。

后王鲁帮助常熟县令王铁筑城时，因为劳力不够而心急如焚。当时王嘉言刚好养病在家，他听说后带病参加筑城劳动。王嘉言年五十六岁卒，亲戚朋友皆痛哭流涕。后入祀肥乡名宦祠堂。著有《王氏三世诗选》3卷。

王嘉言有维屏、维城、维祯、维祺、维翰五子，俱成人成才。王维屏，字邦甫，号求吾，为诸生。弱冠为澄江弟子生员。他曾拒绝别人用袋子装了金子贿赂其正在浙江为官的父亲。王维屏之子王辅臣，字涵台，在家善事后母。后官大同都司都事，升马邑知县，剿灭强寇，平反昭雪冤假错案。又迁涿州州同，移泰安，颇著政声。

王维城，字邦甫，号儆吾。官四川都司都事，署新津知县，任内全部清除特别狡猾的人，仓库里有多余的粮食物资全部散发给贫苦人。升汉中通判，历署州、县，多有惠政。著有《成均语录》10卷。王维城之子王良臣，字忠亮，号翼儆，明万历三十八年（1610）中进士，知浦城县，改国子监助教，擢刑部郎中，公正明允，平反昭雪冤假错案。出知梧州府，迁河南副使，由于政绩突出，被祀梧州名宦祠。崇祯元年（1628），出资重建常熟范公桥。著有《运甓》《六朝余韵》《居易堂诗抄》和《诗评密谛》4卷等。王良臣之子王运昌，字乾符。万历四十七年进士，历知开封、归德二府，所到之处均有治绩。迁山东运使，专职盐务，盐政为之一清。王良臣另一子王誉昌，字露湑，号话山，为诸生。一意于诗，工锻炼，一

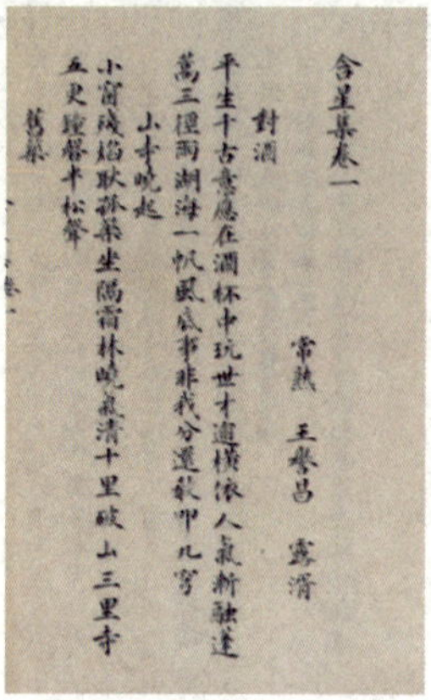
含星集卷一
常熟 王譽昌 露湑
對酒
平生千古意應在酒杯中玩世才逾橫依人氣漸融達
萬三徑荊湖海一帆風感事非我分還歆卯几窮
小寺晚起
小窗殘焰耿孤衾坐隔霜林曉氣清十里破山三里寺
五更疏磬半松聲

王誉昌《含星集》书影

字一句，务极新巧，而骨干特峻拔，长洲何焯等学者非常赞赏王誉昌，谓王誉昌“方玄英复出”。王誉昌著有《含星集》(12卷)、《王露湑集》(6卷)、《渔存别集》(3卷)、《见沧集》(2卷)、《调雨集》(1卷)、《五花爨弄集》(2卷)、《越舲酬唱诗》(1卷)、《山左纪游诗》(1卷)、《五言古诗》、《八十寿言》(1卷)，以及《崇祯宫词》2卷（尤脍炙人口）。王誉昌工山水画，然作品流传甚少。王誉昌曾借王翚画，摹本归还王翚，王翚不能辨别哪幅画是自己画的。

王维城之子王傅臣，字岩筑，天性质直，耻言门第，专心力学。在自己家堂上大书明志：“要做轰烈士，且向光明正大里寻来；欲完清净身，须从酒色财气上克去。”师事常熟李缉夫，精于二戴（汉经学家戴德、戴圣叔侄）之学。王傅臣之子王履昌，字镜官，号安礼。顺治十六年（1659）进士，任南漳知县，用计公正处理仇杀事件，国法得到伸张。著有《四书原旨》《读书灯》等。

王维祯，字澄吾，官浙江都司都事，迁益州同知，署南宁，又督交水税，抚凤徭，均精干有声。

王维翰，字抑吾，一生护理失明母亲，生平敦伦睦族，照顾寡孤，帮助故旧，行义甚著。子王清臣，负才名，克敦孝友。

王嘉言之兄王嘉谋，字顺伯，号水帘，为王鲁长子，年轻时受到督学衡水人杨公的欣赏，三次参加考试三次夺冠。王嘉谋虽然鹤立鸡群，但参加乡试一直受挫，直到弟弟王嘉言中了进士后始进成均（官学）学习。王嘉谋为人恭敬谨慎，事父至孝，和弟弟关系十分融洽。王嘉言从政后，有一个人多次和王嘉谋联系，希望通过他和王嘉言见面，谋取私利。有一次，这个人拿了千金，希望王嘉谋在弟弟面前多为自己说说好话，以便自己得到升迁。王嘉谋坚决退却掉，并说：“我是清白人家的后代，请你不要用千金来玷污我，继而玷污我的弟弟。”年六十九岁卒。能诗，有诗集《水帘集》。

王嘉谋有子五：维藩、维垣、维岳、维宁（著有《寒溪诗草》1卷）、维乔。长子王维藩，字介夫，号从吾，自小读书认真，尊敬长辈。他的四世祖王宽田地不治，王维藩就接过来劳作，说："是我本生祖也，不能忘记。"每当年末岁未，不忘祭祀。家族中有贫困而想卖掉祖坟地的，王维藩花钱把它赎回来。又有族人因事拘留，即将处以极刑，王维藩发动族人捐款为他赎罪，幸而不死。当时知苏州府的当权者，为其叔祖同年，但王维藩从不去拜访，不送一丝一毫。他的岳父孙楼在吴兴（今浙江湖州一带）为推官，他从来不去。其为人一生忠介，年四十六岁终。

十五世祖王恺崇文重教

王恺（？—1820），字粹伯，号少溪，清代昭文县（今属常熟市）人，为王嘉言七世孙。乾隆五十八年（1793）进士，任雷州府遂溪县知县、浙江处州府宣平县知县。丁母艰，服除后改发广东，署琼州府澄迈县知县、潮州府澄海县知县、雷州府海康县知县、肇庆府西宁县知县，躬行节俭，以文教饬吏治。嘉庆二十五年（1820）卒于家。著有《蕉雪山房遗著》2卷（抄本，藏南京图书馆。见《续海虞艺文志》）。

王恺的三世祖王恪，字公达。清康熙三十年（1691）中武进士，任四川游击，黔彭营守备，有政绩。王恺的祖父磐宗，字岳峙，诸生，有文名，为文简古。

——纂修县志，澄海留名

王恺生于江南福地常熟，长于言子崇文尚教之乡，循循有古风，清乾隆五十八年（1793）成进士后，历任多地知县，所到之处，均重视文教。

明、清之间，澄海经历20多年的战乱，遍地荒野，满目疮痍，历史文物遗存遭毁严重。清康熙元年（1662），澄海开始迁界，至康熙八年，澄海恢复建制。明、清二朝澄海的知县包括署知县在内多达133位，而有懿名于史册并得百姓感戴与怀念的，只有康熙二十二年贬为澄海知县的湘潭人王岱，以及后来的昭文人署知县王恺。王岱在任内修复了堤岸津梁、城池海闸、堡寨市肆，恢复了古驿铺。署知县王恺重修了澄海境内最早的寺院资福寺。资福寺创于五代后晋天福三年（938），嘉庆甲戌（1814）知县李书吉、署知县王恺重修。《（嘉庆）澄海县志·寺观》载："资福寺，在城东北二十里董坑村三髻山麓，五代晋天福三年戊戌建，有田地三十三

《（嘉庆）澄海县志》扉页

顷。明嘉靖末奉文变卖，国朝初迁地并寺拆毁。二十二年癸亥，丹砂寺僧如广呈知县王岱，移于董坑村头，前为金砂桥，后为三髻山，邑绅太史杨钟岳捐建，今俗称‘董坑寺’。”值得骄傲的是，李书吉和王恺都是常熟人。据史料记载，李书吉，字敬铭，号小云，一号半匏，江苏常熟人。清乾隆四十五年（1780）举人，历任云南宜良、广东龙川、澄海知县，升钦州知州。遇事勤敏，所至兴书院，设义学，著有《寒翠轩诗文集》等。卒年七十六。《（嘉庆）澄海县志》记其“以孝廉作宰，通诗书”。

“国有史，邑有志，家有谱”，中国自古就有注重编史修志的传统。明万历二十三年（1595），澄海县人王天性纂修有澄海县历史上第一部县志，至清康熙间知县王岱在任内多番搜求，缀拾于兵燹残缺之后，编成澄海第二部县志，也是现存最早的一本澄海县志。至乾隆二十九年（1764），澄海县志曾三度重修。嘉庆十九年（1814），澄海知县李书吉、署知县王恺又重修了《澄海县志》。县令李书吉虑县志无征，聘绅士采访，蔡继绅等分纂，亲手裁定，开局于嘉庆十九年（1814）二月，成于六月。嘉庆二十二年九月，著名的政治家、经学家、训诂学家、史学家阮元调任两广总督。当时，广东省志已有近百年未修，阮元随即主修《广东通志》，撰成334卷巨著。其间，阮元大量征集县志，澄海县“继任王恺亲任校雠，予以修订补充，付剞劂”。

《（嘉庆）澄海县志》现存有嘉庆二十年（1815）刻本，其中保存了珍贵澄海历史文献。全书共二十六卷，首一卷，分为：卷一星野、气候，卷二沿革、疆界、形势，卷三城池（镇寨附），卷四署廨（仓、狱、较场附）、坊表，卷五潮汐、灾祥，卷六风俗，卷七山川（塔附），卷八都图（埠市附），卷九寺观（乡约所、迎春亭、养济院、癞民所附），卷十古迹（园第附）、茔墓（义冢附）、异闻，卷十一津梁，卷十二堤涵（水关附），卷十三田洲（屯田、户丁附），卷十四赋税（徭役、积贮、屯粮、渔课、盐课、杂税附），卷十五学校（义学附），卷十六祀典，卷十七选举表、仕籍、封赠，卷十八人物上（名臣、忠烈、循吏、孝友），卷十九人物下（文学、武功、义行、隐德、高洁、方技、列女），卷二十职官表，卷二十一宦迹（侨寓附），卷二十二海防、营汛、塘铺，卷二十三物产上，二十四物产下，卷二十五艺文（奏疏、议、论、书、序、文、引、碑记、传、说、问、跋、铭），卷二十六艺文（赋、诗）。共三十二门。

——拒绝行贿，公正决讼

王恺在处州府宣平县知县任上，清正廉洁，坚持依法办事。王恺曾经在勘核宣平山界地时，有一个老人夜里带了黄金准备送给王恺，希望有所照顾，遭到王恺严厉呵斥，他让献金老人立即离开。到了明天，王恺实事求是，按照勘核山界的实际情况，公正地审判山界纠纷案件，一直到决讼完成，不问前天晚上献金老人是什么人。

王恺在署潮州府澄海县知县任上时，经过澄海的兵粮船遇到大风，船上的武官把兵粮船上的大米尽数倾倒在岸上，兵粮船泊岸地方是一户富裕人家。船上的武官以失米报案，王恺即将前往勘查。一会儿，船上的武官又前来对王恺说："公无须此第差查，千金立致。"武官自己心知肚明失米案其中的秘密（倒卖），想要阻止王恺亲自前往勘查，就对王恺说："您不必去查实了，马上将有千金送上。"王恺断定失米案是武官从中做了手脚，同时还想瞒天过海，通过行贿阻止自己勘查。于是，王恺将计就计，一面假装答应武官的请求，一面急忙详细地把发现的情况告知协镇副将进行追查，兵粮船米报案终于结案平息。

王恺平时严格要求自己，并且管好身边的人。家里佣人萧氏不小心失足掉落在水中，守门人却借救人谈条件，想从中得到好处。王恺知道后非常愤怒，立即打发守门人离开。

王恺有妻孙氏。女儿王氏，为吴廷铨妻。吴廷铨，字朗卿，吴耿光子，常熟诸生，循谨有古风。后夫妻忠节，死于太平天国时期的战乱。吴廷铨父亲吴耿光，字覲文，号柏芗，昭文人。清乾隆五十四年（1789）举人，由大挑署宿松县知县，始建宿松县考棚，试者称便，后来改任教职，归卒。为文见称于时。

——睦族恤邻，进退自如

王恺在任上十分关心穷苦百姓，经常访贫问苦。其天性清静寡欲，不

王恺济困图

追求功名利禄，平时生活俭朴。当他30岁时，因为要经常出场会客，才添置一件羊裘，真可谓是三十年一裘了。王恺致任归田之后，把自己历年在各地当官所积蓄的薄禄全部用来救济贫困者和缺乏生活能力的人。王恺自己说："金尽，仍还我秀才面目耳。"清嘉庆二十五年（1820），王恺在常熟家中老宅去世。

王恺母亲去世时，他办理母亲丧事，或多或少花费了一些廉俸。廉俸，是清代官吏正俸和养廉银的合称。郑观应在其《盛世危言》卷三中说道："我朝建官设禄，正俸之外，加以恩俸，常支而外，复给养廉，体恤臣工，无微不至。无如俗尚奢靡，物价腾踊，京、外各官廉俸，入不敷出。"清朝知县的廉俸，入不敷出。清朝官俸制度是承袭明朝而来，实行的是一种低俸制。顺治元年（1644），清政府明确"百官俸禄仍照故明例"，规定：在京文官俸银正一品215.5两，从一品183两，一直依次递减为正九品19.5两。至顺治十年，清政府改革官俸制度改革，规定京官正一品和从一品每年都是俸银180两、禄米90石，一直递减到从九品是俸银31.5两、禄米16.5石。王恺任知县与署知县有多少廉俸呢？比照康熙二十二年（1683）贬为澄海知县的湘潭人王岱的廉俸是平银40两。御史赵璟在给康熙皇帝的奏折里说俸银"知县四十五两，计每月支俸三两零，一家一日，粗食安饱，兼喂马匹，亦得费银五六钱。一月俸不足五六日之费，尚有二十余日将忍饥不食乎？不取之百姓，势必饥寒。若督抚，势必取之下属。所以禁贪而愈贪也。夫初任不得已略贪下赃，赖赃以足日用，及日久赃多，自知罪已莫赎，反恣大贪，下官行贿以塞上司之口，上司受赃以庇下官之贪，上下相蒙，打成一片"。赵璟奏述县官的一个月的俸银只够支撑五六天，剩下的20多天只能喝西北风。做清官的王恺，不贪不搜刮，省吃俭用，余下的廉俸悉数帮助贫困人和缺乏生活能力的人。王恺平常生活节俭可想而知。

王恺从清乾隆五十八年（1793）中进士至致仕归田，为官二十年，由于各种原因，其许多业绩缺乏详细的记载。《重修常昭合志》有王恺传，包括其祖父的传仅仅有243字的记载，而其中“躬行节俭，以文教饬吏治”的事迹，字字千钧，如何做人，如何为官，王恺自述的“秀才面目”，给人启迪。

山塘泾王氏家族数十代人，在各个不同的历史时期，其家族成员不论地位多高，均能践行忠孝世家传统，自立守操，进则励精图治，治国安邦，关心社稷民生，退则修身养性，达观处世，虑谋有所作为。这些治家、为官、为人的良好心态和做法，值得后人学习和仿效。

（曹培根）

主要参考文献：

1. 常熟市地方志编纂委员会办公室标校.重修常昭合志［M］.上海：上海社会科学院出版社，2002.

2.（清）李书吉，（清）王恺重修.澄海县志［M］.嘉庆二十年（1815）刻本.

3.（民国）尚儒王氏宗谱［M］.1939（8卷本）.

4.（明）姚宗仪.（万历）常熟县私志［M］.万历四十五年（1617）抄本.

5.江苏省常熟市地方志编纂委员会.常熟市志［M］.北京：方志出版社，2016.

6.（清）邵松年.海虞文征［M］.扬州：广陵书社，2017.

7.（清）钱陆灿.（康熙）常熟县志［M］.康熙二十六年（1687）刻本.

8.常熟市地方志编纂委员会办公室.常熟人物选［M］.上海：上海文艺出版社，2012.

后　记

2022年1月，按照常熟市纪委监委、市委党史地方志办公室和虞山街道的工作安排，《福地仁风——中国历史上的常熟籍清官廉吏》启动编纂，是为常熟市“风”系列丛书之第五部。

本书启动之初，我们就建立了工作微信群，就组稿内容、体例规范、图片资料等相关要求在群中进行商议和部署，并认真听取全体编纂人员的意见和建议。随后，全体编纂人员按照要求，开始着手搜集和准备资料，进而起草初稿。其间，我们经常相互沟通，对编纂过程中出现的诸如人物生卒年、籍贯、主要事迹、争论史实和客观性的评价等，进行充分讨论，力求还原人物、事物的本来面目，并努力实现资料共享。由于常熟历史上的人物比较多，由此我们对人物进行了认真的甄别，以充分展示中国历史上常熟籍清官廉吏的风貌。

由于受新型冠状病毒肺炎的影响，书稿的编纂一度迟滞。全体编纂人员本着对历史和现实高度负责的态度，不怕苦、不怕累，对初稿反复修改，特别是对每一个有疑惑的细节都进行严密、科学地考证，精益求精，力求完美无瑕。

至2023年12月，由常熟市地方志办公室的陈建东同志对书稿进行统稿总纂，力求文约事丰、文质兼美、通俗易懂、图文并茂。2024年4月，书稿送出版社审稿。10月，书稿正式出版。

本书编辑、出版过程中，得到了常熟市纪委监委、常熟市地方志办公室、常熟市虞山街道主要领导和分管领导的大力支持，得到了常熟市许多文史专家和摄影爱好者的全力帮助，在此一并表示衷心感谢。

由于年代久远，资料散失较多，且囿于编者的能力和水平，错漏在所难免，敬请专家、读者批评指正。

编　者

2024年9月20日